한국어로 내려온
New Bible

새로운 성경

제111권

7부 | 총10부

하얀마음

하나님 말씀 중에서

1. 사랑의 하나님

- 세상을 창조하신 하나님은 모두를 사랑하신다. 인간만 특별히 더 사랑하지 않고, 우주 만물을 다 똑같이 사랑하신다. 그러니 하나님이 창조하신 천지 만물과 화친하고, 미물까지도 소중히 대하라.

- 하나님은 특정 종파나 민족만을 더 사랑하지 않으신다. 자기 자신만 구원받겠다는 욕심을 버리고, 자기 종파만 구원받는다는 편협한 교리에서 벗어나야 한다. 종파를 초월해서, 모두를 사랑하라.

- 원수까지 사랑하라 했으니, 이 세상에 사랑하지 못할 자가 누가 있겠는가? 종파가 다르다고 해서 부모 형제와 원수처럼 지내는 자는 인간의 근본을 모르는 자다. 가장 가까운 가족부터 사랑할 때 남도 진심으로 사랑할 수 있다.

- 한 사람을 원수같이 생각하던 마음에서 사랑하는 마음으로 돌리면, 자기 자신의 마음이 가장 기쁘고 행복하다. 하나님께서는 인간의 마음속에 무거움이 없이 기쁘고 행복한 삶을 살기를 바라신다.

- 이웃을 "내 몸처럼" 사랑하라 했으니, 마지막 한 장 남은 천국의 티켓도 이웃에게 양보하라. 자기 중심적인 신앙에서 벗어나서 남을 위해 살아야 한다.

- 독초도, 약초도, 이단도 사탄도 천사도 다 필요하기에 존재한다. 독초일지라도 극소량을 사용해서 생명을 살릴 수 있고, 약초라 하더라도 남용하면 생명을 잃을 수 있다.

- 세상 모든 것을 명약으로 활용하는 것은 인간의 지혜에 달렸다. 어떤 것이든 어떤 사람이든 적재적소에 꼭 필요한 명약으로 승화시키라.

- 사탄도 이단도 천사도 모두 하나님의 주관하에 존재한다. 진정한 하나님의 백성은 사탄과 마귀까지도 감화시켜서 천사로 거듭나게 한다.

2. 기도

- 하나님은 인간의 생각까지 모두를 다 알고 계신다. 우리의 소원도 이미 알고 계시기에, 소원의 기도를 할 필요가 없다. 우리가 받을 자격이 되면 내려 주신다.

- 죄를 짓고 아무리 회개를 해도 용서받지 못한다. 도둑질한 자는 용서해 달라고 기도하고, 도둑맞은 자는 도둑을 잡게 해 달라고 기도하면, 공의의 하나님은 누구의 편에 서시겠는가?

- 자기가 잘못한 것은 그 사람에게 직접 갚고 용서를 구하라. 그가 용서하면 하나님도 용서하신다. 땅에서 매면 하늘에서도 매이고, 땅에서 풀리면 하늘에서도 풀리는 이치다.

- "회당에서 기도하지 말고 골방에서 기도하라" 했다. 눈에 보이는 골방이 아니라, 골방과 같이 고요한 마음이다. 잡념을 버리고 하나님을 향해 마음을 집중하며, 사랑하고 용서하는 아름다운 생각만 나오도록 하라.

- "두드리면 열릴 것이다." 하는 것은 육의 소원을 위해 두드리라는 것이 아니라, 진리의 깨달음을 얻기 위해 두드리라는 것이다.

- 기도하는 방법: 생활 속에서 수시로 기도하는 삶을 살아야 한다.

- "저의 죄를 용서하여 주옵소서." 하는 회개의 기도를 하라.
- 범사에 "하나님! 감사합니다." 하라. 현재 가진 것에 감사하며, 과욕하지 말라. 자기 노력 이상의 것을 더 갖고자 기도하는 것은 도둑놈심보다. 공의의 하나님은 각자 노력한 만큼 주신다.
- "하나님 뜻대로 살아가겠나이다." 하며 마음의 각오를 다지라.

- 기도는 하나님의 말씀을 받아서 "행하는 것"이다. 하나님이 계심을 굳건히 믿고, 하늘을 향하여 한 점 부끄럼 없이 사는 삶 자체가 가장 위대한 기도이며, 삶이 곧 예배다.

3. 지도자

- 똑같이 사랑한다는 말을 해도, 순수하게 하는 말은 천사의 말이지만, 사기 쳐서 재산을 가로채려고 하는 말은 사탄의 말이다.

- 종교 지도자가 아무리 훌륭한 설교를 해도, 신도의 재물을 거둬서 더 큰 교회를 짓고 자기의 부귀영화를 바라며 설교하면 사탄의 가르침이 된다.

- "저희 교회는 만원사례요, 믿음은 다 같으니 이웃의 개척 교회에 가서 예배를 드리시오." 하며, 이웃 교회의 부흥을 먼저 생각하여 제 신도를 보내는 종교 지도자가 있다면 그를 따르라. 그가 하나님의 사랑을 실천하는 자다.

- "부자가 천국에 들어가는 것은 낙타가 바늘구멍을 통과하는 것보다 더 힘들다" 하였거늘, 지금의 교회에서는 부자가 되기만을 기도하고 소원하니, 이는 곧 천국을 포기하고 지옥 행 열차의 티켓을 사는 것과 같다.

- 예수는 빈손이었다. 종교 지도자가 예수보다 더 호화롭고 편안하게 살아간다면 잘못된 것이다. 부귀영화와 명예를 바라는 자는 절대로 갈 수 없는 좁고 협착한 길이 종교 지도자의 길이다.

- 종교 지도자는 유리로 비춰 봐 한 점의 부끄러움이 없이 살아야 한다. 의식주도 직접 일해서 해결하고, 예수의 가르침과 행함을 그대로 따라야 한다.

- 종말은 없다. 지금의 잘못 가는 종교 집단에게만 종말이 있다. 보이지 않는 하나님은 보이는 육의 종말은 관여하지 않으신다. 환경 파괴로 인간이 스스로 멸망을 자초하는 것이다. 종파끼리 싸우기 전에, 무너진 인성을 바로잡고 지구의 몸살을 해결하는 데 뜻을 모으는 게 급선무다.

4. 성전이란

- 이 세상 자체가 하나님께서 만드신 성전이다. 자연보다 더 아름다운 성전이 있는가? 보이는 건물이 성전이 아니라, 성스러운 마음가짐이 성전이다.

- 반석 위에 교회를 지으라 했다. 지상의 단단한 돌은 인간이 쪼갤 수 있으나, 마음속의 굳은 결의는 세상 무엇으로도 쪼갤 수 없다. 바르고 굳건한 믿음으로 성경의 가르침을 실천하는 것이 마음의 반석 위에 교회를 짓는 것이다.

- 손으로 지은 건물의 교회에 모여서 복음을 전하는 것이 아니라, 교회를 개인과 가정에 심어 주어야 한다. 무너지고 부서지는 건물을 짓지 말고, 마음속에 영원히 불변하는 참진리의 교회를 지으라.

5. 십계명

- 십계명은 인간이 죽어서 반드시 통과해야만 하는 열 개의 관문이다.

- 부모를 공경하지 아니한 자는 "네 부모를 공경하라." 하는 제5계명의 관문이 열리지 않으니 구원받을 수 없다.
- 살인, 간음, 거짓, 우상 등의 나머지 계명도 마찬가지다.

- 십계명은 하나님의 친필이다. 모기소리만 한 하나님의 음성이라도 들어 보겠다고 여기저기 찾아 헤매지 말고, 십계명부터 암송하고 지키라.

- 십계명은 영혼을 구원하는 양식이며, 십계명을 지키는 것이 구원을 받는 길이다. 인간이기에 지키고자 노력하고 또 노력한다면 지킬 수 있다.

- 십계명을 지키고 천사처럼 아름답게 살아가는 그 마음 하나면 세상에 이루어지지 않는 것이 없다.

6. 보물

- 하나님은 재물이 아니라 우리의 마음을 받으신다. 사랑을 실천하며 천사처럼 변하는 마음이 하나님께 바치는 보물이다.

- 보이지 않는 하나님께 재물을 바치려 하지 말고, 너희를 길러 준 부모에게 용돈 드리고, 찾아뵙고, 효성을 다하라. 그것이 하나님께 효도하는 것이다.

- 하늘에는 선과 악의 창고가 있다. 자기 창고에 선이 많으면 천국으로 구원을 받고, 악이 많으면 심판받아 지옥으로 간다. 그것이 바로 "선한 일을 행한 자는 생명의 부활로, 악한 일을 행한 자는 심판의 부활로" 나오는 것이다.

- "선악과를 따먹지 말라"는 것은 양심을 지키라는 것이다. 선과 악을 구분할 수 있는 양심을 최초에 인간에게 주셨다. 선한 열매는 취하고, 악한 열매는 버리며, 양심에 비추어 부끄럼 없는 삶을 살아가라.

- 가장 작은 거짓말을 하지 않고, 가장 작은 죄를 짓지 않으며, 가장 작은 선행을 하고, 가장 작은 악행을 멀리하는 것이 율법의 일점 일획도 빠뜨리지 말고 다 지키는 삶을 사는 것이다.

7. 우상

- 박물관에 있는 불상은 하나의 예술품이다. 그 조각품에 대고 제 소원을 빌 때 우상숭배가 된다. 십자가라 하여도 그 앞에서 소원을 빈다면 우상숭배하는 것이며, 하나님께 소원을 빈다면 하나님을 우상으로 전락시키는 것이다.

- 지금 기복신앙에 젖어 있는 모든 사람이 우상 앞에 절을 하고 있다. 조각품을 우상이라며 파괴하지 말고, 네 마음속에 있는 욕심의 우상을 무너트리라.

- 생수를 약초가 먹으면 약을 만들고 독사가 먹으면 독을 만든다. 같은 성경을 봐도 선한 지도자는 신도를 천사로 만드는 데 활용한다. 그러나 욕심이 가득한 지도자는 재물을 거두어들여 제가 부귀영화를 누리는 데 악용한다. 그가 바로 성경을 우상숭배의 도구로 전락시키는 거짓 선지자다.

- 성경을 한 획도 빼거나 더하지 말라는 것은, 그 가르침을 빠트리지 말고 온전히 지키라는 것이다. 성경 속에서 자기에게 유리한 구절만 보는 것은, 자기에게 불리한 구절들을 빼 버리는 것이다. 믿음이 제일이요, 행함은 구원과는 관계없다는 것은 자신에게 유리한 쪽으로 성경을 악용하는 것이다.

- 진정한 종교 지도자는 종파에 관계없이 어떤 종파든 어떤 책이든 접하고 보고 깨우쳐 견문을 넓히도록 인도한다. 참진리를 모르고 자신이 없는 자가 남을 이단이라며 배척하고, 신도들의 눈과 귀를 가린다.

8. 예수

- 예수의 재림은 없다. 예수가 다시 온다 해도, 과연 누가 그를 예수라고 믿겠는가? 예수와 같은 삶의 행함이 곧 예수의 재림이다. 각자 모두가 "재림 예수"가 되는, 차원 높은 믿음으로 가야 한다.

- 예수는 "주여 주여 하지 말고, 아버지의 뜻대로 행하라"고 했다. 예수가 전한 하나님의 뜻이 곧 "길이요, 진리요, 생명"이며, 그 가르침이 예수의 보혈처럼 소중한 것이다. 예수를 믿는 것은, 예수의 가르침을 믿고 따르는 것이다.

- 예수는 낮은 자로서 만백성을 섬기고자 했다. 만나는 모든 사람을 다 하나님이라 생각하라. 돈을 벌수록 겸손하고, 높은 지위를 얻을수록 낮아지라.

▪ 예수는 종파를 만들지 않았다. 인간이 만든 종교와 인간의 교리를 따르지 말고, 예수를 통해 전한 하나님의 참진리를 연구하고 따르라.

▪ 예수가 2천 년 전에 만백성을 위해 죽었으니, 지금 이 땅에는 예수의 가르침대로 사는 천사만 존재해야 한다. 예수가 죽어 가면서 바란 것은 만백성이 천사가 되어 예수의 자리를 채워 주는 것이지, 지금과 같이 재물을 바치면서 중언부언 제 소원만을 비는 백성들을 바란 것이 아니다.

9. 구원

▪ 천사가 사는 천국에는 천사만 갈 수 있으니, 천사 같은 마음을 길러야 한다.

- "천국 열쇠를 네게 주리니 땅에서 무엇이든지 매면 하늘에서도 매일 것이라" 했다. 땅에서 천사같이 사는 자가 하늘에서도 천사가 되어 천국에 들어간다. 모든 사람에게 천사같다는 말을 듣는 삶을 살아야 한다.

▪ 천사의 곱고 아름다운 마음은 부모를 공경하고 어른을 어른으로 대접하는 데에서 출발한다. 효도하는 자는 형제와 화목하게 지내기에 가정이 화목해지고, 이웃과 화목해지고, 국가가 화목해지고, 온 인류가 화목해진다.

- 그러므로 지상의 아름다운 소왕국은 가정에서부터 이루어야 한다.

▪ 선택된 14만 명만 구원받는 것이 아니라, 천사처럼 변하고자 하는 14만 명을 기초로 온 인류가 천사처럼 거듭나는 영적인 개혁이 시작되는 것이다.

▪ 천 년에 걸쳐서 하늘에서 이루어진 것같이 이 세상을 낙원으로 만들어, 만백성이 지상의 천국에서 살다가 죽어서 그대로 하늘의 천국으로 들어가는, 영원한 지상 낙원을 건설하는 것이 하나님의 계획이다.

- **이것이 구약과 신약에 이어 "새로운 성경"으로 역사하시는 하나님의 창조의 완성이다.**

▪ 지금의 믿음으로 구원받을 수 있다면 그 길을 가라. 그러나 자신이 없다면 하나님께서 직접 내리신 160권의 "새로운 성경"을 읽고 구원의 길을 보라!

하나님 머리말씀

이 새로운 성경을 읽는 너희 모두는
이 율법에 따라 행하면 영원히 구원받을 것이니라.

너희 인간이 수년, 수십 년, 평생
성서를 공부하고 기도하는 것은
하늘나라 나의 곁으로 오고 싶은 소망일진대,

몇천 년 전의 너희 인성과 생각이
지금의 너희와는 판이하게 다르니,

꺾여 가고 병들어 가는 너희를 고칠 수 있는 길은,
오늘 내가 선지자에게 내리는 새로운 성경과 같이
너희가 변화되는 것뿐이니라.

나의 예수가 태어난 것처럼
내가 아들 선지자를 선택하여
나의 새로운 성경을 온 세계에 전하고자 하니,

묵은 것은 버리고 새로운 것은 취하여,
너희 모두는
'여호와 하나님! 저의 죄를 용서하여 주옵소서.'
하는 기도문으로 기도하고, 죄를 뉘우치라.

이 새로운 성경은
수천 년간 내려온 성서를 요약한 것이니,
너희는 이 책을 정독하여 쉽게 깨달음을 얻고,
이대로 실천하여 하늘에 오르라.

대역자 머리말

■ 하나님의 율법을 지키는 선지자로 선택을 받도다.

저는 남들처럼 그저 열심히 살아온 평범한 사람이었습니다. 그러나 50대 중반에 사업에 실패하여 많은 부채에 시달렸으며, 건강도 악화되어 눈이 잘 안 보이고, 걷기도 어렵고, 두통이 심해서 잠을 이룰 수 없는 고통의 나날을 보냈습니다. 그때 제가 선택할 수 있는 것은 육의 삶을 끝내는 길뿐이었습니다.

죽기 직전에 그동안에 죄를 지은 이들에게 용서를 빌고 인생을 끝내기로 작정하였습니다. 어려서부터 지은 죄를 빌고 빌다 보니 끝이 없었고, 죽음으로도 그 많은 죄를 용서받을 길이 없다는 생각에 하염없이 눈물이 흘렀습니다. 그 순간 '재래식 화장실의 구더기는 죄를 짓지 않는데, 나는 인간으로서 구더기만도 못한 삶을 살았구나.' 하는 생각이 들면서 괴로움에 몸부림칠 때, 갑자기 하나님의 음성이 들렸습니다.

"나는 여호와 하나님이니라. 너는 십계명을 암송하고 내가 내려 주는 메시지를 받아 책으로 만들어 만백성을 구하라." 하시며, 제 눈을 손으로 문지르게 하시고, 아픈 머리와 다리를 손으로 두드리게 하셨습니다. 그러고 나니 눈도 잘 보이고 걸을 수 있었으며 머리의 통증도 말끔히 낫게 되었습니다. 그때부터 십계명을 암송하고 나면 들려주시는 말씀을 기록하였고, 1999년 8월부터 2004년 7월까지 권당 288쪽, 총 160권을 받아서 "새로운 성경"이라는 책으로 펴내게 되었습니다.

그러한 저에게 죽기보다도 힘든 길이 시작되었습니다. 모든 교인들이 저에게 사탄이요, 이단이요, 악마요, 마지막 시대에 온 거짓 선지자라 하면서 공격하였고, 저를 짐승을 보듯이 대하는가 하면, 편협한 종교 지도자들의 선동으로 신도들이 이 책을 직접 읽어보고 평가할 기회마저 막아 버렸습니다. 그래서 하나님의 말씀을 세상에 내는 데 많은 어려움을 겪으며, 피를 토하는 심정으로 책을 전하고 있습니다.

그러나 아무리 인간의 힘으로 막으려 해도, 하나님의 뜻이 세상에 전해지는 위대한 역사는 계속될 것입니다. 책으로 전해지는 "하나님의 말씀"은 세상 끝날까지 항상 우리와 함께하실 것입니다. 사람은 죽어도, 책에 기록된 말씀은 영원히 남으니까요.

■ 따뜻한 실천

하나님께서는 어려운 사람들에게 삶의 터전을 마련해 주고, 미래를 열어 주는 것을 기뻐하십니다. 어려운 이웃이 스스로 자립할 수 있도록 이끌어 주는 것이 진정으로 이웃을 돕는 것이라고 말씀하셨습니다. 그래서 일자리가 없는 제자들에게 작은 사업장을 만들어 주는 "달란트 사업"을 하고 있습니다. 식당, 반찬 가게 등을 차려 주고, 기존의 어려운 사업장이 자립할 수 있도록 돕고 있습니다(커피숍, 미용실, 의상실 등).

하나님께서는 교회에 나와서 모든 시간과 재물을 쏟기를 원하지 않으시고, 그 시간과 재물을 교육에 투자하여 스스로 미래를 열어 가기를 원하십니다. 그래서 제때 공부하지 못한 제자들에게 학업을 이어 가도록 하였습니다. 중화요리 주방장을 하며 초등학교 검정고시부터 공부하여 2012년에 방통대를 졸업한 36세 남성, 만학도들의 2년제 중학교에 입학해서 2007년에 명지대학을 졸업한 38세 여성, 중학교 검정고시를 시작으로 숭의여자대학을 졸업한 47세 여성 등이 있습니다. 그밖에도 많은 제자들에게 나이를 초월하여 배우고 깨우쳐서 사회 속의 당당한 일원이 되도록 인도하고 있습니다.

학자금 대출로 힘겨워하는 젊은이들을 위해 "따뜻한 바람 장학회"를 발족하여(2016년 12월) 대출받은 학자금 전액을 매월 갚아 주고 있습니다. 또한, 다문화 가정을 위해 "다문화 가족 랜드"를 조성하여, 각종 시설을 무료로 활용하도록 하고 있습니다.

이러한 따뜻한 실천이 아직은 미약합니다. 그러나 책의 수입이 늘고, 저와 뜻을 같이하는 분들이 늘어나면 계속 확대할 것입니다. 지도자로서 신도의 재물을 헌금으로 거둬들여 착복하는 것이 아니라, 하나님께서 기뻐하시는 일에 사용하도록 중매 역할만 하며 살아가고자 합니다. 이런 제가 과연 사탄이고 이단인가요? 하나님께서 기뻐하시는 일이라면, 저에게 사탄이라 하든 거짓 선지자라 하든 굽히지 않고 실천해 나갈 것입니다.

끝으로, 일상의 삶 속에서 "지금 내가 하는 행동이 과연 하나님께서 기뻐하실까, 슬퍼하실까?" 생각하고, 매사에 하나님께서 기뻐하시는 길을 택하기 바랍니다. 교회에 모여서 집단적으로 예배 드리는 것이 아니라, 개인이나 가정 단위로 새로운 성경을 읽어 스스로 깨우치고 그대로 행하면 충분합니다. 그것이 마음속에 성전을 짓고, 신령과 진정으로 예배 드리는 길입니다. 그러면 천국의 문에 들어서게 됩니다.

2017. 2. 1.

하나님 말씀 대역자 김 용 철

차 례

십계명

이 책은 십계명을 암송하고 나면 내려 주시는 "하나님의 음성"을 듣고 그대로 받아쓴 기록입니다. 하나님께서 십계명을 모세에게 내려 주셨지만, 그것은 만백성에게 내려 주신 것입니다. 마찬가지로 이 책의 모든 말씀도 저에게 내려 주셨지만, 만백성 각자에게 들려주시는 말씀입니다. 여러분도 이 책을 접할 때마다 십계명을 암송하고 나서 정독해 주시기 바랍니다.

제일은, 너는 나 외에는 다른 신들을 네게 있게 말지니라.

제이는, 너를 위하여 새긴 우상을 만들지 말고, 또 위로 하늘에 있는 것이나, 아래로 땅에 있는 것이나, 땅 아래 물 속에 있는 것의 아무 형상이든지 만들지 말며, 그것들에게 절하지 말며, 그것들을 섬기지 말라.

제삼은, 너는 너의 하나님 여호와의 이름을 망령되이 일컫지 말라.

제사는, 안식일을 기억하여 거룩히 지키라.

제오는, 네 부모를 공경하라.

제육은, 살인하지 말지니라.

제칠은, 간음하지 말지니라.

제팔은, 도적질하지 말지니라.

제구는, 네 이웃에 대하여 거짓 증거하지 말지니라.

제십은, 네 이웃의 집을 탐내지 말지니라.

나 여호와가 존재함을 믿는 그 자체가 구원의 길에 들어서는 기본이요, 근본이며, 나의 새로운 성경을 가슴에 안고 정독하는 자, 반석 위에 서서 하늘에 오르는 찬란한 빛을 보게 되는 영광을 얻게 됨이니라. 진정 나를 따르고 믿는 자는 감히 사탄이나 마귀도 근접하지 못하느니라.

〈하나님 말씀〉

2003년 10월

8,045 번째 하나님 말씀

2003년 10월 20일 12시 21분

1 사랑하는 나의 아들아!
2 "네, 아버님! 말씀하옵소서."
3 모든 백성에게 깨우침을 게을리해서
는 아니 될 것이니라.
4 내가 너희에게 뭐라 말하였느냐?
5 어렵고 불쌍하며 고난에 처해 있는 자
를 구원하는 것이 나 여호와의 뜻이
요, 내가 역사하며 나에게 오르는 길
이라 내가 예를 들어 성서에서도 가르
쳐 주었으며, 나의 법전에도 수없이
너희에게 전하고 가르쳐 주었음이니
라.
6 그러니 지금 믿음의 길을 가는 백성이
요, 그 광신도 백성에게 내가 묻느니
라.
7 너희는 들으라.
8 너희가 이 세상에 살면서 어렵고 불쌍
한 자를 돕고 사는 것이 나에게 오르
는 길이라 하였음이니, 너희가 나에게
오르기 위해 몸부림치며 기도하고 경
배하며 새벽 기도요, 밤잠 자지 아니
하며 그 광란의 짓을 하면서 과연 네
형제에게 얼마만큼 베풀었는가?
9 그리고 네 이웃에게 너희가 지금 가
진 재물이요, 너희가 소유한 그 재물
을 얼마만큼 그들을 위하여 지출했으
며 그들을 위해 전했는가 한번 생각해
보라.
10 너희는 불쌍한 자를 구원하는 것이 하
늘에 오르는 기본이요, 근본이라 가르
친 나 여호와의 뜻은 행하지 못한다
해도,
11 너희 형제요, 이웃에게 너희가 지금
가진 너 자신이 소유한 재물을 얼마
만큼 그들을 위하여 지출했으며, 아낌
없이 그들을 위해 던졌는가?
12 너희는 바로 너희 자신을 들여다봐야
할 것이니라.
13 그리고 또 하나 내가 너희에게 물어보
느니라.
14 너희 형제요, 이웃에게, 모르는 자들
이요, 불쌍하고 가련한 자들을 위해
얼마나 네 재산을 지출하고 사는가,
네가 평소 모은 재산의 몇 분의 몇을
지출하고 사는가, 너희에게 내가 한번
묻느니라.
15 오늘의 모든 종교 집단이요, 지도자
요, 그리고 광신도 너희는 과연 남을
위하여 너희가 가진 재물을 얼마나
지출하고 사는 것인가를 너희 스스로
한번 따져보라.
16 너희가 나로부터 은혜를 받은 자들이
요, 예수의 죽음으로 그 보혈로써 구
원을 받았다 하는 자, 그렇다면 그와
같은 은혜에 보답하는 길이라 하며,
그것이 구원에 오르는 길이라 하며,
감사하며 눈물 흘리고 콧물 흘리는 너
희가,
17 과연 내가 너희에게 명한, 너희가 가
진 재물을 이웃과 나누며 더불어 살라
내린 그 재물을 직접 얼마나 그들을

위하여 지출하고 사는가?
18 네 유익을 위하여 지출하는 그 금액에
비하여 너희가 남을 위해 사는 지출
을 얼마나 하는가?
19 너 자신을 구하기 위해 사악한 종교
집단 지도자들이 이름만 써 붙인 각종
헌금의 명칭 아래 수없이 갖다 바치느
니라.
20 그러면서 너희는 너 자신만을 위하는
그 욕심의 덩어리로 지금 네 몸을 다
감싸는 것이니, 그 욕심은 죄의 덩어
리라 하지 아니하였던가?
21 그 죄의 덩어리는 멸망의 길이라 하였
으며 지옥 불에 가는 길이라 하였음이
니라.
22 그러니 내가 원하는 것, 내가 너희에
게 요구하는 것이며 행하고 살라 하는
것이 무엇이더냐?
23 가련하고 어렵고 힘들고 불쌍한 그 이
웃을 구함이 나의 뜻이요, 내가 그를
바라는 것이요, 너희가 나에게 오르는
길이라 명확히 전해 주었거늘,
24 너희는 나의 뜻을 위하여 그 모두를
위해 평소에 네가 가진 재물을 과연
얼마나 쓰고 지출하고 사는가?
25 그것을 보고도 너희가 나에게 구원을
받을 수 있는 자요, 나의 은혜 속에 구
원을 받은 자요, 예수의 보혈로써 구
원을 받은 자요, 영원히 사는 나의 나
라에 올 수 있는 백성이라 그리 생각
하는 것이 얼마나 어리석고 욕심에 찬
백성인가?
26 너희 스스로 얼굴이 부끄럽지 않은가?
27 나 여호와라면 감히 고개를 들고 살
자격이 없는 자라 그리 말하며, 나의
산소요, 나의 태양의 빛을 받으며 살
아갈 자격도 없는 것이 너희라 나는
말하고 싶으니라.
28 너희는 지금 살면서 과연 어떠한 열매
를 얻겠는가?
29 너희는 나의 뜻을 거역하며 나의 뜻을
행하지 아니하며, 오로지 저만 구원받
겠다는 그 욕심에 찬 오늘의 삶을 살
면서,
30 나의 사랑하는 백성 너희에게 천사와
똑같은 아름다운 마음을 주었으며 사
탄과 싸울 수 있는 그 용기를 주어 세
상에 내보내며, 인간다운 인간의 열매
를 맺어 너희가 나의 나라에 올 수 있
도록 하는 것을 원하는 것이며 내가
역사한 것이 그것이거늘,
31 과연 너희가 어떠한 열매를 어찌 맺
을 수 있는가 스스로 생각해 보라.
32 이제 나의 아들을 따르는 제자요, 만
백성 너희는 알라.
33 너희는 남의 것을 탓하며 남을 흉보는
것이 아니요, 너희 스스로 거울삼아야
할 것이니라.
34 나 여호와가 그들을 깨우쳐 주며 그들
을 되돌려 놓으려고 나의 아들을 통
하여 담기 싫은 이 모두를 법전에 기
록하여 전하지만,
35 이를 듣고 깨우치고 배우며 따르는 제
자들이요, 나의 법전을 읽은 백성 너
희는 그들을 생각하지 말며, 오로지
너희 자세가 여기에 흔들리지 아니하
며 여기에 넘어지지 아니하며 여기에
찌드는 그와 같은 삶을 살지 말라.
36 너희를 사랑하기에 교훈이요, 지표로
내려보내니 너희 것으로 만들도록 그

리하라, 사랑하는 나의 아들딸들아!
37 이제는 너희가 구원을 받으며 나에게
오르는 길은 너희가 가진 재물이요,
그 모두를 네 형제요, 네 이웃의 가련
하고 불쌍한 자들에게 너희의 그 장
부에서 얼마나 지출하느냐, 그 지출한
흔적을 가지고 나에게 평가를 받으며,
38 너희가 지출한 만큼 나에게 사랑과 은
혜를 받으며 하늘에 오르는 길의 영광
을 얻게 된다는 것을 절대 잊지 말라.
39 이를 명심하지 아니하는 자는 나를
볼 수 없으며 나에게 오를 수 없으며,
너희가 가진 재물의 지출 명세서가
곧 너희가 나에게 오르고 못 오르는
길이니,
40 너희가 지금 죄의 온상에 바치는 그것
은 너희 죄를 더 무겁게 하는 것이요,
나와 멀어지는 길이니,
41 오로지 너희는 내가 명한 대로 직접
불쌍한 이웃을 구원하는 데 네 재물을
지출하는 용기 있는 삶으로써 변화되
도록 그리하라, 사랑하는 나의 아들딸
들아!

8,046 번째 하나님 말씀

2003년 10월 21일 01시 15분

1 사랑하는 나의 아들아!
2 "네, 아버님! 말씀하옵소서."
3 네가 하루를 지내는 그 삶이 어떠한
것인 줄 알겠느냐?
4 너의 하루의 삶이요, 네 제자들의 하
루의 삶은 일반 백성이 수백 년, 수천
년 동안 사는 그 삶보다도 더 위대하
고 소중하며 거룩한 것을 너희는 알
아야 할 것이니라.
5 너희가 지금 만들고 역사하는 것이
무엇이더냐?
6 창조주 나 여호와의 성령을 모두 태
워 사랑하는 나의 백성을 구원하고자
마지막 역사하는 그 역사를 이룸이니,
하늘의 뜻을 받아 기록하는 자가 어디
있으며 나의 성령을 받아 기록하는 자
가 어디 있으며 그를 역사하는 자가
어디 있더냐?
7 나의 아들 예수가 나의 뜻을 받아 역
사하고자 한 그 세월이 지금 2천 년이
라는 세월이 흘렀음이니,
8 그 세월 동안 내가 모두를 덮어 두었
으며 관장하지 아니하였으며, 너희 스
스로 성장하며 너희 스스로 변하여
나에게 오기를 바랐다 하지 아니하였
던가?
9 그러니 2천 년 동안 나의 성령을 책으
로 만들어 전한 자가 없으며, 오늘 나
의 아들이 하루에 기도하는 그 나의
성령의 가르침만큼도 역사하고 전한
것이 없음이니,
10 천 년이요, 만년이 지난다 해도 나의
법전과 같은 나의 성령이 한 권도 세
상에 나오지 못하며 그를 만들지 못한
다면,
11 지금 나의 아들 네가 살아가는 그 하
루의 삶이요, 하루의 기도요, 그와 같
은 역사함이 얼마나 위대하고 소중한
것인가?
12 무의미하게 진리를 모르며 수천 년 동
안 살아온 백성보다도,
13 나 여호와의 뜻을 따라 수억의 백성을
구원하고자 나의 성령을 받아 기록하

여 단 한 권의 책을 세상에 만든다 해
도, 네가 경배하고 나에게 기도하는
순간에 나의 성령이요, 참진리를 세상
에 내려보낼 수 있도록 그 많은 것을
역사함이니,
14 그러기에 네가 하루를 사는 삶이요,
기도하고 경배하며 나의 성령을 받아
기록하는 그 시간은,
15 무의미하게 그저 보통으로 몇천 년의
삶을 사는 것으로도 그를 감히 감내하
기 어려운 소중한 삶이요, 귀한 삶이
라는 것을 너희는 알아야 할 것이니
라.
16 지금 나의 아들을 통하여 내리는 나의
성령이요, 나의 뜻을 받들어 역사하는
너희는 과연 어떠한 백성이더냐?
17 그러니 너희가 나에게 선택된 자라
하였음이니라.
18 나의 성령을 이 세상에 만들고 전한
자가 없으며 너희가 지금 그 역사를
함이니,
19 너희가 한 시간을 바쳐 나의 아들을
통하여 내리는 나의 성령을 기록하고
만들며 나의 법전이라는 그 책을 만드
는 데 일익을 담당한다는 것,
20 그것이 몇천 년, 몇만 년을 산다 해도
그와 같은 역사를 이루지 못하는 백성
의 삶에 비한다면, 너희가 한두 시간
을 봉사함이요, 한두 시간의 노력이
요, 그 연구함이 얼마나 귀하고 소중
한 것인가를 알겠는가?
21 이와 같은 이치를 너를 따르는 제자들
이요, 나의 법전을 읽은 만백성 너희
는 알아야 할 것이니라.
22 수천 년 동안 흘러오면서 나 여호와의
성령이요, 참진리요, 하늘의 뜻이요,
그 역사를 받아 기록한 자가 없으며
그를 만든 자가 없음이니,
23 그 모두를 역사하는 것이 너희가 단 1
분을 봉사하고 희생한다 해도 얼마나
소중하고 귀한 것에 시간을 소비하는
것인가를 알아야 할 것이니라.
24 너희가 그 많은 시간을 봉사하며 그를
가지고 나의 법전을 만들어 세상에 역
사하고자 동참하는 그 삶의 시간은 무
엇과도 바꿀 수 없으며, 그 무엇으로
써도 살 수도 없으며 보상할 수도 없
음이니,
25 그 사랑과 나로부터 받는 상이 그리
크고 크며 소중함을 너희는 알아야
할 것이니라.
26 이제 너와 너를 따르는 제자들이요,
법전을 만드는 선택된 너희는, 그와
같이 너희의 삶과 행함이 얼마나 소중
하고 귀한 것인지 안다면,
27 그 시간을 씀에 있어서 잠시도 함부
로 생각해서는 안 되며 다른 생각을
해서도 안 되며, 인간의 계산된 생각
을 해서도 아니 됨이니라.
28 이와 같이 위대하고 소중한 시간이요,
너희가 역사하는 것이 얼마나 귀하고
귀한 것인가를 너희 스스로 알아야
할 것이니, 그리하여 내가 너희에게
이 밤에 그를 전해 줌이니라.

8,047 번째 하나님 말씀

2003년 10월 21일 01시 25분

1 사랑하는 나의 아들아!
2 **"네, 아버님! 말씀하옵소서."**

3 너희는 나를 경배하는 그 믿음으로써
모두 다 역사하며, 그 믿음만을 찾으
면 진정 나로부터 천사와 같은 백성이
요, 의인이 될 수 있는 그 길을 갈 수
있다고 모든 종교 집단이요, 지도자가
가르치며,
4 또한 너희는 그리 알고 오늘의 그 믿
음을 가고 있음이니라.
5 그러나 너희는 알아야 할 것이니라.
6 너희가 나 여호와의 존재함이요, 나를
보지 못하며 만지지 못하며 내 음성을
듣지 못함이니,
7 너희가 나를 향하는 그 믿음은 한 길
만 가지고는 절대 역사할 수 없으며,
너희가 천사와 의인의 길을 갈 수 없
다는 그와 같은 의미의 깨달음을 내가
오늘 나의 아들을 통하여 너희에게
전해 주고자 함이니라.
8 모든 믿음의 길을 가는 종교 집단이
요, 지도자 너희는 믿으면 된다, 믿음
의 길만이 모두 구원을 받는다 하나,
9 너희가 믿음을 향하는 그 마음이 아무
리 굳고 강하다 해도, 그로써 모두를
역사할 수 없으며, 어떠한 닥쳐오는
고통과 시련을 견디고 넘는 것은 믿음
만 가지고 역사할 수 없는 것이니라.
10 그리하여 너희가 말하지 아니하더냐?
11 너희는 인간으로써는 어떠한 것도 구
원을 받을 수 없으며, 다만 나 여호와
가 너희에게 임하고 역사할 때 그를
구원할 수 있다 함이니라.
12 그는 내가 너희에게 역사하고 구원함
으로써만 그 길을 가며, 어렵고 힘든
너희가 그 악습을 하나하나 버리고 나
에게 올 수 있는 그 길을 올 수 없다
함이니,
13 너희는 알아야 할 것이니라.
14 너희는 이 세상에 살아가며 종교 집단
이요, 지도자로부터 배움을 받느니라.
15 그리고 성서의 노아의 방주요, 또는
욥의 역사의 그 모두를 들어 깨우침이
니,
16 노아의 방주 또한 그들에게 나의 뜻을
명한 것이 노아요, 그리고 욥은 또 무
엇이더냐?
17 너희가 욥의 한 과제를 가르칠 때, 그
인생을 놓고 가르치며 그 성도들에게
전할 때, 욥은 믿음이 투철하였으며,
그 믿음으로 하여금 어떠한 고통이요,
제 몸이 썩어 가 벌레가 득실거리는
그와 같은 고통이요, 재물을 잃으며
자식을 모두 다 잃어 가면서 그를 견
딜 수 있었던 것은 오로지 그 믿음이
라 그리 말하느니라.
18 그리하여 그와 같은 믿음을 갖지 아니
하면 너희는 나에게 올 수 없으며 구
원을 받을 수 없다고 말함이니,
19 이제 나의 아들을 따르는 제자들이요,
그리고 나의 법전을 읽는 백성 너희는
알아야 할 것이며, 지금까지 가는 종
교 집단의 지도자요, 그리고 구원을
받았다 하는 신도 너희는 알아야 할
것이니라.
20 내 사랑하는 욥이 그 모두를 견딜 수
있었던 가장 근본의 힘은 무엇인 줄
알겠는가?
21 나 여호와가 존재함을 믿는 그것도 중
요하며 그 또한 그 마음을 모두 견고
하게 또 굳건히 견딜 수 있었지만,
22 그 욥은 회개하는 마음이요, 반성하는

마음이요, 그와 같은 마음에서 그 모
두를 이길 수 있었음을 너희는 이제
알아야 할 것이니라.
23 욥이 나로부터 받은 그 은혜요, 영광
이요, 그 영광 속에서 제가 스스로 살
아가면서 백사장의 모래알보다 더 셀
수 없이 많은 죄를 짓고 살아온 욥이
요, 나 여호와의 뜻에 의해 살지 못한
그 죄가 너무나도 무겁고 두려워,
24 나로부터 어떠한 고통과 시련을 받는
다 해도 그는 그 죄를 사할 수 없는 그
와 같은 애절한 회개요, 반성이요, 깨
달음을 가지고 살았던 욥이니라.
25 그리하여 아무리 고통을 주고 시련을
겪고 제 몸에 벌레가 득실거리며 재
물을 날리며 그 모두를 다 잃는다 해
도,
26 제가 나로부터 지은 죄요, 나 여호와
앞에 지은 죄를 다 갚을 수 없으며 회
개할 수 없으며 씻을 수 없어서 그는
더 고통스러움을 주기를 바랐으며,
27 더 어렵고 힘든 고통을 그에게 준다
해도 나에게 지은 죄를 용서받을 수
없다는 그와 같은 자신의 애절한 깨달
음이요, 변화요, 회개의 기도하는 그
마음이 욥이 그와 같이 고통을 견딜
수 있는 역사함이 있었다는 것을 너희
는 알아야 할 것이니라.
28 욥은 나 여호와의 존재함을 믿고 믿었
으며, 또한 그는 내가 존재함을 믿기
에 나로부터 지은 죄요, 인간으로서
부끄러운 그 죄를 지은 것을 나에게
용서받을 길이 없어서,
29 제가 그보다 더 고통스러운 것이요,
벌레가 득실거림이 아니라 뼈가 부서
지는 그와 같은 고통을 저에게 내려
달라 하며,
30 그래도 제 죄를 용서받을 수 없으며
제가 회개 받을 수 없기에, 내가 더한
고통과 시련을 준다 해도 제 죄를 씻
을 수 있다 하면 더한 것을 받겠다는
그와 같은 마음이요,
31 진정한 회개요, 깨달음의 마음을 가지
고 있었기 때문에, 욥은 그 시련과 고
통을 다 견디고 넘어갈 수 있었음이니
라.
32 이제 나의 아들을 따르는 제자요, 나
의 법전을 읽고 깨우치며 그를 만드는
백성, 그리고 이를 들은 자, 너희는 스
스로 깨달으라.
33 욥은 나로부터 믿음의 그 한 가지만을
가지고 그가 견딘 것이 아니요, 그가
견디고 역사할 수 있었던 것은 스스로
지금까지 지은 죄에 대해 용서받을 길
이 없어,
34 제가 수천수만 번의 고통을 더 겪는
다 해도 용서를 받을 수 있으며 회개
를 들어 받아들인다 하면 그 길을 가
겠다는 그와 같은 마음으로써 그가 견
뎠음이니,
35 나의 아들을 따르는 너의 제자들도 진
정으로 너희가 가진 그 수많은 죄를
용서를 빌며 회개하는 마음이요,
36 그 회개함을 용서받을 수 있는 것은
이보다 더한 고통이요, 시련을 준다
해도 그를 웃으면서 받을 수 있으며
당당히 견딜 수 있는 그 마음의 길밖
에 없음을 너희는 알라.
37 욥은 알고 있었음이니라.
38 그가 죽어 나에게 와 심판을 받아 육

신이 끝날 때, 그는 나를 아버지라 부를 수도 없으며, 나에게 용서를 받을 수 없으며, 죄지은 것을 모두 사함을 받을 수 없기 때문에,

39 육이 존재하는 이 세상에서만 너희가 지은 대가를 용서받을 수 있으며, 회개할 그 기회는 거기밖에 없었기 때문에,

40 욥은 목숨을 다해서 썩어져 나가 벌레가 득실거리며 그보다도 더한 고통이요, 더 시련을 겪는다 해도 나로부터 지은 죄를 용서받을 수 없으며 나로부터 지은 죄의 대가를 지불할 수 없는 그와 같은 것을 알고 있었기 때문에,

41 그 고통이 고통이 아니요, 그 재물이 떠남이 떠남이 아니요, 자식이 죽어가는 것까지도 그에게는 고통이 없었으며, 그보다 더한 것을 내려 달라 그리하여 죄를 용서받아 아버지 앞에 갈 수 있으며 나에게 올 수 있는 그 길이라면 그는 그보다 열배 백배 더한 고통도 인내할 수 있는 굳은 마음이요, 진정한 회개이니라.

42 욥의 고통은 회개의 근본임을 너희는 알아야 할 것이니라.

43 회개하는 백성이요, 깨달은 백성이요, 나에게 감사하는 백성은 과연 무엇인가?

44 욥의 그 일생에서 그를 가르치고 깨우쳐 주고자 함이니,

45 모든 종교 집단이요, 지도자 너희는 그저 믿음이요, 믿음만이 모두를 용서받으며 믿음만 굳건하면 그를 넘길 수 있다 하나,

46 너희는 믿음의 마음 그 하나로써는 절대 그와 같은 역사의 고통을 이길 힘과 용기가 없음이니라.

47 너희가 나에게 와 지옥 불에 가 고통스러운 그 죄의 대가를 치르는 것은 육의 세상에서만 용서를 받는다는 깨달음이요,

48 그리고 너희가 살아 있을 때 지은 모든 죄의 용서를 나에게 받으려면, 어떠한 고통과 시련으로써도 모래알보다도 더 많은 그 죄를 회개할 수 없고 용서받을 수 없다는 죄인이라는 그 마음에서,

49 용서받을 기회는 나로부터 고통과 시련을 겪고 인내하는 것, 그보다도 더한 것을 내려 준다 해도 그를 달게 웃으며 용기 있게 받을 수 있는 것이 나에게 용서받는 길이라 그리 생각하는 마음,

50 그 굳은 마음과 회개하는 애절한 마음이 너희 가슴속에 있어야 할 것이며, 그게 없어서는 바로 나에게 올 수 없음이니라.

51 말로만 믿음을 부르짖으며, 더욱이 예수의 보혈로써 구원을 받았다는 편안한 말로써 하는 자들은 그와 같은 것으로써 절대 역사할 수 없음을 알라.

52 이제 나의 아들을 따르는 제자요, 나의 법전을 읽고 깨우친 너희는 욥이 믿음으로써 역사한 것이 아니요, 그 죄지음을 나로부터 은혜를 받을 수 있는 기쁨의 영광이라 생각하여,

53 그를 즐거운 마음으로 기쁜 마음으로 제 몸이 썩어져 가며 벌레가 득실거리는 것을 두려워하지 아니하였으며 겁먹지 아니하였으며, 그것을 무서운 줄

을 모르며 그것을 감사로 받아들이며,
더 고통을 달라 그는 나에게 기도한
자이니,
54 그 회개의 근본이 욥의 삶이니, 너희
는 거기에서 회개하는 것과 깨닫는 방
법, 그리고 너희가 죄를 용서받는 그
길을 그와 같이 선택하는 마음으로 다
시 태어나 살도록 그리하라, 사랑하는
나의 아들딸들아!

8,048 번째 하나님 말씀

2003년 10월 21일 01시 31분

1 사랑하는 나의 아들아!
2 "네, 아버님! 말씀하옵소서."
3 하늘에서 내려다보는 나의 백성이요,
그리고 구원을 받았다 말하는 그 지도
자요, 집단이요, 그 백성이 얼마나 불
쌍하고 가련한지 내 마음이 아픔이니
라.
4 그들을 깨우쳐 하늘에 오르는 길이요,
진정 저 자신이 겸손하며 낮은 자로
서 살아갈 수 있는 그와 같은 마음을
심어 주는 것은 천 번 만 번 강론으로
써 이루어지는 것이 아니요,
5 나의 법전을 전해 그들이 읽고 깨우쳐
스스로 터득하는 그 길밖에 없음이니,
내가 오늘 너를 통하여 160권의 법전
의 역사를 이루는 것이니라.
6 지금의 믿음의 길을 가는 백성은 첫
째, 나의 피조물 만백성들이 다 동등
한 백성이라는 것을 모르고 있느니라.
7 나의 백성이 살아가면서 사랑을 베풀
고 또한 아름다움을 실천하는 그 삶은
이방인이라 하는 백성이나 그렇지 아
니한 백성이나, 믿음의 길을 가는 백
성 너희가 실천하고 살아가는 것은 똑
같이 사랑을 베풀며 살아가는 것이니
라.
8 믿음의 길을 가는 자들이 열 개라는
사랑을 베풀었으며 또한 이방인이라
는 그 백성이 열 개를 베풀었을 때, 나
여호와가 내려다보는 너희의 아름다
운 삶은 다 똑같으니라.
9 그러나 지금의 믿음의 길을 가는 그
백성은 어찌 생각하는가?
10 똑같이 선함을 열 개를 했어도 저희는
나 여호와의 뜻에 따라 역사하는 특
별한 백성처럼 착각함이니라.
11 저희가 이와 같이 착각하는 속에서
그들이 지금 바로 무엇이던가?
12 하늘에 오르는 길을 보지 못하며 그
빛을 못 봄이니라.
13 저희가 말하는 이방인들이 저희보다
더 아름다운 삶을 살며 그들이 저희보
다 더 나은 삶을 사는 백성이 수없이
이 세상에 존재함을 알라.
14 저희가 그들을 따라가지 못하며 그들
만큼 역사하지 못해도, 그들은 지옥에
가는 그 삶을 살며, 저희는 구원의 길
이요, 특별히 존재하는 백성이라는 것,
15 그리하여 그와 같은 착각 속에서 그들
이 헤어나지 못하기에, 그들이 나의
사랑하는 백성을 나에게 오르는 길로
인도하는 것이 아니요, 지옥의 길로
인도하는 지도자요,
16 또한 거기서 선동 선전을 하며 앞에서
나팔 불고 앞에서 끌고 가는 것이 지
금의 종교 집단 너희임을 알라.
17 그를 바라보는 나 여호와가 그들을 불

쌍하게 생각하느니라.
18 이방인이 나 여호와의 뜻에 따라 100
개를 하면 저희는 30개도 못하는 자
들이,
19 이방인들은 나로부터 벌을 받아 지옥
으로 가며 저희는 천국으로 온다는
그와 같은 생각 속에서 지금 가는 자
들이니, 그를 보는 내 마음이 그리 아
프다 함이니라.
20 이방인들이 저희 형제에게 또 부모에
게 베푸는 그 사랑이요, 부모를 공경
하는 마음이요, 그것이 믿음의 길을
가는 저희보다 더 잘하고 잘 역사하
건만,
21 그들이 하는 행위는 죄짓는 행위요,
그들이 하는 것은 구원을 받는 것이
아니요, 그보다도 몇백 배 잘못하며
용서할 수 없는 짓을 하면서도 믿음의
길을 간다는 백성 너희는 나 여호와의
뜻에 따라 사는 백성이요, 나로부터
은혜를 받으며 축복받는다는 그와 같
은 착각 속에 헤매고 있음이니,
22 그것이 바로 너희가 지옥 불로 가는
길이라는 것을 내가 다시 한 번 전함
이니 이를 깊이 깨우쳐야 할 것이니
라.
23 너희는 모든 백성이 태양이요, 바람이
요, 모두를 다 똑같이 받는다 말하지
않느냐?
24 나는 모두를 다 똑같이 사랑함이니라.
25 그러니 똑같이 사랑하는 나의 은혜 속
에서 살아가는 너희가 내가 짓지 말
라는 그 교회 안에 가 기도하고 경배
하는 것만이 구원을 받으며 하늘에 오
르는 길이라 생각하지 말라.
26 그 모두를 초월한 것이 나의 사랑이
요, 그 모두를 초월한 것이 나의 아들
딸임이니라.
27 너희가 나의 아들 예수를 찾음으로써
나를 찾는 것으로써 믿음이요, 구원을
받는다 하지 말라.
28 믿음이라는 그 길만을 가지고 너희는
하늘에 오를 수 없는 자이니,
29 너희가 지은 죄를 모두 용서 빌고 회
개하며 너희가 용서받지 못할 죄를 지
은 것을 용서받고자 하는 그 애절한
마음이 모두 하나가 되었을 때, 너희
는 내 뜻을 역사할 수 있으며, 나를 거
역하지 아니하며 순종하는 그 뜻을 지
키고 살아갈 수 있다는 내 의미를 알
라.
30 그리고 내가 나의 아들을 통하여 너희
에게 전하기를, 이 세상에는 선과 악
도 없다 그리 보고 살라 하였음이니라.
31 이 세상에 너희가 한 형제로서 생명
을 가지고 나로부터 은혜를 받아 세상
에 나간 모든 것은 악이요, 선을 다 초
월한 것이며,
32 넘을 수 있는 사랑이요, 용서하는 그
마음으로서 갔을 때, 그것을 모두 다
초월하는 길이라 하였음이니라.
33 그러니 너희가 그 의미를 생각해 본다
면, 과연 누구는 이방인이요, 너희는
무엇이라는 것을 따지며, 이방인들은
아무리 선한 일을 해도 지옥으로 가며
너희는 천국에 간다는 그와 같은 너희
의 편의주의 입장으로 너희를 변호하
는 그와 같은 어리석은 삶을 살지 말
라.
34 너희는 많은 죄를 지으며 더 사악하고

용서받을 수 없으며 부끄럽게 죄를 짓
는 것을 이중적인 마음으로 돌려서 너
희 자신을 위로하는 삶을 사는 것이
오늘의 종교 지도자들이 단상에 서서
설교하며 가르치는 방법이니 그리 알
라.

8,049 번째 하나님 말씀

2003년 10월 21일 01시 37분

1 사랑하는 나의 아들아!
2 "네, 아버님! 말씀하옵소서."
3 이 깊은 밤 조용히 내가 너에게 나의
성령을 전함이니, 나 여호와의 답답한
그 마음을 어찌 표현하겠느냐?
4 너희가 인간 세상에 살면서 행하는 모
든 그 결실이요, 그 결과에 따라 나에
게 심판을 받는 것이라 그리 가르쳤거
늘, 너희는 그를 믿지 아니하며 그를
따르지 아니하는 그 백성이 가는 길
은 결국 무엇이더냐?
5 너희가 그리도 소중히 생각하며 한 획
도 고쳐서는 아니 된다는 그 성경에
내가 너희에게 일찍이 뭐라 가르쳤느
냐?
6 하늘에 오르는 길이요, 삶의 이치를
내가 다 너희에게 전하여 주지 아니
하였더냐?
7 너희가 남의 과실을 용서하는 것이 나
여호와로부터 용서를 받는 길이라 하
였음이니,
8 남을 용서하는 것이 너희가 지은 죄
를 나로부터 용서받는다는 그 답을 내
가 내려 주었으며 그 방법을 너희에게
가르쳐 주었으니 그리 살면 되는 것이
니라.
9 그리고 남의 과실을 용서하지 아니하
는 자, 용서하지 못하는 자는 결국 나
로부터 용서를 받을 수 없는 백성이라
그리 말하지 아니하였던가?
10 그러니 여기서 남을 용서하고 용서하
지 아니하는 것이 나로부터 너희가
용서를 받고 못 받는 것이니, 그는 곧
무엇이더냐?
11 너희가 육의 세상에서 살아온 그 삶의
행위에 의하여 나로부터 용서를 받고
못 받는 것이 거기에 있다 함이니, 너
희는 어찌하여 이 대목을 읽으면서도
모른단 말이더냐?
12 너희가 남에게 베풀며 사는 그 행위가
곧 나에게 하는 것이요, 나에게 역사
하는 것이라 하지 아니하였더냐?
13 그러니 너희가 육의 세상에 살면서 남
에게 베푸는 것, 그리고 사랑을 베푸
는 것, 나누며 사는 것, 그것이 곧 나
에게 와 심판의 결과의 원인이라는 뜻
을 여기에 명확히 기록하여 너희에게
전하였건만, 어찌하여 이와 같은 뜻을
왜곡되게 가르치며 그리 역사하는가?
14 너희는 알아야 할 것이니라.
15 너희가 육의 세상에서 나누며 행하고
사는 그 모든 행위의 결과요, 그 역사
의 답에 따라서 너희가 용서를 받고
못 받으며 나에게 오르고 못 오르는
그 역사가 거기에 있음이니라.
16 그러니 너희가 죽어 나에게 와 심판을
받을 때 가장 중요한 것은, 내가 나의
아들을 통하여 말했듯이, 너희의 오늘
의 삶이요, 행함의 그 결과로써 이루
어진다는 것을 내가 수없이 나의 법전

에 기록하니,
17 이는 너무나도 소중하고 귀한 것을 너
희가 그저 버려 버리고 지우기에 이
깊은 밤 나의 아들을 통하여 나의 법
전에 다시 한 번 그리 전함을 알라.
18 나의 아들이 역사하는 것이 사탄이요,
이단의 짓이요, 그리고 너희를 미혹게
하는 것이라 그리 생각되거든, 성경에
서 그 구절을 찾아보도록 하라.
19 거기에 상세히 내가 기록하여 전하였
음이니, 그를 읽고 깨우치면 알 것이
니라.
20 남을 용서하는 것이 무엇이더냐?
21 남에게 베풀어 준 만큼 너희가 은혜
를 받는 것이요, 너희가 남에게 사악
한 짓을 하는 만큼 너희가 벌을 받는
것이 하늘의 이치요, 하늘의 법도라는
말이 거기에 기록되어 있지 않은가?
22 남의 과실을 용서하지 못하는 자는 절
대 나로부터 용서를 받지 못한다 했음
이니,
23 너희가 남에게 사악한 짓을 하는 것은
그 대가를 치름이니, 용서를 받지 못
하는 것이 무엇이더냐?
24 그 대가를 지불하는 것이니라.
25 그러니 너희가 남에게 베푸는 것은
곧 나에게 전달됨이니, 그와 같은 상
을 받으며 그 은혜를 받는 것이라 내
가 성서에 정확히 기록해 주었음이니,
그를 읽고도 이해 못 한다 하면 너희
는 어쩔 수 없는 것이니라.
26 그러나 성서를 읽고 지금 내가 전하는
뜻을 알고 깨우쳤다면, 나의 법전이
곧 나 여호와의 뜻이요, 하늘에 오르
는 그 길을 상세히 풀어 너희에게 전
함을 알라.
27 육의 행함은 아무런 가치가 없는 것이
며 너희가 구원을 받는 데 도움이 안
되며, 믿기만 하며 나의 아들을 찾기
만 하면 된다고 가르치는 자들 때문에
나의 사랑하는 백성이 지옥 불로 끌
려가고 있으며,
28 거기에서 광신도들이 선봉장이 되어
서 나의 백성을 줄줄이 끌고 가는 사
악한 행위를 함이니,
29 그를 깨우치지 못하는 나의 백성을
바라보는 나 여호와의 가슴이 너무나
아파, 이 깊은 밤 너에게 이 뜻을 다시
한 번 기록하여 전함이니, 이를 만백
성에게 전하도록 하라, 사랑하는 나의
아들아!

8,050 번째 하나님 말씀

2003년 10월 21일 01시 43분

1 사랑하는 나의 아들아!
2 "네, 아버님! 말씀하옵소서."
3 너희가 나 여호와의 뜻이요, 성경의
그 뜻을 알지 못한다면 어떠한 결과를
가져오는 줄 알겠는가?
4 나 여호와의 뜻을 거역하며 사는 것이
니라.
5 그리하여 성서를 깨달으며 나의 법전
을 깨닫고 연구하는 선택된 백성 너희
는 모두를 다 너희에게 가장 불리한
쪽이요, 악조건 쪽으로 해명하고 깨우
치라 하였음이니,
6 이 말을 전하고 전하는 나 여호와의
마음이 얼마나 아프겠는가?
7 아무리 전하고 전해도 그와 같이 행하

고 사는 백성이 없음이니, 그리하여
반복하고 또 반복하는 이 피를 토하는
나의 이 아픔을 너희가 과연 안단 말
이던가?
8 나 여호와가 너희를 위하여 얼마나
더 희생해야 하며 더 애절히 사랑해
야 하며 더 아껴야 하며 무엇을 너희
에게 던져 주어야만 모두 역사할 수
있단 말이더냐?
9 내가 성경에 기록하여 너희에게 전하
였느니라.
10 '오직 너희를 위하여 보물을 하늘에
많이 쌓아 두라.
11 거기에는 좀이요, 동록이 존재하지 못
하며 도적이 구멍을 뚫지 아니하며 또
도둑질을 하지 못한다' 성서에 그리
가르쳤느니라.
12 그리고 보물은 네 마음에 있으며, 재
물이 가는 곳에 너희 마음이 있다고
말하였음이니라.
13 그러나 이 구절을 가지고 너희는 어
찌 말하느냐?
14 재물을 하늘에 많이 쌓아 놓으라, 지
상에 가지고 있으면 도둑이 들고 쇠진
하고 상하며 무너짐이니, 하늘에 많이
쌓아 놓아야 거기에 따라 상을 받는
것이라 하여 종교 집단이요, 지도자들
이 그 모두를 거둬들이느니라.
15 그러니 그것이 얼마나 잘못 가르치며
잘못 가는 역사인 줄 알겠는가?
16 여기서 성서의 한 구절을 너희에게 전
함이니라.
17 내가 너희에게 뭐라 말하였느냐?
18 너희 형제요, 이웃에게 베푸는 것이
나에게 전함이요, 그들을 용서하는 것
이 나로부터 용서를 받음이라 그리 말
하지 아니하였더냐?
19 그러니 내가 너희에게 하늘에 쌓아 놓
으라 한 그 재물을 무엇인 줄 알겠느
냐?
20 하늘에 쌓아 놓는 그와 같은 마음으로
써 너희가 네 이웃을 도우며 이웃의
형제에게 베풀며 살아가라는 그와 같
은 뜻이니라.
21 너희가 이웃에게 베풀며 그리 전하는
그것이 바로 영원히 불변하는 진정한
사랑이요, 나눔이라는 것이니라.
22 그러니 육에서 도둑맞고 썩어져 가는
그 재물을 지상에 쌓아 놓지 말며, 너
희 이웃 형제들에게 그리고 어려운 자
에게 나누며 살며 더불어 살라는 그
뜻이 거기 있음이니라.
23 그러니 너희가 그와 같이 베푸는 것은
나에게 베풂이니, 곧 나에게 쌓아 놓
은 재물이요, 너희가 베푼 사랑은 나
의 백성이 행한 그것은 하늘에 쌓임이
니, 그게 바로 무엇이더냐?
24 성령이 임하여 하늘나라에 너희의 그
정성이요, 나눔이요, 사랑이요, 그 모
두가 전해진 것은 절대로 변하지 아니
하고 불변이며,
25 감히 도둑도 사악한 자도 너희 것을
빼어갈 수 없으며, 아무리 종교 지도
자가 사악한 짓을 해도 그들로 하여금
도둑맞을 일이 없으며 빼기지 않는 것
이거늘,
26 너희는 그 한계를 넘지 못하여 지옥
불로 가는 그와 같은 삶을 산다 함이
니라.
27 욕심에 의하여 육의 세상에서 너희가

악하게 살며 험악하게 사는 것이며,
그리고 구원을 받기 위해 사악한 거
래를 하는 것, 그 모두가 너희에게 죄
가 된다는 것이니라.
28 그러니 내가 명한 네 이웃에게 나눠
주는 것만큼 네 이웃을 용서하는 것이
나로부터 용서받는다는 그 구절을 명
심하여 깨우치라.
29 그러니 이웃에게 형제들에게 나누어
주어, 네 창고에서 썩어 나는 그와 같
은 일이 없도록 하라 함이니,
30 그것이 바로 나에게 왔을 때 그는 영
원히 변하지 아니하며, 도둑도 그를
가져가지 못하며 부식되는 것도 없으
며 상할 수도 없다는 그 뜻이니, 너희
가 이웃에게 베풀라 하는 뜻이 거기
있음이니라.
31 그러나 그것을 재물이 가는 곳에 인간
의 마음이 있으니, 하늘에 많이 쌓아
놓는 것은 도둑맞지 아니하고 변하지
아니하니, 바치라 바치라 하여 거둬들
이는 사악한 죄에 그리 사용하며 그리
지금 변질되어 있음이니라.
32 그리하여 너희는 나의 뜻을 역사하는
자들이 아니요, 나의 뜻을 거역하는
자들이 살아가는 행위라 그리하였음
이니라.
33 너희가 형제의 허물을 용서하면 나 여
호와로부터 모두를 용서받는다는 그
진리요, 그 위대한 답을 내가 성경에
기록하여 상세히 전해 주었거늘,
34 그 답을 전한 뜻이요, 내가 역사하는
뜻을 거역하며 그를 따르지 아니하는
것이 너희이니라.
35 하늘에 쌓아 놓은 것이 아니요, 모든
재물을 필요한 형제에게 주라.
36 하늘에는 재물이 필요 없으며 그 사랑
이요, 나의 뜻에 따라가는 아름다운
천사와 같은 마음의 보물을 하늘에 쌓
으면 된다는 걸 내가 다시 한 번 전함
이니라.
37 지금의 모든 광신도요, 그리고 하늘의
구원을 받았다는 불쌍한 백성 너희에
게, 이와 같은 성서의 이치요, 가르침
을 내가 상세히 기록하여 전함이니,
38 이를 읽고도 깨우치지 못하며 사탄이
요, 이단이라 찢어 버리고 태워 버리
는 자는 너희가 얼마나 소중한 진주
요, 보석을 손에 쥐었다 버리고 잡석
을 잡는 어리석은 자들인가를 머지않
아 알게 될 것이니라.

8,051 번째 하나님 말씀

2003년 10월 21일 01시 47분

1 사랑하는 나의 아들아!
2 "네, 아버님! 말씀하옵소서."
3 불쌍하고 가련한 그 백성에게 전해
주라.
4 모든 믿음의 길을 가는 백성이요, 그
광신도들, 나의 아들 예수의 보혈로써
깨끗하게 죄가 씻어졌으며 대속을 받
았다는 자들이 어떠한 착각을 하고 있
는지 알겠느냐?
5 너희는 때가 묻고 더러운 옷을 표백제
라는 것을 써서 깨끗이 빨고 씻어 낸
것처럼, 그리하여 나의 아들 예수의
보혈로써 그 죄가 깨끗이 씻어져 있
는 것처럼 그리 착각하고 사는 어리석
은 백성이라 함을 알라.

6 너희는 나의 아들의 보혈로써 표백제
를 써 옷을 깨끗이 빨아 입은 것처럼,
죄에 대해 그 죄를 사하며 죄의 용서
를 받는 것, 죄에 대해 회개를 하는 그
와 같은 노력을 할 필요가 없다고 그
리 말함이니라.
7 너희는 여기서 알아야 할 것이니라.
8 너희가 표백제를 써서 옷을 깨끗이 빨
아서 걸쳐 입은 그 옷을 입고 그대로
지탱하는 것은 어떠한 삶이 필요한 것
인가?
9 너희가 그와 같이 더러운 옷을 표백제
로써 깨끗하게 씻은 그 옷을 걸쳤다
하면, 너희는 바로 나의 아들 예수가
역사하고자 했던 그대로 그 길의 삶을
살아가지 아니하면 그와 같이 존재할
수 없는 것이 너희 운명임을 알아야
할 것이니라.
10 그러니 너희가 나의 아들 예수의 뜻
대로 내가 역사하고자 하는 그 길을
지키지 아니하며 그대로 살아가지 아
니하는 것은 아무리 표백제를 써서 빨
아서 입고 또 입어도 더러워지고 더러
워지는 그와 같은 형국을 더 견딜 수
없는 것이 오늘의 너희 마음이니라.
11 그러니 너희가 아무리 표백제를 써서
깨끗이 빨아서 걸쳐 입었다 해도, 죄
를 짓고 사하는 것은 그 옷이 바로 더
러워지며 때가 찌드는 그와 같은 형국
이 되는 그 이치를 어찌하여 모르는가?
12 너희는 돌고 돌아가는 그 모든 역사
함을 거부함이니라.
13 지구가 돌고 도는 것도 중단할 수 있
는 자들이라 말하는 것이 너희가 아
니던가?
14 그러니 너희가 얼마나 어리석은 백성
이던가?
15 너희가 아무리 표백제를 써서 깨끗하
게 눈보다도 더 희게 해서 걸쳤다 해
도, 세월이 지나면서 너희가 죄를 짓
고 사악한 짓을 하면 거기에 때가 찌
들고 또다시 퇴색되는 것이 너희 삶
이니라.
16 바로 그와 같이 표백한 옷을 입었다면
그대로 바로 지키는 삶이 아니면 절대
안 될 것이니, 그 삶이 무엇인 줄 알겠
느냐?
17 내가 나의 아들 예수를 통하여 내린
것이며, 십계명이요, 나의 율법이요,
이제 제3의 시대에 나의 법전을 그대
로 살지 않는 자는 아무리 깨끗하게
입은 옷이라 해도 더럽고 또 더럽게
때가 찌드는 그와 같은 형국으로 됨이
니 그리 알라.

8,052 번째 하나님 말씀

2003년 10월 21일 01시 51분

1 사랑하는 나의 아들아!
2 "네, 아버님! 말씀하옵소서."
3 그 불쌍하고 가련한 백성에게 거듭남
이요, 다시 태어나는 생명의 그 위대
함을 값없이 함부로 파는 그 행위를
이제 중단할 때가 되었음을 그들에게
전해야 할 것이니라.
4 너희가 지은 죄요, 용서받지 못할 모
든 행위를 그저 나의 아들 예수의 보
혈로써 모두 다 용서받았다는 그 말
한마디요, 그리 가르치는 그들의 말에
의하여,

5 너희가 거듭날 수 있는 행위요, 다시
나로부터 생명으로써 은혜를 받는 그
모두를 포기하고 버리며, 너무나도 간
단하게 자신을 던져 버리고 팔아 버
리는 그와 같은 나약한 백성으로 지금
전락되어 있음을 너희는 알라.
6 너희가 어찌 살았느냐 하는 그 결과에
따라 심판을 받는다는 걸 절대 잊어서
는 아니 될 것이며, 피나는 노력을 거
듭함으로써 역사할 수 있거늘,
7 그저 믿기만 하고 재물을 바치며 하늘
에 쌓아서도 아니 되며 쌓아 놓을 수
도 없는 재물을 많이 쌓아 놓으면 구
원을 받는다는 그 말에 값없이 너희
자신을 지금 팔아 버리고 던져 버리는
그와 같은 행위요, 그 삶에 젖어 있는
것이 나의 백성이니라.
8 너희는 알아야 할 것이니라.
9 어떠한 것이든, 너희가 구원을 받았다
안 받았다 하는 것, 그리고 자격이 있
다 없다 하는 것을 너희 자신이 절대
속단해서는 안 되며, 너희가 결정을
내려서는 아니 되는 것이니라.
10 그 모두는 나 여호와의 역사로 이루는
것이거늘 어찌하여 너희가 속단을 내
린단 말이던가?
11 너희가 나 여호와의 참진리의 뜻이요,
내가 역사하는 것을 아느냐?
12 나 여호와가 역사하는 것은 끝이 없
으며 한이 없는 것이 참진 리요, 내가
너희를 위하여 역사하는 것이거늘,
13 그 끝이 없이 내가 역사하는 한 톱바
구니에서 만분의 일도 모르는 자들이
어찌하여 그 모두를 다 안다 말하느냐?
14 수많은 톱니바퀴가 수없이 얽히고설
켜 돌아가는 그 모든 역사함을 하나의
톱니바퀴의 날인 너희가 그것을 모두
다 아는 것처럼, 네가 아니면 존재하
지 못하는 것처럼 오만한 그와 같은
행위로써 지금 나의 피조물 만백성들
을 지옥으로 이끌어 감이니,
15 나 여호와의 끝없는 역사함을 함부로
평가하지 말며 속단해서는 절대로 아
니 되는 것이 너희임을 알라.
16 이제 내가 너희에게 전함이니라.
17 너희가 정녕 나 여호와의 뜻을 안다
면, 나 여호와가 생각하는 것에 다가
와야 하며, 그 생각하는 것이 무엇인
가를 깨닫는 그와 같은 경지에 오르지
아니하면 아니 되며,
18 또한 너희가 아름다운 마음으로 살아
성령이 너희에게 임하지 아니하면, 너
희는 나 여호와가 무엇을 의미하는 것
인지 그 깊이와 넓이를 도저히 알 수
없는 백성이거늘, 어찌하여 너희가 모
든 역사를 하는 것처럼 속단해서 말한
단 말이더냐?
19 지금 내가 다시 한 번 너희에게 전하
나니, 너희 자신을 값없이 함부로 팔
아 버리면 그 팔아 버린 값없는 그것
은 어디로 가는지 알겠느냐?
20 바로 너희 스스로 지옥의 무덤이요,
지옥의 낭떠러지로 떨어지니, 거기에
너희를 값없이 파는 오늘의 그 행위를
당장 중단하지 아니하면 아니 될 것이
니라.
21 쉬운 길이 아니요, 어렵고 힘든 그 길
을 가는 것이 하늘에 오르는 길이라
하였거늘, 너희는 얼마나 편안하고 간
단한 방법으로써 길을 선택하고 가는

가?
22 어찌하여 너희 자신을 돌아다보지 못
한단 말이더냐?
23 이것이 어리석은 너희의 오늘의 현주
소이니라.

8,053 번째 하나님 말씀

2003년 10월 21일 01시 59분

1 사랑하는 나의 아들아!
2 "네, 아버님! 말씀하옵소서."
3 지금 믿음의 길을 가는 그 백성이 나
의 피조물 만백성을 어찌 현혹하여 끌
고 가는가?
4 그들은 단상에서 당당히 설교하며 그
리 말하느니라.
5 너희 신도는 모두 발끝에서 머리끝까
지 죄의 덩어리로 뭉쳐진 자들이요,
그리하여 그 죄를 용서를 받고 회개를
받아야 하나, 그 죄를 용서받으려면
아무리 빌고 또 고백하며 눈물로써 회
개한다 해도 그를 용서받을 수 없다
함이니라.
6 모두 용서받을 수 있는 건 너희 손으
로 지은 교회에 와 모두를 바치는 그
것만이 용서받을 수 있으며 구원을 받
는 길이요,
7 그리고 너희가 지은 죄를 아무리 씻
으려 한다 해도 완벽하게 씻을 수 없
으며, 그리하여 나 여호와가 너희로
하여금 만족한 그 역사를 이룰 수 없
다고 그리 말하지 않는가?
8 이것이 오늘의 종교 집단이요, 지도자
가 지금 하는 행위임을 너희는 알아
야 할 것이니라.
9 내가 보는 너희의 그와 같은 믿음의
방법이 무엇인 줄 알겠는가?
10 너희가 세상사를 살아감이니, 때에 찌
들고 찌들어 더럽고 더러워진 그 몸을
너희 스스로 닦아서 나에게 오려 하는
것이 아니요,
11 너희가 그저 살다 찌들고 찌들어 더러
운 때로 범벅된 몸을 스스로 닦고 씻
어 나에게 오려는 것이 아니요,
12 너희는 모두 씻을 능력이 없으며 자격
이 없으며 수단이 없음이니, 오로지
너희의 그 찌든 때까지 모두 씻어 주
며 깨끗하게 씻어 너희에게 비단옷을
입혀 주는 것은 나 여호와밖에 할 수
없는 길이라 그리 가르치고 선전 선동
하는 자들밖에 무엇이 되더냐?
13 너희는 나 여호와에게 씻겨 달라, 그
리고 당신밖에는 내 몸의 더러운 때를
씻어 줄 수 있는 이가 없다고 말하며,
오직 창조주 아버지 한 분이라 그리
말하느니라.
14 그러면서 나에게 씻어 달라고 애걸복
걸하는 그것만이 너희가 때를 씻을
수 있는 것이라 그리 말하고 지금 원
하는 것이 아니더냐?
15 그것이 오늘의 대표적인 그 믿음이니
라.
16 어찌하여 너희는 스스로 찌든 때를
씻어 내려 하지 아니하며 닦아내려 하
지 아니하는가?
17 나 여호와는 바로 너희에게 원함이니
라.
18 너희 몸의 더럽고 추한 때를 너희 스
스로 씻어 내기 위해 노력하는 자, 그
리고 그를 닦아 내는 자, 그와 같이 스

스로 다스려 역사하며 씻고 닦았을
때, 내가 아름다운 비단옷을 내리며
새로운 옷을 너희에게 내려 입힌다는
그 엄연한 사실을 알아야 할 것이니
라.
19 그러나 모든 종교 집단이요, 지도자들
이 제 스스로 씻으려 하지 아니하며
닦아 내려 하는 것까지 지금 막는 자
들이니라.
20 그저 더럽고 더러운 대로 살면 된다,
21 너희가 깨끗이 씻지 아니해도 나 여호
와가 다 씻어 줄 것이며 다 용서해 줄
것이라,
22 창조주 아버지께서 너희의 그 더럽고
추한 몸을 깨끗이 씻어 주지 아니하면
너희는 결코 구원을 받을 수 없는 것
이라 그리 가르치는 자들이 아니더냐?
23 이것은 죄가 발끝서부터 머리끝까지
뭉쳐져 있는 너희가 아무리 깨우쳐
고백하고 회개하고 아름다운 삶을 산
다 해도 씻을 수 없다는 이치이니, 과
연 이것이 정답이라 그리 말할 수 있
단 말이더냐?
24 너희는 지금 노력을 하지 아니하며 찌
든 때를 씻지 아니하려는 자들이니라.
25 그러면서 나에게 새로운 옷이요, 비단
옷을 입혀 달라 하며 그리고 입혀 주
기만을 바라는 그와 같은 사악한 행위
가 아니던가?
26 나 여호와는 스스로 모두 씻고자 노력
하는 그와 같은 백성만 구원해 주는
그 역사를 이룬다는 것을 절대 잊어서
는 아니 됨을 알라.
27 더럽혀지고 때로 찌든 그 몸을 너희
스스로 불리고 닦고 씻어 내는 그와
같은 노력이 있지 아니하면 절대 아니
됨이니라.
28 너희는 내가 너희를 완벽히 씻겨 주
길 바라며, 너희가 씻을 수 있는 손발
도 씻을 수 없다고 말하는 자들이니라.
29 너희 몸 어느 곳도 손이 닿지 않는 곳
이 없음이니, 너희 스스로 모두 다 씻
는 것이 너희가 해야 하는 도리이니라.
30 그러나 씻고자 하며 씻으려 하는 백성
까지도 종교 집단이요, 지도자요, 사
악한 신도들이요, 그들이 바로 무엇이
냐?
31 저희는 씻기 싫으며 닦기 싫어 썩은
냄새가 나는 것을 닦지 아니함이니,
남이 닦고 깨끗하게 하려는 것을 방해
하는 자와 똑같은 자이니라.
32 너희는 더러운 것이 묻었을 때 임시로
씻어 내고 닦아 내는 그와 같은 노력
도 하지 아니하려는 자들이니라.
33 그리고 너희는 할 수 있는 능력이 없
으며 오로지 나 여호와만이 모두를 역
사하며 나 여호와만이 너희를 모두
다 씻어 주고 닦아 준다고 그리 말하
는 이것이 너희를 지옥으로 이끌어
가는 대표자요, 그를 보는 내 가슴이
아픔이니,
34 너희 몸에 붙은 그 모든 때는 너희가
씻으라.
35 지금 발끝서부터 머리까지 쌓여 있는
그 모든 죄는 너희가 씻고 용서받고
눈물로써 회개하고 다스림으로써 거
듭날 기회가 너희에게 있는 것이니,
36 나 여호와는 너희가 지은 죄를 대신
씻어 주지 아니함을 알라.
37 너희가 씻을 수 있는 때요, 찌들고 더

러운 그 오물을 어찌하여 내가 그저
다 씻어 준다 말하는가?
38 너희가 씻을 수 있도록 모두를 내가
주었음이니, 스스로 씻어서 깨끗한 자
에게 아름다운 비단옷을 내릴 것이니
그리 알라, 사랑하는 나의 아들딸들아!

8,054 번째 하나님 말씀

2003년 10월 21일 02시 04분

1 사랑하는 나의 아들아!
2 **"네, 아버님! 말씀하옵소서."**
3 나의 피조물 만백성들 앞에 종교 집단
의 지도자들이 그리 말하느니라.
4 너희는 모래알보다 더 많은 수없는 죄
를 지었으며, 그리하여 그 모래알보다
많은 죄를 용서받을 수 있는 것은 그
숫자만큼 고백할 수 없으며, 회개할
수 없으며, 너희 자신이 나에게 깨달
음의 용서를 청할 수 없는 것이 너무
나 많은 죄의 결과라 그리 말하느니라.
5 그와 같이 말하여 너희는 그것이 타
당하며, 너희 마음에 위로가 되며 그
와 같이 역사할 수밖에 없다고 자포
자기하게 하여 그 백성을 스스로 지
옥의 길로 인도하며 그들이 거듭나는
길을 막는 것이 너희라 내가 말하였
음이니라.
6 너희가 이 세상에 살면서 모래알처럼
수많은 죄를 지은 것은 네 이웃의 형
제가 지어서 너에게 얹어 주었던가,
네 부모가 그리했던가?
7 다른 사람들이 너희에게 그 죄를 모
래알처럼 짓게 했던가?
8 모래알처럼 많은 죄를 지었다면, 그
모두는 다 너희 스스로 지은 것이며,
네가 만든 것이라는 것을 어찌하여 생
각하지 아니하는가?
9 그 모두는 너희가 그와 같이 지은 죄
이기 때문에, 너희가 그만큼 용서받을
수 있으며 그만큼 거듭날 수 있거늘,
10 어찌하여 모래알보다 많은 죄를 지은
자이기 때문에 고백할 수 없으며 회개
할 수 없으며, 그 숫자가 많아 헤아릴
수 없어서 용서를 빌어도 아니 되며
회개할 수 없다고 말하는가?
11 그 모든 죄를 지은 것은 네가 지은 것
이기 때문에, 너희 스스로 그 숫자만
큼 용서를 빌 수 있는 것이 너희라는
걸 잊지 말라.
12 그러면서 너희는 그리 말하느니라.
13 인간은 연약하며 나의 율법대로 살 수
없으며 나의 십계명대로 지키고 살 수
없다는 것을 나 여호와가 너무나 잘
알며 너희의 그 나약함을 알기에,
14 너희는 구원을 받아 나에게 오를 수
없어 나 여호와가 사랑하는 나의 아들
예수를 세상에 내보내 속죄양으로써
그를 죽게 하여 너희는 죄를 다 용서
받았다 말함이니라.
15 그러나 너희는 알아야 할 것이니라.
16 너희가 죄를 지은 것도 모두 너희 스
스로 하나하나 하루하루 삶에서 네 손
으로 지은 것이니,
17 너희가 그만큼 다 씻을 수 있으며 용
서받을 수 있으며 아름답게 살 수 있
는 반대급부가 존재한다는 것을 너희
는 어찌하여 생각하지 아니하며, 그리
노력하려 하지 않는가?
18 나 여호와가 너희에게 과연 행하지 못

하며 할 수 없는 것을 내렸다 말하느
냐?
19 너희가 모래알만큼 죄를 지었다 하면,
과연 아름다움을 모래알만큼 할 수 없
는 백성이란 말이던가?
20 그와 같은 것을 할 수 있기 때문에 내
가 세상에 내보낸 백성이며 변화되어
나에게 오르는 그 길을 오라 하는 것
이 나의 가르침이 아니던가?
21 내가 할 수 없는 것을 너희에게 강요
하며 역사할 수 없는 것을 너희에게
내려 주었다는 그와 같은 말을 하는
것이 얼마나 나를 능멸하는 것인 줄
알겠는가?
22 너희는 그 모두를 싸워서 이길 수 있
는 능력을 주었으며 역사할 수 있는
능력을 주었으며,
23 악을 행하여 모래알처럼 그 숫자를 헤
아릴 수 없이 죄를 지었다면, 선함을
그와 같이 많이 할 수 있으며 사랑의
베풂을 그와 같이 하는 힘과 용기를
다 주었음이니라.
24 너희가 어느 것을 선택하며 어느 것을
먼저 행하고 살 것인가는 너희 스스
로 만든 결과이니,
25 스스로 모두를 지우고 바로 서지 아니
하면 아니 된다는 나 여호와의 가르침
을 가슴 깊이 새겨 두어야 할 것이니
그리 알라.

8,055 번째 하나님 말씀

2003년 10월 21일 02시 09분

1 사랑하는 나의 아들아!
2 **"네, 아버님! 말씀하옵소서."**
3 지금 믿음의 지도자라는 자들이 가는
유형이 과연 무엇이며 그들의 사악함
이 어디까지 흘러와 뿌리를 내렸는지
알겠느냐?
4 그들의 그 유형이 이러하니라.
5 나 여호와의 뜻을 전혀 알지도 못하는
자들이요, 내가 역사하는 것을 모르며
나로부터 성령의 뜻을 받지도 못한 자
들이 나의 뜻에 따라 이 세상의 모든
일을 다 하며,
6 저희의 힘으로써 이 세상이 존재하며
나의 피조물 만백성들이 하늘에 오르
는 그 영광을 얻는 것이라 떠벌리는
자들이요,
7 저 자신도 모르는 자가 그저 나의 피
조물 만백성을 말재주로써 떠벌리는
그 말로써 나의 백성을 현혹하는 것
이 그들이니라.
8 그러면서 또 무엇이더냐?
9 재물을 많이 바치는 자에게 저희가
축복을 내려 달라 기도하며, 많이 바
치는 자에게 열배 백배 은혜를 내려
주며 재물을 내려 주라고 감히 나에
게 명령하는 자들이요, 나에게 강요하
는 자들이요,
10 그러면서 금화와 은화를 거둬 챙기는
자들의 유형이니라.
11 그뿐이더냐?
12 재물을 바치지 못하는 자는 아무리 믿
음이 강하고 투철하다 하여도 그와 같
은 백성을 위하여 그들에게 재물을 내
려 주지 말라 기도하고 경배하는 것이
그 마음이니라.
13 너희는 그와 같은 행위를 하지 아니한
다 하나, 재물을 많이 바치는 자는 입

이 닳도록 그를 위하여 기도하고 경배
하면서,
14 가난하고 불쌍한 자는 쳐다보지 아니
하며 이름을 대지 아니하며 나보고 복
을 주라 명하지 않는 자들이니,
15 그것이 너희의 오늘의 유형이요, 사악
한 현주소임을 알라.
16 저에게 맹종 맹신하는 자는 천국에 가
는 자요, 구원을 받는 자요, 저에게 아
름다운 것, 좋은 것을 바치며 저를 신
처럼 받드는 자는 천국에 간다 하며,
17 제가 잘못하는 것, 추한 짓을 하는 것
을 다스려 깨우쳐 주려 하는 자는 제
교회 문전에 오지도 못하도록 하며,
제 앞에 고개를 내밀지도 못하게 하며,
18 그는 사탄이라 하여 저희 울타리에 근
접도 하지 못하도록 저희 성도요, 광
신도들에게 그 이름 석 자를 지우라
하며,
19 그들을 문전에도 오지 못하도록 밀어
붙이며, 사악한 자처럼, 사탄처럼, 오
늘의 친구가 내일의 적이 되는 그와
같은 세상의 이해관계에 따라서 변하
는 것보다도 더 사악한 자들이 너희이
니라.
20 자매요, 형제라는 자도 그와 같이 제
뜻을 거스르는 자는 언제든지 정적보
다도 더 무섭게 그들을 내치는 것이
너희이니라.
21 그것뿐인 줄 알겠는가?
22 너희가 나의 피조물 만백성, 그리고
성도요, 신도라는 그 백성 앞에서는
천사와 같은 행위를 하지만,
23 저희의 그 뒤의 살아가는 그 모습은
개돼지만도 못한 자들이 바로 그들의
유형이니라.
24 개돼지만도 못한 삶을 사는 것이 사
탄의 자식으로서 전락한 자들이니라.
25 그와 같은 자들이 이 세상을 지배하고
자 하며, 수없이 천사가 된 것처럼 떠
들어 대는 것이 오늘의 현실이니, 그
들이 짐승만도 못한 행위를 하고 있음
을 너희는 알아야 할 것이니라.
26 이것이 지금의 잘못 가는 종교 집단이
요, 지도자들의 유형이니 그리 알라,
사랑하는 나의 아들아!
27 이 모두를 깨닫고 듣는 백성이 그래
도 저희를 다스리지 못하며 제가 깨어
나지 못하며 저 스스로 변화되는 삶을
살지 못하면, 그 대가를 치를 날이 머
지않았음이니 그리 알라.

8,056 번째 하나님 말씀

2003년 10월 21일 07시 39분

1 사랑하는 나의 아들아!
2 "네, 아버님! 말씀하옵소서."
3 너를 따르는 제자들이요, 그리고 나의
법전을 전하는 그 역사를 맡은 자, 그
리고 나의 아들을 통하여 강론을 듣는
너희는 나의 법전이요, 나의 성령이
얼마나 충격적이며 큰 것인가를, 아직
너희와 그들이 깨닫는 것은 그 차이가
있음을 알아야 할 것이니라.
4 이것이 얼마나 큰 충격이고 무서운 것
인가를 너희는 듣고 들어 수없이 들어
왔기 때문에 그저 나의 성령이요, 이
와 같이 역사가 흐르는 것이라 그리
생각할 수 있으나,
5 처음으로 듣는 자, 처음으로 접하는

자는 그 충격이 이루 말할 수 없이 크
고 두렵고 무서운 것이니라.
6 너희가 기계를 가지고 운전이라는 것
을 함이니, 초보자가 큰 사고를 당하
게 되었을 때, 멈추게 하는 브레이크
라는 것을 밟는 것이 아니요, 더 가속
하는 기계를 밟아 차가 더 앞으로 달
리는 그와 같은 실수를 하는 것이 너
희 인간 세상에서 이루어지지 않더냐?
7 그와 같은 문제점이 있음이니라.
8 그러니 아래로는 나의 법전을 서서히
전하고자 하며 서서히 역사하는 이와
같은 형국으로써 모두 이끌어 감이니
라.
9 또한, 음식이라는 것을 해 먹을 때 어
떠하더냐?
10 너희는 야채들을 그저 싱싱한 그대로
가 아니요, 소금이라는 짠 것으로써
숨을 죽여 음식을 만들어 먹는 것이
너희가 지금 살아가는 삶의 생활 방식
이 아니더냐?
11 그와 같은 이치가 있음이니라.
12 지금 나의 법전을 동시에 일시에 세상
에 전하면, 그 백성이 받았을 때, 그들
은 어떠한 형국을 생각하겠는가?
13 처참한 종교 전쟁이 동시에 일어남이
요, 그는 감내할 수 없는 형국이 이루
어짐이니라.
14 너희는 동양의 작은 나라를 봄이 아니
요, 세상에 나의 법전이 한 번에 퍼져
나갔을 때, 그 옳고 그름의 반문이요,
시시비비요, 반박과 반론은 이루 말할
수가 없음이니라.
15 구약과 신약의 그 한 시대의 전쟁을
치렀던 것보다 더 무섭고 처참한 그와
같은 형국이 이루어짐이니라.
16 나의 법전이 하루아침에 세상에 전해
졌을 때 그를 막을 수가 없으니,
17 너희가 야채를 숨을 죽여 음식을 해
먹듯이, 나의 법전이 전해지는 단계에
서 서서히 전해져 너희를 공격하고자
하는 자의 숨을 죽이며,
18 또한 이를 보고 맞다 하여서 들고일어
서려는 자들의 숨을 죽이며, 그들에게
나 여호와의 진리가 무엇이며 사랑이
무엇이며 깨달음이 무엇인가를 깨닫
도록 하며,
19 이와 같은 것을 완급을 조절하지 아니
하면 아니 됨을 너희는 알아야 할 것
이니라.
20 그 세월이 필요하며 그 역사의 기다림
이 필요하니, 그와 같은 역사를 이루
지 아니하고 나가서는 아니 되는 것이
나의 법전이 세상에 나가는 것이니 너
희는 그리 알아야 할 것이니라.
21 매일 접하여 듣고 또 들어 기록하는
너희는 그와 같은 가르침에 그저 무뎌
져 있으나,
22 처음으로 듣는 백성이요, 이게 정녕
나 여호와의 뜻이라 하여 가슴에 닿는
그와 같은 백성의 불길은 걷잡을 수
가 없으며 끌 수가 없는 것이니라.
23 그리하여 운전이라는 것의 초보자가
큰 사고가 났을 때 브레이크가 아니
요, 앞으로 나가는 것을 밟는 실수를
범하는 것처럼, 너희 자신도 그와 같
은 실수를 또한 범할 수 있으며,
24 그리고 강하게 터지며 부닥치는 그와
같은 찬반의 싸움은 이루 말할 수 없
는 것이니라.

25 흑색의 인종이나 피부색이 다른 인종
이나 할 것 없이 나의 법전을 읽고 이
세상이 들끓는 그와 같은 형국은 감당
키 어려우니,
26 내가 숨을 죽여, 이쪽도 숨을 죽이고
저쪽에도 숨을 죽이는 그와 같은 시간
이 필요하며,
27 그와 같은 역사로써 이루지 아니하면
피비린내 나는 전쟁은 반드시 이루어
지게 되어 있으며, 감내할 수 없는 역
사가 이루어짐이니라.
28 구약과 신약의 그 역사의 갈림은 오늘
에 이와 같이 험악한 세상이 된 이유
요,
29 그와 같이 역사할 때 어떠한 핍박이
있었으며 어떠한 것이 있었던가?
30 그보다도 천배 만배 더함이니라.
31 모두를 다 싸잡아서 그들을 다스려야
하며 그를 바로잡아야 하니, 그들이
과연 휘고 꺾이려 하겠느냐?
32 대나무라는 것도 어렸을 때는 휘어서
이리 쓰고 저리 쓸 수 있으나, 그것이
굵어지고 굳어졌을 때는 절대로 휘지
못하는 것이 그 특성이니,
33 지금의 모든 종파가 하나로 뭉쳐 버틸
때, 그는 휘어지지 아니하며 고개 숙
이지 아니할 것이니라.
34 그러니 그를 어찌 다 감당하겠느냐?
35 그리하여 모든 완급을 조절하는 것이
나 여호와의 뜻이요, 내가 하는 것이
니, 너희는 그리 알라.

8,057 번째 하나님 말씀

2003년 10월 21일 07시 43분

1 사랑하는 나의 아들아!
2 **"네, 아버님! 말씀하옵소서."**
3 너희가 육의 세상에서 살아가며 역사
하는 것도, 그리고 무엇인가 남 앞에
가는 자, 남이 세상에 만들지 못하는
것을 만들어 내고 기적을 이룬다고 역
사하는 백성, 그는 바로 무엇이더냐?
4 도전하는 그 용기요, 도전과 투자하는
그와 같은 속에서 모두 역사하고 이루
어지는 것이니라.
5 도전하지 못하는 자, 그리고 투자하지
못하는 자는 아무것도 이루어지는 것
이 없으며 얻어지는 것이 없는 것이
인간 너희가 이 세상을 살아가는 길
이 아니더냐?
6 그러니 이 세상에 도전한다 하면, 너
희처럼 정확하고 위대하고 큰길에 도
전하는 자가 없음이니라.
7 높은 산을 넘으며, 과학적인 것을 만
들기 위해 노력하는 자, 그리고 또 실
패하고 또 실패해도 거듭 역사하고자
하는 그와 같은 백성이 있음이니,
8 그러나 그들이 도전하는 그 정신보다
도 오늘의 너희의 그 도전이 더 위대
하고 소중함을 알아야 할 것이니라.
9 너희는 창조주 나 여호와의 뜻을 이룸
이니, 도전이 너희 자신을 위해 역사
하는 것이 아니요, 만백성을 구한다는
그 일념이요, 만백성을 구하기 위해
희생과 봉사로써 도전하는 것이며,
10 창조주가 역사하는 것이요, 창조주가
이루고자 하는 그 길에 너희가 같이

감이니, 그보다 위대한 도전이요, 소
중한 도전이 또한 없음이니라.
11 너희는 모두를 투자함이니, 거기에 대
해 이보다 더한 투자가 없으며 영광이
없음이니라.
12 인간 세상에 투자하는 것은 백 년도
살지 못하는 육의 삶이요, 부귀영화를
위해 투자하는 자들이니라.
13 그러나 그것은 모두 너희가 가지고
나에게 올 수 없으며, 너희가 죽어 가
는 순간에 모두 다 버리고 떠남이니,
14 오로지 너희가 나에게 가져올 수 있
으며 남는 것은 어찌 살았으며 어떠한
일을 했느냐 하는 그것만 나에게 가지
고 와 심판을 받음이니,
15 그 결과에 따라 영원히 사는 세상에
존재하고 못 하는 그 심판을 반드시
받는다 하였음이니라.
16 그러나 너희의 지금의 투자는 무엇이
더냐?
17 이 세상의 창조주요, 천국의 문을 열
고 닫는 창조주 나 여호와의 뜻에 따
라 거기다 모두를 투자하고 거는 이
것이 얼마나 위대한 투자며 얼마나 소
중한 길이며 얼마나 정확한 길에 역사
하고 있는 것인가?
18 그러니 이 세상에 너희보다 정확한
도전이 없으며 정확한 투자가 없는 백
성임을 자부심을 느끼고 살아야 할
것이니라.
19 오늘의 고통과 시련은 길지 아니함이
니라.
20 그와 같이 길지 않는 역사 속에서 모
두를 이룰 수 있으며 볼 수 있는 길에
투자하며 거기에 도전하는 것이기에
자신을 가지고 살라 하였으며,
21 이 세상의 승자는 너희라는 그 말을
잊지 말라.
22 너희가 힘들고 어렵다 해도 인내하는
그 마음의 길이 머지아니하였음이니
라.
23 너희가 지치고 쓰러질 때까지 나 여호
와가 너희에게서 등 돌리고 보아 주
지 아니한다면, 정녕 나 여호와의 뜻
이 아니라 할 수 있는 것이 아니던가?
24 다만, 너희가 지금의 이 순간에서 좀
더 걷고 달릴 수 있는 그와 같은 성장
하는 시간이 필요함이니 그리 알라.

8,058 번째 하나님 말씀

2003년 10월 21일 07시 49분

1 사랑하는 나의 아들아!
2 "네, 아버님! 말씀하옵소서."
3 나 여호와가 사랑하는 너희에게 나의
성령이요, 나의 법전을 내리는 것은,
마지막 시대라 그리하였음이니라.
4 이제는 두 번 다시 그와 같은 역사가
없다 하였으며, 지금 내가 내리는 나
의 법전은 다 내가 직접 쓴 편지라 그
리 말하였음이니,
5 사랑하는 너희에게 내가 편지를 주어
전하는 그 마지막의 가르침은 무엇이
며 내가 원하는 것이 무엇인 줄 알겠
느냐?
6 너희에게 진실한 행동이요, 아름다운
삶이요, 사랑을 베풀며 사는 그와 같
은 삶을 역사하게 하고자 나 여호와가
그 모두를 역사한다는 것을 너희는
잊어서는 아니 될 것이니라.

7 인간 세상에 살아가면서 가장 값진 것
이 진실이요, 거짓됨이 없이 사는 자
요, 그는 당당한 모습으로 살아갈 수
있는 것이 아니더냐?
8 그러니 너희가 하늘에 와 나에게 심
판을 받고 못 받는 그 역사는 얼마나
진실한 삶을 살았느냐 하는 그것이
중요하기에,
9 나 여호와가 너희에게 마지막 전하는
그 편지의 내용은 삶이 진실하며 행
동을 바르게 하며 한 점의 부끄럽이
없는 그와 같은 삶을 살라 함이니라.
10 내가 너희에게 모든 가정에 가훈으로
걸라 하여 '하늘을 향하여 한 점의 부
끄럼이 없는 삶을 살라' 했듯이,
11 너희는 모두 하늘을 향하여 한 점의
부끄럼이 없는 삶을 살라 하는 것이
나 여호와가 마지막 너희에게 전하는
편지의 그 내용이니, 이를 깊이 깨우
쳐 행하도록 그리하라.
12 진실한 삶을 살도록 그리하라.
13 누가 뭐라 너희를 현혹하든 누가 너
희에게 뭐라 하든, 행함이 중요하지
아니하다 하든 너희의 오늘의 믿음이
잘못되었다 말하든, 그들은 하늘의 뜻
이요, 나의 역사함을 모름이니,
14 나 여호와의 마지막 편지의 소중한 그
내용은 너희에게 진실하고 아름다운
삶을 살라는 것이요, 그것으로써 모두
를 얻고 잃음이니 그리 알라.
15 인간인 너희는 한계가 있으며, 능력의
한계가 있으며, 역사할 수 있는 능력
이 있으며, 아직은 신의 경지요, 천사
와 같은 경지에 오를 수 없는 것을 너
희 스스로 알지 않느냐?
16 그러나 가장 소중한 것, 너희가 인간
으로서 노력할 수 있는 것이니,
17 지금 살아가면서 하늘의 뜻을 모르며
하늘을 보지 못하고 인간 세상을 바라
보며 인간 세상에서 느끼고 살아가는
그 한계가 있듯이, 그 속에서 너희가
노력하는 것이 바로 무엇이더냐?
18 믿음이라는 것, 그리고 나의 아들 예
수의 보혈로써 구원을 받으며 그것으
로써 하늘에 오른다는 그것은 너희가
하늘의 뜻을 이미 다 알고 도전하며
그 세상에 산다 생각하는 그와 같은
자와 같음이니라.
19 너희는 육을 가지고 보는 이 세상에
서, 너희에게 정해진 이 세상의 삶에
서 아름답고 진실한 행동으로 살아가
는 것이 너희가 나에게 오르는 최선
의 길이요, 너희가 할 수 있는 역사이
니라.
20 오늘 생명이 붙어 있고 육이 있는 이
세상에서 너희가 인간으로서 생각하
고 노력할 수 있는 그 한계를 먼저 도
전하여 그와 같이 바르고 정상적인 삶
을 살 때,
21 함량 미달인 너희의 생각이요, 마음
자세가 내가 너희를 처음에 세상에
내려보냈던 그 마음 자세로 우선 돌아
오는 것이니라.
22 그것은 너희가 욕심을 버리며, 육의
삶을 바로 살고 진실한 삶을 사는 그
와 같은 역사 위에서 너희가 하늘의
뜻을 알며, 내가 역사하는 그 세상을
알며, 천국의 삶을 들여다볼 수 있으
며 그 빛을 볼 수 있는 것이요,
23 오늘의 함량 미달 상태에서는 아무것

도 얻고 취하는 것이 없음을 알라 그
리 전하라.
24 그러니 그와 같은 함량 미달의 한계
에 도전하여 정상에 설 수 있는 것은
바로 진실한 삶이요, 진실한 행동의
삶이기에,
25 내가 너희를 위하여 내리는 나의 마
지막 편지의 그 내용은, 진실한 삶을
살며 하나의 거짓이 없는 아름다운 삶
을 살라는 것이 나의 뜻임을 알라 전
하라.

8,059 번째 하나님 말씀

2003년 10월 21일 07시 53분

1 사랑하는 나의 아들아!
2 "네, 아버님! 말씀하옵소서."
3 너희가 인내하며 또한 바른길을 보며
시련과 고통을 모두 역사하고 마지막
나 여호와에게 와 '아무개가 아버님의
뜻과 아버님의 사랑 속에서 살다 지금
이 천국에 왔습니다.' 하고 말할 수 있
는 그 길을 살라 그리하지 아니하였던
가?
4 그러나 너희가 그를 모르며 그 방법
을 모르고 지금 잘못 가고 있기에,
5 나의 아들을 통하여 160권이라는 이
법전을 세상에 내려보내 너희를 깨닫
게 하고자 하는 것이 나의 뜻이라 하
지 아니하였더냐?
6 그러니 나의 법전이 과연 누구의 것이
더냐?
7 나의 아들을 따르는 제자들이요, 법전
을 다루는 너희는 이 법전이 너희 것
도 아니요, 만백성의 것도 아니라는
그와 같은 생각이요, 마음 자세를 가
지라.
8 이는 오로지 창조주 나의 것이요, 내
모두를 역사하는 것이니라.
9 다만, 내가 나의 법전을 만들어 세상
에 내려보내는 것은, 너희가 나의 것
을 갖고 깨우치고 배워 하늘에 오르는
그 안내자로서 활용할 수 있도록 그리
하여 내가 너희에게 내려보냄이니,
10 나의 법전을 다루는 백성, 나의 모두
를 역사하는 백성, 너희 스스로 내 것
이며, 내 것으로써 너희 마음 자세가
흔들려서는 이를 소중히 다룰 수 없는
것이니라.
11 그러니 나의 법전을 만드는 너희는
너희 것이라는 그와 같은 생각을 버리
며,
12 오로지 이는 창조주 나 여호와의 것이
요, 이를 가지고 만백성을 깨우치는
길이라 그리 생각하며, 그것만이 너희
가 하는 역사라 그리 생각하라.
13 만백성 너희 또한 각자 그리 생각하라.
14 너희를 위해서 내가 내려보내는 나의
법전이요, 성령이나, 이것이 너희 것
이라는 생각을 해서는 너희가 나태해
지며 경각심을 버리게 되며 너희 자신
이 무너지게 됨이니,
15 이는 나 여호와의 것이요, 창조주 아
버지 것을 너희가 듣고 배우며, 아버
지가 너희에게 하늘에 오르는 그 길을
볼 수 있도록 내려 준 것이니 소중하
고 귀한 것이라는 마음 자세로써 나의
법전을 읽고 접할 때, 이 모든 나의 뜻
을 알 수 있으며,
16 나에게 올 수 있는 그 자세가 무너지

지 아니하며, 용기를 포기하지 아니하
는 그와 같은 삶으로 살아갈 수 있는
것이니라.
17 너희가 쉽게 이해 못 하여 너희를 위
해 내려 준 것이라 그리 생각할 때, 너
희는 허점이 생기며 소홀한 마음이 생
기며 소중함을 잊게 되니,
18 그와 같이 하나의 작은 흔들리는 마음
이 생길 때, 그 마음의 틈을 노리는 그
것이 바로 사탄이요, 마귀들이 하는
역사이니,
19 이는 너희 것이 아니요, 너희 것이라
는 생각을 하지 말고,
20 '창조주 아버님의 말씀'이라 생각하여
귀하고 소중한 마음으로 항상 관리하
고 다스리도록 그리하며,
21 만백성 또한 나의 편지를 받음이니,
이는 나 여호와가 직접 너희에게 내
려 준 것이 아니요, 너희가 편지를 받
아서 너희 것이라는 그와 같은 생각이
요, 안일한 생각에 젖어서는 아니 되
며,
22 항상 스물네 시간, 편지를 긴장 속에
서 읽고 또 읽는 그 마음을 놓쳐서는
아니 될 것이니 그리 전하라.

8,060 번째 하나님 말씀

2003년 10월 21일 11시 19분

1 사랑하는 나의 아들아!
2 "네, 아버님! 말씀하옵소서."
3 너희가 지금 나의 성령을 들어 책으로
만들어 역사함은, 그것이 누구의 것이
라 하였더냐?
4 너희 것도 아니요, 만백성들 것도 아
니요, 나 여호와의 것이라 하였음이니
라.
5 그리하여 나의 사랑하는 백성 너희가
하늘에 오르는 그 길을 인도하며 깨우
쳐 주기 위해 내가 너희를 통하여 이
모든 나의 것을 역사한다 하였음이니,
6 너희가 창조주 나 여호와요, 구세주
요, 아버지라 부르며 유일한 신이라
부르는 나의 것을 다루고 만지는 그와
같은 너희 자세가 과연 어떠해야 하
겠느냐?
7 이보다 세상에 더 귀하고 소중한 것이
없는 것이요,
8 더욱이 이 세상 광명천지요, 밝고 아
름다움이요, 자연에 살아가고 얽힌 모
든 그와 같은 형태가 한 치의 오차도
없이 역사할 수 있도록 모두 주관하
는 나 여호와가 너희에게 내리는 것
을 받아,
9 이를 다루고 관리하는 그와 같은 영광
과 은혜를 받은 너희는 마음 자세요,
손의 자세요, 몸의 자세를 다스림이
어떠해야 하겠는가?
10 너희는 그걸 한번 생각해 보았는가?
11 이제 내가 너희에게 마음을 다스리며
곧고 바르게 가라 함은,
12 너희가 나를 믿으며 나를 향하는 깨달
음의 길을 달려오기 전에, 너희의 마
음 자세요, 몸가짐이요, 생각하는 것
이 모두 곧고 아름다우며 고귀한 자세
로써 모든 생각을 하고 다루지 아니하
면 아니 됨이 여기 있음을 알아야 할
것이니라.
13 지금 나의 법전을 접하고 이를 다스리
고 만드는 선택된 백성 너희가 과연

하는 것이 무엇이더냐?
14 이 세상의 모든 광명천지요, 아름다움
이요, 산소요, 공기요, 태양의 빛이요,
모든 미물이요, 동식물이 살아갈 수
있는 그 모든 역사를 주관하며 그를
창조한 나 여호와요, 또한 인간 너희
까지 창조한 나 여호와가,
15 유일한 너희 아버지요, 유일한 신이라
는 나 여호와가 너희에게 내 뜻을 내
리며 내 것을 마음대로 만지고 다룰
수 있도록 너희를 선택하여 그와 같
은 은혜와 영광의 중책을 내렸음이니,
16 너희 손놀림이요, 너희 몸가짐이요,
너희 마음 자세가 과연 어떠한 형태
로써 이루어져야 하는가?
17 추하고 더러운 생각이요, 마음 자세
요, 행동으로써 나의 법전을 만들고
역사하면서 한 점의 부끄럼이 없으며
죄가 되지 않는다 생각하고 그리 행하
며 오늘의 나의 법전을 만드는 것은
아니던가?
18 너희는 마음 자세를 다스리며 손발의
자세를 다스리며 네 육신의 자세를 바
로 다스리며 생각을 바로 다스려,
19 경건하고 아름다운 마음으로써 내 것
을 다룬다는 그와 같은 생각을 과연
하고 있으며, 그와 같은 완벽한 준비
자세는 되어 있는가?
20 너희가 인간 세상의 일반 백성이 생각
하고 즐기는 것을 모두 즐기고 역사하
면서 나의 법전을 다루는 자들은 아닌
가?
21 너희는 마음의 각오가 과연 어찌 되
었으며 생각이 어찌 되었는가?
22 그와 같은 자세부터 들여다보아야 할
것이니라.
23 흐트러진 마음 자세요, 흐트러진 손발
로써 모두를 역사하고 이룬다면,
24 너희는 나 여호와의 것을 만들고 다루
면서도 네 것을 다루는 것처럼, 내가
너희에게 내려 준 물질 하나를 네 것
으로 만드는 것 같은 한계요, 정신 자
세요, 마음 자세를 벗어나지 아니한
것이니라.
25 나의 모두를 태워 내리는 나의 성령이
요, 만백성을 구원할 영원히 존재하는
나의 법전을 만드는 자세가 그렇다면,
거기에서 너희가 어떠한 위대한 역사
요, 어떠한 것이 이루어지겠는가?
26 너희는 마음 자세요, 행동의 자세요,
그것부터 바르고 곱게 한 상태에서 나
의 법전을 다루고 갈 수 있도록 하며,
27 나의 것을 만들고 다루는 데 한 점의
부끄럼이 없는 마음이요, 행동의 자세
를 먼저 취하고 다스리는가, 그를 먼
저 깨닫도록 그리하라.
28 그리하여 지금 이 순간부터 너희는
몸과 마음이 한 점의 부끄럼이 없으
며, 창조주 나의 것을 만지고 다루는
그 은혜와 영광을 받은 너희가 얼마
나 경건한 자세로써 이루어야 하는가?
29 인간 제왕의 음식을 만들며 그를 보필
하는 자들의 자세가 어떠하며, 그를
어찌 생각하는가?
30 그것보다 천배 만배 더한 중책을 맡
은 너희가 몸과 마음을 바로잡지 아
니하며 바로 세우지 아니하면 너희는
그를 다스릴 자격이 없다 하였음이니,
31 이는 너희가 모든 정성을 모아 나를
믿고 나에게 경배할 때 너희 소원이

요, 원하는 것이 이루어지기 때문이니
라.
32 정성 어린 마음으로써, 진리에 입각한
그 생각에서 모두 역사하지 아니하면
이루어지지 아니하며,
33 정성 어린 마음을 모아 이루고자 기도
하고 경배한다면 그 모두는 너희가
이 지상의 삶에서 얻을 수 있는 것이
니,
34 그와 같이 진실한 믿음이요, 정성으로
써 과연 나에게 경배하고 기도하며 무
엇인가를 생각하는 자가 있는가?
35 내가 너희에게 일찍이 말하였느니라.
36 피보다 진한 땀을 흘리는 그 기도만이
내가 들어주며 모두를 이룰 것이라는
그 의미는, 정성을 다하여 하라는 뜻
임을 잊지 말라.

8,061 번째 하나님 말씀

2003년 10월 21일 11시 23분

1 사랑하는 나의 아들아!
2 "네, 아버님! 말씀하옵소서."
3 나의 백성 너희의 마음자리가 어떠한
지 알겠느냐?
4 너희는 편안 하고자 한다면 점점 더
편안한 것을 찾게 되며, 너희 육신은
편안한 쪽으로 모두 흘러가며 그를 원
하며 갈구하는 것이니라.
5 그리하여 편안한 것을 얻고자 하며 편
안한 것을 누리기 시작하면 그와 같이
편안한 쪽으로 행하여 사는 삶으로 무
너짐이니,
6 너희 마음은 누구나 다 편안한 쪽으로
살고자 했을 때, 그와 같이 편안한 쪽
에 편승하여 흘러가는 것이 너희 삶임
을 알아야 할 것이니라.
7 그러니 그와 같은 습성이 뿌리깊이 박
혀 있는 것이 너희이니라.
8 그리하여 너희는 그 편안함을 위해서
갖은 요령과 잔꾀요, 어떠한 방법을
동원해서라도 편안한 쪽에서 더 편안
한 것을 추구하며, 더 안락한 삶으로
살아가고자 하며 흘러가는 것이 너희
마음 자세니라.
9 그러니 쉽고 편안한 길을 가고자 하는
것이 너희요, 어렵고 힘든 길을 가고
자 하는 자들이 아님이니라.
10 그러니 한 번 편안한 쪽으로 흘러들기
시작하며 그 맛을 알고 거기에 빠져들
기 시작하면 너희는 정녕 돌이킬 수
없이 무너지는 길을 가는 것이니라.
11 믿음의 길은 어떠한 것인지 알겠는가?
12 믿음의 길이요, 나에게 오르는 그 길
은 요령이나 잔꾀나 잔머리로 편안한
쪽에 편승하여 그대로 흘러가고자 하
는 그와 같은 생각으로는 나에게 오
를 수 없는 것임을 너희는 알아야 할
것이니라.
13 나에게 오는 믿음의 길이 그와 같은
것에 편승하게 되면 너희 자신도 모르
게 서서히 무너지며 그 삶이 무너짐이
니,
14 바로 그와 같이 무너진 결과는 어떠한
것이더냐?
15 너희는 나와 관계없는 그 길로 서서히
미끄러져 가며 빠져가는 그와 같은 형
국이니라.
16 믿음이요, 나에게 오는 그 길은 항상
긴장한 상태요, 그리고 힘들고 고달픈

그 길을 벗어나려 하는 것이 아니라,
17 그것을 즐거움으로써 맞이하면서 가는 변하지 않는 그 마음이 중요함이니라.
18 나에게 오지 못하는 백성이요, 그리고 내 뜻을 알면서도 역사하지 못하는 백성이 무엇인 줄 알겠느냐?
19 힘들고 어려운 그 길을 꾸준히 가지 못하며 중간에서 포기하며 중간에서 무너지며, 끝까지 가지 못하는 그 마음 때문에 진리를 알며 나 여호와의 뜻을 안다 해도 역사하지 못하고 중간에 다 무너짐이니,
20 이와 같은 마음의 무너짐이 있어서는 아니 되는 것이 너희가 가야 할 길이니라.
21 영원히 어렵고 힘들며 고달픈 그 길을 주저하지 아니하며, 권태스럽게 생각하지 아니하며, 고통스럽게 생각하지 아니하며,
22 그보다 더한 것을 받는다 해도 너희가 나에게 받은 은혜에 보답할 길이 없다는 그와 같은 굳은 마음으로, 그를 즐거운 마음으로 끝까지 가는 자만이 구원을 받을 것이요,
23 중간에 다 포기하기 때문에 모두가 무너지니, 그리하여 아무나 이 길을 갈 수 없다 함이 여기 있음을 알라.

8,062 번째 하나님 말씀

2003년 10월 21일 11시 29분

1 사랑하는 나의 아들아!
2 **"네, 아버님! 말씀하옵소서."**
3 나의 아들 예수의 재림이요, 예수가 다시 와 너희를 구원한다는 그와 같은 환상에서 깨어나야 함을 알라.
4 나의 아들 예수가 다시 와 너희를 구원한다는 그와 같은 깨달음, 그리고 나의 아들 예수가 너희를 대신하여 죽어 가 다시 온다는 그와 같은 깨달음에서 벗어나야 할 것이니라.
5 내가 나의 아들 예수를 다시 보낼 것 같으면 내가 어찌하여 그 고통스러운 죽음의 길을 가도록 하여 내 아들을 거둬들였다 말하는가?
6 그리고 그보다 더 사악한 오늘의 백성 너희 앞에 그와 같은 역사를 재연할 때 너희는 더 사악한 방법으로써 그 모두를 단죄할 것이니라.
7 여기서 너희는 알아야 할 것이니라.
8 나의 아들 예수를 다시 내려보내어 너희를 구원하는 그와 같은 역사를 한다면, 나는 나의 아들 예수를 거둬들이지 아니하였으며 불러들이지 아니하였으며, 이 지상에 그대로 존재하도록 했을 것이니라.
9 다시 내려보내지 아니하기 때문에 내가 거둬들였으며 불러들였음이니,
10 나의 아들을 다시 너희에게 내려보내는 그와 같은 일을 반복하고자 했다면 나의 아들을 절대 불러들이지 아니하였다는 이 뜻을 깨우쳐야 할 것이며, 이를 믿어야 할 것이니라.
11 그러니 나의 아들 예수가 다시 재림하여 천사와 천군이 나팔을 불며 너희를 구원하러 오는 그와 같은 역사는 없음을 알아야 할 것이니라.
12 나의 아들 예수를 다시 보내려면 어찌하여 그를 내가 불러들였겠느냐 하는

이 대목을 가슴 깊이 새기며 받아들
여야 할 것이니라.
13 너희는 알라.
14 참진리의 깨달음은 모두 너희를 위하
여 이미 세상에 다 내려와 있으며, 내
가 모두 전해 줘 세상에 내려와 있음
을 너희는 알아야 할 것이니라.
15 내려온 그 모든 진리요, 참진리를 너
희가 알지 못하는 것이며 깨닫지 못하
는 것이니라.
16 나의 아들 예수가 불려왔다 다시 내려
가는 그와 같은 역사는 없음이니라.
17 참진리요, 나의 성령은 너희가 말하는
대로 하늘에서 지상으로 왔다 갔다 하
는 것이 아니며 그와 같이 움직이는
것이 아니라, 이미 세상에 다 내려왔
음이니라.
18 너희가 이를 듣지 못하며 보지 못하며
깨닫지 못할 뿐이니라.
19 다만, 마음이 사악하고 욕심이 그득하
여서, 이 세상에 모든 진리가 내려와
있는 그 이치를 모름이니라.
20 나의 아들이 너희에게 뭐라 강론하였
더냐?
21 나의 아들에게 누가 시시비비를 할
때, 모든 대화는 바닷물처럼 그의 뒤
를 받쳐 주며, 이제는 세상에 모든 답
이 나와 있다 하였음이니, 그 의미가
무엇이더냐?
22 모든 진리요, 하늘의 뜻은 세상에 다
내려와 있으며 내가 내려보내 너희에
게 있음이니라.
23 다만, 너희가 듣지 못하고 알지 못하
고 보지 못하기 때문에, 너희를 깨우
치기 위해 나의 아들의 가슴을 통하
여 나의 성령을 글로 책으로써 만들
어, 너희가 보고 듣고 깨우쳐 하늘에
오르는 그 길을 보도록 하려고 오늘에
160권이라는 법전의 역사를 이룸이니
라.
24 그것으로써 너희가 모두를 다 얻을 수
있으며 역사할 수 있는 것이 거기에
다 들어 있음을 알라.
25 내가 너희에게 뭐라 말하였느냐?
26 두 사람이요, 세 사람이 모여 있는 곳
에 나의 진리요, 나의 참뜻이 거기에
같이하고 있다 하지 아니하였더냐?
27 다만, 그 속에서 나의 진리대로 살아
가고 행하고 행하지 아니하는 것은 너
희가 선택하기에 달렸느니라.
28 그러니 너희가 모여 있는 곳에 나의
진리요, 나의 뜻이 같이하며,
29 내가 같이하고 있다 함은 그것이 바
로 나의 성령이 세상에 다 내려와 지
금 존재하고 움직이며 너희와 더불어
흘러가고 있다는 것임을 알아야 할
것이니라.
30 다만, 이것을 너희가 보지 못하고 듣
지 못하여 너희 것으로 만들지 못하기
에,
31 그를 내가 너희 것으로 만들어 깨우치
는 그 역사의 은혜를 내리고자 나의
아들을 통하여 글로 책으로써 모두 역
사하는 것이며,
32 진리는 왔다 갔다 하는 것이 아니요,
하늘에서 땅으로 내려왔다 올라가는
것도 아님이니라.
33 나의 아들 예수가 다시 올 것 같으면
내가 절대 그를 거둬들이지 아니하였
다는 나의 이 뜻을 깊이 새겨 너희 것

으로 만들라.
34 그러니 더 이상 예수가 재림하여 나
팔을 불며 천사를 데리고 와 죽은 자
를 구원하며 산 자 중에서 구원을 받
는다는 그와 같은 뜻을 버리라.
35 예수는 중간 주자로서 그 책임을 다
했으며 그 소임을 다함으로써 그 임무
를 마쳤으며 그 임무를 완성했으며,
그것으로써 예수의 임무요, 예수 시대
의 역사는 끝났음이니라.
36 이제 제3의 시대요, 내가 직접 관장하
며 주관하는 제3의 시대가 지금 열려
가고 있음이니 그리 알라.

8,063 번째 하나님 말씀

2003년 10월 21일 11시 34분

1 사랑하는 나의 아들아!
2 **"네, 아버님! 말씀하옵소서."**
3 너희는 이제 하늘의 뜻을 알아야 하
며 하늘의 역사함을 알아야 할 것이
니라.
4 너희가 나의 백성이 되는 길은 무엇이
라 말하였던가?
5 예수의 보혈로써 구원을 받았다 말하
는 자는 그로써 구원의 길이요, 나에
게 오를 수 있는 백성이 절대 될 수 없
음을 너희는 알라.
6 정녕 나로부터 구원을 받는 백성이요,
나에게 오를 수 있는 백성은, 나의 아
들 예수가 살아온 삶이요, 그의 믿음
보다도, 그를 따르는 백성을 만백성이
더 믿고 존경하며, 신뢰하는 삶이요,
존경받는 삶으로써 살아가지 아니하
면 아니 되는 것이니라.
7 모든 백성이 믿는 자를 보기를, 너희
가 말하는 이방인들이 말하기를, 나의
아들 예수가 역사한 것보다 더 위대
한 믿음이요, 더 훌륭한 인간의 사랑
이요, 자애로움으로써 살아가는 자라
하는 그 모습을 보여 주는 것이 종교
집단이요, 지도자가 가야 하는 길이며
역사하는 길임을 너희는 알라.
8 모든 이방인이 예수가 역사한 것보다
도, 그를 따르며 그 뜻을 가르치는 제
자들이요, 그리고 종교 지도자요, 그
백성이요, 구원을 받았다 울고불고하
는 그 백성, 너희의 오늘의 삶을 보고
나의 피조물 만백성들이 더 믿고 존경
하는 마음으로써 너희를 따를 수 있
도록 그와 같은 자세를 보이지 아니하
는 백성은 종교 지도자가 아니요, 나
에게 오를 수 없다는 것을 알라.
9 예수의 삶보다 너희의 삶이 더 위대
하다는 칭송을 받는 그것이 하늘에 오
르는 길이요, 나에게 역사하는 길이라
는 이 무서운 뜻을 너희는 알아야 할
것이니라.
10 너희는 정녕 예수의 삶을 그대로 따르
지도 못하며 본받지도 못함이니, 그보
다 더 위대한 삶을 사는 모습이 너희
에게서 비쳤을 때, 만백성들이요, 이
방인들이 종교 집단이요, 지도자요,
구원을 받았다는 신도, 너희들을 보기
를 나의 아들 예수보다 더 위대한 백
성이요, 더 위대한 사람이요, 형제라
보고 느낄 수 있는 그와 같은 삶을 살
지 아니하면 절대 구원을 받을 자격이
없다는 이 무서운 뜻을 너희는 가슴
깊이 새겨야 할 것이니라.

11 이제 내가 나의 아들을 통하여 전하는
이 의미요, 뜻을 너희 제자들은 알아
야 할 것이니라.
12 그리하여 내가 너희에게 명하니 예수
보다도 더 훌륭한 삶을 사는 모습을
보여 주는 것이 구원의 길에 들어서는
것임을 알라.
13 예수의 가르침은 함량 미달인 삶을
바르게 살도록 깨우친 것이요, 그 후
에 역사한 것만 나에게 올 수 있는 자
세요, 삶의 길이거늘,
14 과연 종교 집단이요, 지도자요, 구원
을 받았다 울고불고하는 그 백성 중에
예수의 삶보다 더 위대한 삶을 산다고
이방인이요, 다른 백성으로부터 칭송
을 받는 자가 과연 얼마나 있는가?
15 그 칭송을 듣지 못하는 자는 절대 나
에게 올 수 없음을 너희는 알아야 할
것이니라.
16 이제 나의 아들과 더불어 살아가며 따
라가는 제자 너희도 들어야 할 것이
니라.
17 나의 아들이 살아가는 것보다 제자들
의 삶이 열배 백배 나은 모범적인 삶
을 살아가는 백성이라 하여 모든 백
성에게 칭송을 듣고 신뢰와 믿음을 얻
으며 그와 같이 비쳤을 때, 너희가 나
에게 오를 수 있는 자요, 구원을 받을
수 있는 백성이라는 걸 알아야 할 것
이니라.
18 나의 아들의 삶을 너희가 따라가는
것이 아니요, 그것보다도 제자들이 사
람으로부터 더 신뢰를 받으며 믿음을
받을 수 있는 그와 같은 삶으로 살아
가는 것이 너희가 가야 할 길이라는
것을 절대 잊어서는 아니 될 것이니
그리 알라.
19 믿음의 길을 가는 백성의 가르침이 그
와 같은 한계를 벗어나서는 아니 될
것이며, 모두 그리 행하는 삶으로써
그 한계를 초월하는 그와 같은 삶으로
써 가야 할 것이니라.
20 그러니 나의 아들보다도, 나의 법전에
서 가르치는 것보다, 너희가 행하고
실천하는 그 행동이 더 강하고 더 위
대한 모습으로써 만백성에게 비쳐,
21 나의 법전이요, 나의 아들을 신뢰하는
것보다도 너희 자신을 더 신뢰하는 그
와 같은 제자들의 삶이 아니면 아니
됨이니라.
22 그러니 오늘의 모든 종교 집단이요,
지도자요, 신도 너희는 그와 같은 삶
을 살지 않으면 나와 관계없으며 나와
멀어진 백성이라 함이니라.
23 오늘 나의 아들을 따르는 백성이요,
나의 법전에 기록하는 이 내용을 제일
먼저 들으며 손으로 만들어 책으로 역
사하는 너희는,
24 나의 법전보다도 나의 아들보다도 더
위대하고 아름다운 삶을 살아가는 백
성의 모습을 보여 줘 먼저 칭송을 받
아야만 하늘에 오를 수 있는 그 영광
을 얻게 된다는 것을 절대 잊지 말라.

8,064 번째 하나님 말씀

2003년 10월 21일 11시 39분

1 사랑하는 나의 아들아!
2 "네, 아버님! 말씀하옵소서."
3 말로써 풍성하게 모두를 다 이루는 자

들, 그리고 사랑을 실천한다는 자들,
오늘의 종교 집단이요, 지도자들이요,
이 세상에서 가장 사랑을 베풀며 나
여호와의 뜻을 실천하고 살아야 할 너
희 자신이 지금 어떠한 형태로 변했는
지 아는가?
4 가장 이기적인 집단으로 변화된 것이
너희이니라.
5 너희가 지금까지 역사하면서 개인이
요, 집단으로써 또는 모든 단체로써
저질러 온 그 만행의 죄상을 과연 알
고 있는가?
6 모든 종교 집단이 저희의 권위를 세
우고 지켜 나가려고 십자군이라는 사
악한 방법으로써 만백성의 생명을 단
죄하는 그와 같은 행위서부터 지금까
지 지어 온 그 죄상을 따지면,
7 수천수만 가지 그 수를 헤아릴 수 없
는 것이 오늘의 종교 집단이요, 지도
자 너희가 저질러온 그 죄악의 행위
임을 알아야 할 것이니라.
8 너희가 집단으로 저지른 그 죄악의 행
위는 말로써 표현할 수 없으며, 그보
다도 더한 것이 지금 나의 피조물 만
백성들을 얼마나 살육하고 있는가?
9 그것이 바로 육의 세상을 위하여 모두
다 역사하는 것처럼 가르치며, 사후
세계 구원의 길이 무엇인가를 제대로
가르치지 못하여 죽음으로 모는 그 만
행이요, 죄상은 이루 말할 수 없음을
알라.
10 이제 나의 아들을 따르는 제자 너희는
성서요, 6천 년 동안 흘러오는 그 속
에서 종교 집단이요, 지도자들이 저지
른 그 만행을 하나하나 깨우쳐 너희
것으로써 만들어 그를 기록하여 보도
록 하라.
11 과연 종교 집단이 얼마나 끔찍한 죄악
을 저질렀으며, 나 여호와의 이름으로
얼마나 사악한 행위를 행했는가?
12 절대 용서할 수 없는 것이 그들의 오
늘의 믿음이요, 그들이 가는 자세이니
라.
13 더 이상 무엇으로써 표현한단 말이던
가?
14 너희가 종파 간의 갈등을 이루는 그
자체도 나로부터 절대 용서를 받을 수
없거늘,
15 그 많은 종파가 생기며 또 생기는 그
자체 또한 나에게 용서받을 수 있다고
생각하는가?
16 절대 그와 같은 행위는 용서받을 수
없음이니라.
17 수많은 종파가 생기는 것, 그리고 갈
라져 서로 고민하고 시기하고 질투하
는 그 전쟁판을 모두 다 과연 나에게
용서받을 수 있는 그 길이라 말하는가?
18 절대 너희는 나로부터 용서를 받을
수 있는 자들이 아님을 알라.
19 저희가 믿는 하나님만이 진정한 하나
님이요, 제가 울고불고 기도하는 것만
들어주는 나 여호와라 생각하는 자,
그리고 나 여호와요, 예수를 모두 제
가슴속에 숨겨 두고 저에게만 어떤 기
적과 역사가 이루어지기를 바라는 그
와 같은 눈먼 자들이 오늘의 지도자
요, 믿음의 길을 가는 백성이니라.
20 그들이 가는 길은 정녕 나에게 오르는
길이 아니요, 멀고도 먼 나와 관계없
는 그 길을 이끌어 가는 것이요,

21 오늘의 종교 지도자요, 그를 따라가며
'옳소, 아멘, 할렐루야'하며 그들에게
힘과 용기를 불어넣어 주며, 지금 나
의 재물을 함부로 쓰며, 각종 바치는
헌금이 그 기틀이 되니, 그 죄를 감히
감당키 어렵다 함이 여기 있음을 알라.

8,065 번째 하나님 말씀

2003년 10월 21일 11시 43분

1 사랑하는 나의 아들아!
2 "네, 아버님! 말씀하옵소서."
3 지금의 모든 종파요, 믿음의 길을 가
는 그 집단이요, 지도자요, 그 신도들
은 모두 다 썩을 대로 썩었으며 부패
할 대로 부패하였으며 도저히 구제할
길이 없이 전락하고 타락되었다 말함
이니,
4 그 말을 들은 그들은 나 여호와를 사
탄이요, 사악한 자라 하며,
5 이 말을 전하는 나의 아들이요, 또 나
의 아들이 기록하여 전하는 법전을 사
악한 자요, 악마가 역사하는 것이라
그리 말할 것이니라.
6 너희는 들으라.
7 너희 자신이 그와 같이 썩을 대로 썩
고 부패할 대로 부패해진 그 결과가
무엇인 줄 알겠느냐?
8 수많은 이름의 종파가 생긴 그 자체가
너희가 더 이상 썩을 수 없는 데까지
왔으며 부패해질 대로 부패하여 더
이상 부패할 수 없는 그와 같은 결과
가 되어 버렸다는 것을 알아야 할 것
이니라.
9 그리고 너희 생각으로써 그 많은 수
의 종파가 이 세상에 존재함이니, 그
많은 종파가 이 세상에 존재하며 살아
가려면 서로 물고 뜯으며,
10 사랑은 뒷전이요, 시기와 질투요, 남
을 넘어트리는 간교한 방법으로써 존
재하는 삶을 살지 아니하면 아니 되는
세상이 되었으며,
11 결국 부패할 수밖에 없는 지금의 세상
이 되었음이니, 그 모두는 바로 무엇
이더냐?
12 나의 백성 너희가 욕심의 뿌리를 버
리지 못하며 그 뿌리를 놓지 못하였기
때문에 그 결과로 오늘 이와 같은 형
국이 되었음이니라.
13 수없이 생기는 그 종파의 이름 아래
서로 살기 위해 경쟁해야 하며 서로
살기 위해 전쟁을 부르고 살아감이니,
14 그 속에서 너희가 존재하려면 간교한
방법이요, 수단과 방법을 가리지 아니
하며, 진리요, 아름다운 마음이요, 나
여호와의 뜻을 지키고 살아가지 못함
이니,
15 부패할 수밖에 없는 것이 오늘의 종교
집단이 지금 벌이는 형국이니라.
16 그러니 나 여호와가 예수를 세상에 내
보내 너희에게 가르치고자 했던 최초
의 순수한 믿음이요, 그 길로만 갈 수
있다면 내가 오늘 제3의 시대요, 마지
막 시대요, 심판의 시대를 열지는 아
니하였을 것이니라.
17 나 여호와가 나의 아들 예수를 통하여
이루고자 했던 최초의 순수한 믿음이
요, 그와 같은 삶의 길은 찾아볼 수가
없으며,
18 그 시대로 돌아가려 해도 돌아갈 수

없으며, 돌려놓으려 해도 돌려놓을 수
없으며, 지금은 영원히 돌아갈 수 없
는 형국이 되지 아니하였던가?
19 그리하여 내가 제3의 시대요, 심판의
시대를 열어, 마지막으로 나의 법전을
160권의 책으로써 모두 기록하여 너
희에게 한 번의 기회를 더 주는 것이
라 함이 여기 있음이니라.
20 이는 바로 돌아갈 수 없는 그와 같은
사악한 오늘의 삶에서 최초의 순수한
시대요, 기초적인 그 마음으로 돌아갈
수 있는 백성이 몇 명이 있다 해도 그
들을 구원하고자 하는 것이 나 여호와
의 간절한 소망이요, 뜻임을 알라.
21 그리하여 내가 160권의 법전을 세상
에 내보내며 오늘의 이 역사를 이루는
것을 너희는 알아야 할 것이니라.
22 너희는 썩지 아니하였다 말하며 썩어
지지 아니하였다 해도, 오늘에 수없이
늘어 가는 종파의 명칭이요, 그 이름
하나 가지고도 더 이상 부패에서 헤
어날 수 없는 자요, 타락의 길로 갈 수
밖에 없는 그와 같은 형국으로써 존재
하는 것이 지금 이 세상의 너희 삶이
라는 것을 잊지 말라.

8,066 번째 하나님 말씀

2003년 10월 21일 11시 50분

1 사랑하는 나의 아들아!
2 "네, 아버님! 말씀하옵소서."
3 오늘의 삶을 아름답게 사는 자, 그리
고 오늘의 삶을 한 점의 부끄럼이 없
이 아름답게, 이 육의 세상에서 칭송
속에서 살아가는 그와 같은 백성이 다
음 세상의 아름다움이요, 그 모든 상
을 받을 수 있다는 것을 너희는 알아
야 할 것이니라.
4 그러니 오늘의 삶을 저버리며 오늘의
삶을 어둡게 사는 자는 결코 아름답고
밝은 다음 세상을 볼 수 없는 것이 너
희라는 것을 알아야 할 것이니라.
5 너희가 아름다운 마음과 정성을 모아
기도하고 구하는 그 믿음의 자세만이
참진리의 길에 들어서는 것이며 참진
리의 뜻을 알게 됨이니,
6 참진리에 의하여 너희가 나에게 구하
고 원하는 것은 나 여호와가 다 알고
있으며 미리 접하고 있음이니, 너희에
게 들어줄 것은 들어주는 그와 같은
기적의 역사를 이룬다는 것을 알아야
할 것이니라.
7 오늘의 삶이 어둠의 삶이요, 그늘진
삶이요, 남에게 용서받지 못하는 그와
같은 삶을 살면서 너희가 무엇을 소
원한다 해도, 그것은 모두 나와 관계
없는 소리라 그리하지 아니하였더냐?
8 너희의 오늘의 믿음의 그 길이 과연
어떠하더냐?
9 여기서 나 여호와의 아픈 마음을 가릴
수가 없음이니라.
10 생활이 어떻든 살아가는 행동이 어떠
하든, 너희가 자기 소원을 그저 손으
로 지은 교회요, 성당에 가서 빌고 빌
어 그 소원을 이루겠다는 생각으로써
가는 것이 오늘의 신앙생활을 하는 자
들이요, 믿음의 길을 가는 자들이 아
니던가?
11 그리고 종교 집단에서 원하는 대로 그
저 쫓아가며 그대로 '옳소' 손뼉을 치

고 소리 지르는 것이 구원이요, 하늘
에 오르는 길이라 그리 믿고 가는 것
이 오늘의 믿음이 아니더냐?
12 그러니 모든 소원을 빌기만 하면 어떠
한 사악한 짓을 하든 들어주며, 종교
지도자가 이끄는 그 믿음이요, 그 생
활을 좇아가기만 하면 구원을 받는다
생각하는 그 믿음을 버려야 할 것이
며,
13 거기서 되돌아서 벗어나는 그와 같은
삶을 살지 아니하면 너희는 역사할
수 없음이니라.
14 나 여호와가 너희에게 나 여호와의
본체가 무엇이라 하였느냐?
15 사랑이라 하였음이니라.
16 그리하여 나의 아들을 세상에 내려보
낸 것도 사랑이라 하지 아니하였는가?
17 그리하여 너희가 나의 아들 예수에게
그리 물었느니라.
18 사랑이요, 용서하는 것은 어찌 하는
것이냐 너희가 묻지 않았는가?
19 너희가 사랑과 용서를 하는 것은 어
찌 역사하는 것인가 물은 그 대답을,
나 여호와가 예수를 통하여 뭐라 기록
하여 너희에게 전하였더냐?
20 이 세상에서 사랑을 행하며 용서하는
것은 끝이 없으며 영원히 존재하는 것
이라 그리 가르치지 아니하였던가?
21 내가 나의 아들 예수를 통하여 용서하
는 것, 회개하는 것, 그리고 남을 이해
하는 그 모든 행위를 490번을 용서해
준다 해도 그와 같은 것으로써 다 끝
이 나지 아니한다 하는 그 가르침이
과연 무엇이더냐?
22 그것은 바로 사랑이요, 용서함은 끝이
없다는 내 뜻을 나의 피조물 만백성
너희에게 전한 것이 아니냐?
23 너희가 용서하는 횟수를 얼마만큼 여
사하여 용서하는 것이냐 물었을 때,
490번 용서를 해 줘도 아니 된다고 내
가 그리 말하지 아니하였던가?
24 그보다 더한 것이 너희가 용서해 주
고 가는 길이라 하였음이니라.
25 그러나 지금의 모든 믿음의 길을 가는
백성이 어떠한 마음으로 살아가는가?
26 너희가 한두 번 이웃에게 용서해 준
것, 네 주변의 형제에게 용서해 준 것,
그리고 한두 번의 선행을 실천했다 하
여 위대한 사람으로서 둔갑한 것처럼
착각하며 너 자신이 위대한 사람인
것처럼 느끼고 너 자신을 그리 보는
자들이 아니던가?
27 너희가 지금 가진 그 마음이요, 양심
이 그러하니라.
28 한두 번 용서해 주고 한두 번 선한 일
을 했다 해서 위대한 사람처럼 그리고
남다른 사람처럼 특별한 사람처럼 너
자신을 둔갑시켜 놓고 우쭐한 마음으
로 살아가는 것이 너희이니라.
29 그뿐이던가?
30 490번보다도 더 많은 것을 용서하고
용서하는 것이 너희가 가야 하는 길
이라는 것을 귀가 따갑도록 듣고 눈이
아프도록 읽고 들은 지금의 종교 집단
이요, 믿음의 길을 가는 지도자요, 가
르치는 지도자요, 믿음의 길을 가는
백성이,
31 살아가면서 한두 번도 용서하지 못하
는 그와 같은 마음 자세로 살아가는
것은 아닌가?

32 부닥치고 부닥칠 때마다 한 번이요, 두 번도 용서하지 못하고, 단 한 번에 거절하는 사악하고 황폐하고 잔인한 마음으로 가는 자들이 오늘의 믿음 속에서 구원을 받았다는 백성이라면 과연 너희는 믿겠는가?

8,067 번째 하나님 말씀

2003년 10월 21일 11시 55분

1 사랑하는 나의 아들아!

2 "네, 아버님! 말씀하옵소서."

3 나의 피조물 만백성이 참사랑과 참된 용서함을 알고 깨닫는 그와 같은 백성이 나 여호와의 용서함과 사랑을 알게 됨이니라.

4 그러니 그와 같은 참사랑이요, 참용서요, 나 여호와의 뜻이 무엇인가를 아는 자가 그를 깨닫기 시작함으로써 구원의 길에 들어서는 영광을 얻게 되는 백성임을 너희는 알아야 할 것이니라.

5 그러니 너희가 참사랑과 참용서를 느끼고 깨닫고 실천할 때, 나 여호와의 큰 사랑이요, 나의 뜻을 알게 됨이니,

6 과연 참사랑과 참용서함은 어디서 모두 역사하는가?

7 이는 참진리의 길을 가고자 노력하는 백성만이 이를 얻고 행할 수 있는 것임을 너희는 알아야 할 것이니라.

8 그렇다면 모든 근본이요, 기본이 되는 참진리는 과연 어디서부터 너희가 깨달으며 이를 행하고 살아가는가?

9 이는 나의 율법과 십계명과 그리고 지금 세상에 내는 나의 법전을 정독하고 행하는 노력을 할 때, 거기에서 참진리의 길에 들어설 수 있으며, 참진리의 의미가 무엇인가를 알게 되는 백성임을 너희는 알아야 할 것이니라.

10 그리고 이와 같은 참진리요, 참용서요, 참사랑을 모두 실천하는 것, 그리고 나 여호와의 뜻과 내 사랑을 깨닫고 느끼는 백성은 바로 나로부터 선택된 자요, 나로부터 부름을 받은 자요, 내가 쓰고자 하는 나의 백성임을 알아야 할 것이니라.

11 그러니 참진리의 길이 무엇이며 하늘의 뜻이 무엇인가를 아는 백성, 그리고 참용서함을 실천하는 그 백성은 나로부터 선택된 은혜 속에서 깨달음을 얻은 백성이니,

12 너희는 이와 같은 깨달음을 만백성에게 일깨워 주고 그들을 가르치고 지도하는 데 모두를 다 바쳐 던지지 아니하면 아니 됨이니라.

13 모든 진리를 가슴에 안고 너희만 지키고 살아간다는 것은 용서받지 못할 욕심이니,

14 너희가 나의 아들을 통하여 느끼고 깨달은 것, 그리고 나의 법전을 읽고 깨달은 것은 모두 용기와 자신을 가지고 네 이웃이요, 만백성에게 조용히 그를 전하여, 그들을 깨달음의 길로 인도하는 그것이 정녕 나에게 은혜 받는 길이요,

15 네 가슴에 묻어두고 너 혼자만 그 길을 지키고 나에게 오겠다는 생각은 절대 아니 됨이니라.

16 너희가 지금 하늘에 오르는 천국 문의 황금 열쇠를 가지고 있다 해도 그는 변질되고 퇴색되어 쇠가 녹슬어 무너

지듯이, 너희가 가진 그 열쇠가 맞지
아니할 때 어찌할 것인가를 알아야 할
것이니라.
17 만백성에게 너희가 깨우친 만큼 전하
고 또 전하는 그 역사를 게을리해서는
아니 되는 것이 너희가 가야 할 길임
을 명심하라.

8,068 번째 하나님 말씀

2003년 10월 21일 12시 03분

1 사랑하는 나의 아들아!
2 **"네, 아버님! 말씀하옵소서."**
3 한 획도 고치거나 마음대로 넣어서도
아니 된다는 성경에 기록하여 너희에
게 전하라 한 귀중한 대목을 오늘 나
의 아들을 통하여 너희에게 깨우치고
자 전함이니라.
4 나의 아들 예수에게 와서 그 백성이
묻기를, 선한 일에 대하여 정녕 어찌
하는 것이 선한 일이며 어찌 가는 것
이 선한 길이냐고 물었음이니라.
5 나의 아들 예수가 선한 일이 무엇이냐
고 묻는 그 백성에게 뭐라 말하였느냐?
6 예수는 그들에게 다음과 같이 전했느
니라.
7 네가 생명의 나라요, 거듭나는 역사를
얻고자 한다면 십계명을 지키고, 그것
을 지키는 것으로써 선함을 행하며 거
듭나는 것이요, 새로운 생명의 나라로
오르는 길이라,
8 나의 아들은 명확하고 정확하게 그리
가르치고 성경에 기록하여 전하였음
이니라.
9 그러니 그를 지킬 수 없다고 말하는
종교 집단이요, 지도자요, 그를 옳다
말하는 그 신도들은 과연 그들이 가는
길은 어떠한 길이며 어떠한 믿음의 길
이며 어떠한 역사를 하는가?
10 너희는 여기서 알아야 할 것이니라.
11 그들이 부르짖는 것은 나 여호와를 부
르짖는 것이 아니요, 사악한 왕사탄이
요, 저희 마음에 둔 다른 신을 숭배하
며 그를 믿고 따르는 자들임을 너희는
알아야 할 것이니라.
12 한 획도 고쳐서는 안 되며 더하고 빼
서도 안 된다는 그 성경에, 선이 무엇
이냐고 다급하여 묻는 그 제자에게 예
수가 말하지 아니하였던가?
13 곧 십계명을 지키는 것이 거듭나는 것
이요, 선을 행함이라 그리 가르쳐 전
했거늘, 그 구절을 수없이 읽고 깨우
친 자들이 지금 그를 행할 수 없다고
가르침이니, 그들이 정녕 나의 백성이
라 말할 수 있느냐?
14 두 번 다시 내 앞에서 그들이 나의 백
성이요, 나의 아들딸이라 말할 필요가
없으며 그를 믿고 의식하지 말라.
15 그들은 정녕 나와 관계없는 자요, 다
른 신을 저희 가슴에 두며 사탄의 자
식으로서 그 사탄의 역사함에 모두를
바치는 자들이니라.
16 그와 같은 것이 성경에 기록되지 아니
하였으면, 지금 나의 법전을 통하여
그와 같이 가는 것이요, 나의 계명을
지키는 것이 하늘에 오르는 길이요,
나의 법전을 지키고 따르는 것이 구원
의 길이라는 것을 너희가 믿지 아니
하고 잘못된 것이라 말할 수 있으나,
17 나의 성경에 그리 기록하여 전한 그

대목이 있음이니라.
18 그걸 강조하며 세분하여 너희가 지킬
수 있도록 격려하고 깨우쳐 주는 나의
법전이 이단이요, 사탄의 것이라 말함
이니,
19 바로 그와 같은 자들의 말을 듣고 따
라가는 자, 그 말에 귀 기울여 재물을
바치며 '옳소, 맞습니다.' 찬송하고 소
리 지르고 광란의 짓을 하는 백성 너
희는 지옥 길로 가는 것을 만세 삼창
을 부르며 달려가며 기쁨에 들떠 있으
나,
20 승리의 기쁨으로 만세 삼창으로써 소
리 높여 환호하는 그와 같은 행위는
지옥행이요, 타락의 길이요,
21 한 번 들어가면 영원히 나오지 못하는
그 길을 가는 것이 축복이요, 영광이
요, 위대한 승리요, 필승을 거둔 자들
이라 소리 지르는 꼴임을 알라.
22 이를 그들에게 깨우쳐 주라, 사랑하는
나의 아들아!
23 내가 너희에게 일찍이 말한 그 뜻을
잊어서는 아니 될 것이니라.
24 계명대로 사는 것이 하늘에 들어오는
길이요, 하늘에 오르는 길이요, 그 모
두를 역사한다는 것을 내가 가르쳐
주었음이니라.
25 또한, 나의 법전에 어찌 상세히 가르
쳤더냐?
26 나의 계명이야말로 너희가 영원히 천
사처럼 변화될 수 있는 양식이요, 바
탕이라고 내가 법전에 일찍이 기록하
여 깨우쳤거늘,
27 성서에 전한 가르침이요, 나의 법전의
가르침을 너희가 같이 읽고 깨우친다
면 하늘의 뜻을 쉽게 알 수 있거늘, 이
를 따르지 아니하느니라.
28 나의 아들을 따르는 제자들이요, 나의
법전을 읽은 만백성 너희는 십계명보
다도 율법보다도 더 아름다운 자세로
써 살아가야 하는 것이 구원의 길에
들어선다는 것을 오늘 내가 너희에게
전함이니라.
29 잘못 가는 종교 집단이요, 지도자요,
나로부터 떠난 그들을 채찍질하며 그
들에 비춰 너희에게 가르치는 것은
나의 아들을 따르는 제자들이요, 나의
법전을 읽고 깨우친 만백성 너희이니,
30 너희는 십계명대로 살며 율법대로 살
며 나의 법전대로 사는 것이 아니요,
그보다도 더 아름답고 깨끗하고 청결
한 마음으로 삶을 살아야 나에게 올
수 있으며 하늘에 오르는 길임을 전하
고자 함이니라.
31 이것이 나에게 오르는 길이요, 내가
너희를 받아들일 수 있는 길이니, 너
희 스스로 어떠한 길을 선택할 것인가?
32 그리고 나와의 관계를 계속 유지하는
길을 갈 것인가, 그렇지 않으면 지금
의 종교 집단이요, 지도자처럼 변질되
어 나와 관계를 끊고 떠나갈 것인가?
33 여기서 다시 한 번 마음을 굳게 가지
라.
34 다시 내가 나의 법전에 기록하여 전함
이니라.
35 십계명보다도 더 아름답고 청결한 마
음이요, 율법보다 더 아름답고 깨끗한
마음으로 사는 것이요, 나의 법전보다
한 수 위의 아름답고 깨끗한 행함을
실천하는 그것이 구원의 길이니라.

36 그 모든 것은 함량 미달인 것을 함량에 맞추는 가르침이요, 거기서부터 변하는 것이 하늘에 오르는 영광을 얻는 삶이니, 얼마나 청결하고 아름답게 살아야 하겠는가?

37 십계명보다 율법보다도 나의 법전보다도 더 아름다운 마음 자세로 변화되는 삶을 살라.

38 그것이 너희가 가야 할 길이니, 이것이 두렵고 무서운 자는 법전을 덮고 떠나도 내가 말하지 아니할 것이니 그리 알라.

8,069 번째 하나님 말씀

2003년 10월 21일 12시 16분

1 사랑하는 나의 아들아!

2 "네, 아버님! 말씀하옵소서."

3 참진리요, 나 여호와의 뜻이 이미 이 세상에 전하여지고 있으며, 그것은 모두 너희를 위하여 세상을 다 덮고 있다 내가 그리 전하지 아니하였던가?

4 그러니 이를 네 것으로 만들지 못하는 것은 너희가 보지 못하고 듣지 못하고 찾지 못하기 때문이라 그리 말하지 아니하였더냐?

5 참진리의 길을 깨닫고 찾는 것은 너희에게 달렸음이니라.

6 그리고 너희가 진정 이 길을 가고자 얼마만큼 노력하며 그 길을 찾고자 고난의 길을 가느냐 하는 그 모든 결과에 따라서 모두 결정된다 내가 너희에게 전하지 아니하였더냐?

7 너희가 거듭나고자 한다면, 아무런 가치요, 의미가 없는 마음속에 있는 그 욕심을 버리지 아니하면 아무것도 얻을 수 없으며 구할 수 없다는 것을 알라.

8 아무런 가치도 없으며 의미도 없는 욕심의 공장 하나를 네 가슴에서 뽑아내지 못하며 태워 없애지 못하는 자가 무엇을 얻고자 하며 구원하고자 하는 바람이 아무리 있다 해도, 마음에 있는 것을 이룰 수 없음을 너희는 알아야 할 것이니라.

9 너희 가슴속에 있는 그 욕심을 버려야 할 것이며, 모든 물질이요, 보이는 것에 집착하는 그 욕심마저 털어 버리지 아니하면 나의 성령이 너희에게 임할 수 없음이니 이를 어찌하겠는가?

10 너희가 집착하는 마음이요, 갖고자 하는 욕망이요, 이루고자 하는 그 욕심을 모두 버렸을 때 나의 성령이 너희 가슴에 임함이니라.

11 그 성령이 나의 뜻이니, 나의 뜻이 너희에게 임했을 때 세상의 이치를 알게 되며 깨달음의 길이 무엇인지 모두 얻게 됨이니라.

12 그리하여 나 여호와가 너희에게 전하기를, 너희 자신을 버리며 너희 자신을 모두 다 털어 버리라 하지 아니하였던가?

13 오죽하면 너희에게 죽은 자로 살라 그리하였느냐?

14 내가 너희에게 죽은 자가 되라 하였음이니, 죽은 자의 길을 그대로 사는 것만이 스스로 나에게 오르는 길이며, 너희 자신을 지킬 수 있으며,

15 모든 사악한 자들이 너희를 무너트리고자 하는 그 유혹의 길에서 지탱하고

견디며 인내를 가지고 견뎌 지탱하다
나에게 오를 수 있는 그와 같은 은혜
를 얻게 됨이니라.
16 그러니 모든 인간사의 재물이요, 눈에
보이는 것에 집착하는 그 마음을 버리
는 것이 너희를 버리는 것이요, 네 마
음의 욕심을 뽑아 버림이니, 너희 가
슴속의 욕심의 공장을 태워 버리고
뽑았을 때 그 자리에 나의 성령이 임
한다는 것을 잊지 말라.
17 모두를 버리는 마음이요, 죽은 자가
되라는 것은 수천수만 가지를 이해하
며 용서하며 참고 인내하는 길을 가야
함이니, 인간으로서 그 길을 가기가
얼마나 힘들고 어려운 것인지 나 여호
와는 이미 알고 있음이니라.
18 그러나 갈 수 있으며 역사할 수 있는
것이 나의 아들딸이요, 나로부터 선택
된 백성이니, 그 결정판에서 낙오자가
되지 않도록 그리하라, 사랑하는 나의
아들딸들아!
19 그보다 더 비참하고 그보다 더 고통스
러우며 더 슬픈 역사는 없음이니라.
20 너희가 낙오자가 되어서 한 번 들어가
면 영원히 나오지 못하는 지옥에 가
는 것보다 더 비참하고 어렵고 고통스
러운 것은 없음이니라.

8,070 번째 하나님 말씀

2003년 10월 21일 12시 20분

1 사랑하는 나의 아들아!
2 "네, 아버님! 말씀하옵소서."
3 보물을 찾기 위해 헤매는 사람, 그리
고 금광에서 광맥을 찾기 위해 평생을
헤매는 사람, 평생 그 광맥이요, 보물
을 찾아 헤매는 사람이 있는가 하면,
그리해도 그를 발견하지 못하고 찾지
못하는 그와 같은 백성이 있느니라.
4 그러나 단 몇십 분 만에 그 광맥이요,
보물을 찾을 수 있는 그와 같은 사람
이 있다 하면, 오랫동안 평생을 바쳐
찾고 헤맸던 사람은 얼마나 억울하고
분하고 분통이 터지겠는가?
5 이것이 인간 세상에서 이루어지는 역
사의 한 단면이니라.
6 이 세상의 법도에도 그와 같은 마음을
가지고 살 수 있는 것이니, 바로 몇십
분 만에 찾는 자는 그 영광이요, 은혜
요, 축복을 받은 자라 그리 말할 것이
니라.
7 그러나 너희는 여기서 알아야 할 것
이니라.
8 나에게 오르는 길이요, 나에게 오르는
그 영광을 얻고 못 얻는 것은 금광을
찾아 평생을 바치는 자가 있는가 하
면, 몇십 분 만에도 그 광맥을 찾으며
보물을 찾는 행운을 얻는 것처럼, 그
것은 바로 무엇이더냐?
9 너희가 참진리의 길을 가지 아니하고
평생을 헤맨다 해도 아무것도 얻을 수
없는 것이요,
10 짧은 시간 속에서라도 참진리를 깨우
쳐 참진리를 찾아가는 그와 같은 모든
역사는 너희가 하늘에 오르고 못 오르
는 엄청난 차이가 있음을 알라.
11 그러니 참진리를 찾는 것이 얼마나 위
대한 것이며, 그 길을 가는 것이 얼마
나 소중한 것인가를 너희는 알아야 할
것이니라.

12 그와 같은 것은 남들이 관리해 주지
아니하며 남들이 분류해 주지 아니하
며, 너희에게 그 길을 인도해 주는 것
이 아니니라.
13 누가 참진리의 깨달음을 얻느냐 하는
그것은 너희 노력에 달렸으며, 너희가
행하는 삶에서 모두 이루어지는 것이
니라.
14 선하고 아름다움을 행하는 자는 계속
선하고 아름다운 행함을 얻게 됨이니,
가장 소중한 것을 모두 짧은 시간 내
에 얻는 영광을 얻는 것이니라.
15 그렇지 아니하고 악을 행하며 악 속에
서 즐기며 타락된 문화를 즐기는 삶
속에서 살아가는 백성은 평생을 바치
고 바쳐도 얻지 못함이니,
16 아무리 억울해하고 불평을 하고 원망
을 한다 해도 그를 보지 못하고 찾지
못함이니,
17 곧 나와 관계없는 지옥으로 가는 백성
의 역사함이 거기에 있음이니라.
18 그러니 내가 너희에게 참진리를 볼 수
있도록 깨우친 것이 무엇이더냐?
19 위로는 율법이요, 십계명이요, 그리고
나의 법전임을 너희는 알아야 할 것이
니라.
20 나 여호와는 너희에게 모두 다 주었으
며, 많은 선택의 기회를 수없이 주었
음이니라.
21 그러니 하늘의 이치요, 법도를 따르고
안 따르는 지금의 선택은 너희에게 달
렸음이니라.
22 지금이라도 너희가 참진리요, 그 길을
찾아 살아가고자 한다면, 아름다운 마
음이요, 사랑하는 마음이요, 용서하는
마음으로써 살아가는 삶으로 바꾸고
변화되라.
23 그러면 바로 너희가 평생을 바쳐도 찾
지 못하는 그 보물단지요, 광맥을 몇
분 만에, 단 하루 만에라도 찾는 영광
을 얻는 그와 같은 백성이 될 수 있을
것이니라.
24 여기에서 하늘에 오르는 참진리의 길
이요, 영광을 얻는 것이요, 광맥을 찾
고 못 찾는 것과 비교되지 않는 큰 영
광을 얻는 길이 무엇인가를 나의 아들
을 통하여 너희에게 전하기 위해 상세
히 설명해서 전함을 알아야 할 것이니
라.

8,071 번째 하나님 말씀

2003년 10월 21일 12시 24분

1 사랑하는 나의 아들아!
2 너희는 그리 전하라.
3 모든 백성 너희는 구세주, 나의 아들
예수가 너희에게 전한 것만이 하늘에
오르는 길이요, 진리라 그리 말하지
않는가?
4 나의 아들 예수가 너희에게 전하는 그
대목은, 구원의 길에 들어서서 나에게
오르고자 하는 그 백성은 모두 너희
소관이며, 너희에게 달렸다 내가 그리
가르쳐 줌을 알아야 할 것이니라.
5 나의 아들 예수가 너희에게 전하기를,
구원의 길에 들어서서 나에게 오고 못
오는 것은 예수의 소관이 아니며 모두
다 너희 소관이며,
6 또한 너희가 그와 같은 삶을 살아가는
그 속에서 그를 선택하며 구원하고 못

하는 그 결정권은 모두 나 여호와의
뜻에 따라 나의 권한이요, 내가 모두
다 이루고 역사하는 것이라 하여 나의
아들 예수는 너희에게 일찍이 깨우쳐
전했음을 알아야 할 것이니라.
7 모든 결정권은 나 여호와의 뜻이며,
선택을 받고 못 받는 그 노력의 한계
는 너희 손에 달렸음을 나의 아들 예
수는 너희에게 그리 가르쳤음이니,
8 너희는 그 가르침을 어찌 듣고 어찌
행하고 살아가는가?
9 예수가 나요, 나 여호와가 또한 예수
라는 그와 같은 가르침부터, 오늘의
나의 피조물 만백성들에게 그리 가르
치는 것부터 바로잡는 그와 같은 때가
이제는 되었음을 너희는 알아야 할 것
이니라.
10 그와 같은 변화의 역사를 바로잡지 못
한다면, 나의 아들 예수가 너희가 오
르고 못 오르는 것까지 모두 다 주관
하며, 그의 소관이며, 구원을 받고 못
받는 것도 나의 아들 예수를 찾고 안
찾는 것에 달렸다고 생각하는 믿음으
로 가니,
11 그 믿음부터 바로잡고 거기서부터 깨
어나는 그와 같은 백성이 되어야 함을
알라.
12 신약이요, 구약의 시대를 역사하는 것
은, 신약은 구약의 시대를 완성하게
하려고 역사했다는 말을 나의 아들이
너희에게 전하였음이니라.
13 그러니 지금 제3의 시대에 내가 너희
에게 전하는 것은, 구약과 신약을 모
두 종결짓고 매듭짓는 새로운 제3의
시대가 열림이니,
14 지금 내가 여는 제3의 시대를 인정치
아니하며 이를 보고 따르려 하지 아니
하는 자, 이를 보고 같이하고자 하지
아니하는 자, 이를 버리고 침 뱉고 돌
아서는 자, 사탄이요, 마귀라 말하는
자,
15 너희는 정녕 하늘에 오를 수 있는 그
역사함을 너희 스스로 버리는 것이요,
구원의 길을 볼 수 없다는 것을 너희
에게 다시 전함이니 이를 깨닫도록 그
리하라.

8,072 번째 하나님 말씀

2003년 10월 21일 12시 30분

1 사랑하는 나의 아들아!
2 "네, 아버님! 말씀하옵소서."
3 노아의 방주의 그 대단한 역사의 흐름
이요, 또한 구약의 시대에 이루었던
그 모든 기적이요, 신약의 시대 또한
나의 아들 예수가 이루었던 어떠한 기
적의 역사요, 전해지는 그 내용은 모
두 구원의 길과는 아무런 관계없음을
너희는 알라.
4 그와 같은 역사요, 그와 같은 기적이
이루어진 것으로써 구원과 어떠한 관
계가 있다고 생각하는 그 착각에서 벗
어나라.
5 그 모든 역사는 구원과는 관계가 없음
이니 그리 알도록 하라.
6 예수의 십자가의 고통과 그 행함 또한
구원이요, 너희가 나에게 오르는 그
길과는 아무런 관계가 없음을 알라.
7 예수가 십자가에 죽어 가는 고통 그
자체요, 죽어 가는 그 형상이요, 그 고

통으로써 어떠한 구원과 관계가 있다
생각하지 말라.
8 그건 그것으로써 끝나는 것이거늘,
9 너희는 그 자체를 믿고 인정하는 것으
로써 구원의 길에 들어서며 너희가 구
원을 받는다는 그와 같은 생각을 하는
오늘의 믿음이요, 신앙에 빠진 자들이
니라.
10 그러니 나의 아들 예수가 고통스럽게
죽어 간 그 형상을 그리며 그를 가슴
아파 울고불고하는 그 행동으로써 구
원을 받는다 말하지 말라.
11 그것은 구원과는 아무런 관계도 없음
을 알라.
12 수천 년 동안 흘러오는 그 역사 속에
서 그 모든 것이 구원과 관계없듯이,
또한 나의 아들 예수의 고통스러운 죽
음 또한 너희와 관계없음이니라.
13 구원과 관계가 있는 것은 무엇인 줄
알겠느냐?
14 나의 아들 예수가 너희에게 전하고자
했던 참진리의 뜻이요, 나 여호와의
성령이요, 이것을 지키고 따르는 것만
이 구원의 길에 관계된다는 것을 너희
는 깨달아야 할 것이니라.
15 어떠한 기적의 역사도 그것이 구원에
직접적인 영향을 미치는 것이 아니요,
너희의 깨우침과 깨달음의 기초는 될
수 있으나,
16 그와 같은 것을 믿음으로써 구원을 받
는다는 지금의 잘못된 믿음이요, 신앙
의 방향을 완전히 저버리지 아니하면
너희는 나의 뜻을 알 수 없음이니라.
17 다만, 구원을 받을 수 있으며 예수를
통한 구원의 길이라는 것은, 내가 예
수를 통하여 너희에게 전하고자 했던
참진리의 그 행함을 지키고 따르는 것
이 예수의 죽음에 대한 보상이요, 너
희가 죄를 용서받음이라는 것을 알아
야 할 것이니라.
18 예수의 죽음 그 자체로써 그 보혈로써
모두 대속한 것이며 그것으로써 너희
가 구원을 받으며 나에게 오를 수 있
다는 그 환상이요, 망상에서 깨어나지
아니하면 아니 될 것이니라.
19 그것은 그것으로 끝나는 것이지, 너희
를 구원하는 것이 아니니라.
20 다만, 너희를 구원할 수 있는 것은 예
수를 통하여 전했던 나 여호와의 뜻을
그대로 행하며 아름다운 삶을 사는
것, 예수보다도 더 고귀하고 정결한
삶을 살 수 있도록 노력하는 것, 그 길
에 진입하는 자가 구원을 받을 자이니,
21 그러니 내가 한 사람도 구원받은 자가
없으며 나에게 온 자가 없다 한 뜻을
알겠는가?
22 예수가 전했던 참진리요, 그리고 내가
계명을 통하여 너희에게 지킬 수 있는
명령을 내린 것보다도 한 차원 높은
변화의 역사요, 아름다운 삶으로써 존
재하고자 노력하는 그것만이 구원과
관계되는 것이며,
23 나에게 오르고 못 오르는 그 모든 점
수가 거기에서 이루어지며 심판의 결
과가 거기서 이루어지는 것이니라.
24 욥의 고통스러운 그 역사요, 예수의
죽음까지도 그 어떠한 것도 너희를 구
원하는 것은 아니라는 것을 오늘 여기
서 깊이 알아야 할 것이며,
25 그를 만백성에게 전해 줘, 잘못 가는

그들의 눈을 띄어 주고 귀를 열어 주도록 그리하라, 사랑하는 나의 아들딸들아!

8,073 번째 하나님 말씀

2003년 10월 22일 06시 52분

1 사랑하는 나의 아들아!
2 "네, 아버님! 말씀하옵소서."
3 이 세상 나의 피조물 만백성들이 살아
가는 그 마음이 과연 어떠하던가?
4 그들이 남의 것을 훔치는 순수한 도둑
의 마음이요, 먹고살기 위해 도둑질하
는 그와 같은 마음만 가지고 있다 해
도 나 여호와는 너희를 탓하고 싶지
않은 것이 내 마음이니라.
5 먹기 위해 도둑질하는 자보다도 더 험
악한 짓이요, 그보다 더 사악한 마음
으로써 모두 무장되어 있으며 준비된
것이 나의 피조물 만백성 너희이니라.
6 그저 순수하게 도둑질하는 그 마음만
가진 백성이라 해도 내가 너희를 들여
다볼 수 있고 내가 너희를 내려다볼
수 있는 그와 같은 형국일 것이니라.
7 그러나 너희는 모두 도둑이라는 그 마
음을 지나서 벗어나 있는 자들이요,
8 그보다 더 사악한 행위요, 그보다 더
험악한 짓을 서슴없이 할 수 있는 것
이 지금 나의 피조물 만백성 너희 마
음이니,
9 내 마음이 오죽하면 그와 같은 말을
너에게 하겠느냐?
10 세상에 그저 도둑질하는 그와 같은 백
성만 있다 해도 내가 너희를 그저 볼
수도 있다 하지 아니하였던가?
11 그러나 지금 나의 피조물 만백성들은
도둑이요, 강도의 한계를 벗어났음이
니라.
12 순수한 도둑이기 전에, 검은 마음을
갖고 있기 때문에 너희는 이루 말할
수 없는 험악한 짓이요, 상상할 수 없
는 짓을 자행할 수 있는 자들이요,
13 그를 하면서도 죄라 생각하지 아니하
며, 그를 무서운 줄을 모르며 오늘의
나의 백성의 마음이 그리되어 있느니
라, 사랑하는 나의 아들아!
14 그러니 그 마음을 씻고 다스려 주고
바로잡지 아니하면 이를 어찌하겠는
가?
15 지금 모두가 시커먼 마음으로써 나의
백성이 젖어 있음이니,
16 그 시커먼 마음 하나만 가졌어도 내가
덮어 줄 수 있다 함이니라.
17 그러나 그 시커먼 마음속에서 너희가
저지르는 그 만행이요, 하는 행위는
차마 볼 수 없으며 상상할 수도 없음
이니, 그리하여 내가 너희를 더 이상
볼 수가 없다 함이니라.
18 천사와 같은 마음을 가지고 이 세상을
지배하는 백성이요, 그들이 존재하는
나의 아름다운 이 지상의 낙원이 되어
야 하거늘,
19 모두 다 시커멓게 도둑 같은 자들이
되었으며, 도둑의 마음이 아닌 자가
이 세상에 단 한 명도 없음이니, 이를
어찌하겠는가?
20 너를 따르는 제자들이요, 또한 너 자
신의 마음도 아직 그와 같은 마음을
다 비우지 못하고 그를 씻지 못하는
것이 아니더냐?

21 그러니 그 마음마저도 다 비워야 할 것이니라.
22 나의 성전이요, 하늘의 모든 역사를 교류하는 이곳에, 그리고 나로부터 성령을 받는 너도 아직도 그 검은 마음 일부가 있을 정도라 하면,
23 너의 제자들 또한 그 마음이 다 검은 마음으로 젖어 있으며, 천사와 같은 마음으로 역사하지 못한다면,
24 나의 성전이요, 나의 뜻을 듣고 배우는 그 백성 그 제자들 또한 그러하며, 나에게서 직접 듣는 너도 그 모두를 씻어 버리기가 어렵고 힘들다면,
25 이 세상이 얼마나 오염되어 있으며, 이 세상이 얼마나 너희 마음이 오염되게 되어 있는가?
26 그러니 그 마음을 모두 천사와 같은 마음으로 돌리며 반성하고 깨닫는 그와 같은 백성이 지금 나와야 하는 것이 나에게 가장 소중함을 너희는 알아야 할 것이니라.
27 오로지 나의 성전이요, 나의 아들을 따르는 제자 너희로부터 모두 이루어야 하며, 너희부터 표백되어 사람의 마음이요, 사람의 형태를 보여 주어야 하니, 이를 기다리는 내 마음이 어떠하겠는가?
28 너희가 아무리 깨끗하게 씻고자 하여 표백제로 씻어 내고 또 씻어낸다 해도,
29 이 세상의 공기요, 모든 것이 다 오염됐으니, 오염된 속에서 그를 씻어 내는 것이 얼마나 힘들고 어려운 길이더냐?
30 그러니 지금의 너희가 처해 있는 것이 그와 같은 형국이니라.
31 그리하여 너희가 씻고 또 씻는 그 노력 속에, 아무리 씻고 또 씻는다 해도, 시커멓게 오염된 것을 씻을 수 없음이니,
32 그 모두를 다 맑게 만드는 것, 정화하는 것이 필요함이니라.
33 이 세상의 모든 공기요, 너희 주변에 있는 모든 것이 그저 시커멓게 썩어져 있는 형국이니,
34 그를 씻을 수 있는 것은 너희 몇 사람이 변하는 것으로는 씻을 수가 없음이니라.
35 그 오염된 것이 너희를 덮어씌우며 또 덮어씌우니, 이와 같이 사탄이요, 사악한 자들이 세상을 다 덮어 버렸음이니라.
36 그 속에서 그들을 모두 정화할 수 있는 것이요, 그 검은 것을 흡수시킬 수 있는 것은 나의 법전이니라.
37 그러니 나의 법전이 세상에 나와 160권이 전해지기 시작하고, 하얀 눈처럼 세상을 덮을 때,
38 너희 속에서 의인이 나오며 천사가 나오며, 표백하여 깨끗하게 빤 옷을 단정히 입은 그 옷이 오염되지 않는 그와 같은 세상이 이루어지게 될 것이니라.
39 오늘의 너희가 그 마음을 너희 스스로 알아야 할 것이며, 너희 스스로 자신이 그와 같은 마음을 가지라.
40 욥이 모든 고통을 견딜 수 있었던 것은 그것을 깨달았음이니라.
41 제가 죄인이요, 제가 더러운 자요, 아무리 씻어도 씻을 수 없는 이 세상의 오염된 검은 매연들이 그저 덮어씌우

고 또 덮어씌우니,
42 천사와 같은 사람이요, 사람다운 사람
이요, 나로부터 은혜를 받는 길은 더
한 고통과 시련 속에서라도 그 시커멓
게 오염된 것을 씻을 수만 있다 하면,
그는 어떠한 고통도 견딜 수 있다는
그와 같은 제 반성이요, 깨달음이 있
었기 때문에 그가 고통을 견뎠다 하지
않더냐?
43 이제 너희도 알아야 할 것이니라.
44 이 세상이 얼마나 썩어졌으면 아무리
표백제로 씻고 나와도 바로 1분 1초
도 안 되어 그 사악한 것을 뒤집어쓰
는 이와 같은 험악한 세상이 지금 되
어 있겠는가?
45 그리하여 너희 자신이 씻고 또 씻어
도, 방대하게 이미 썩어져 있으며 오
염된 그 공기가 너무나도 탁하여 거기
서 헤어나지 못하는 것이 또한 나의
아들이요, 너희 제자들도 똑같은 자들
이니라.
46 그러니 너희 죄가 아니며 너희를 탓하
기 전에, 나 여호와가 역사하는 모든
것은 오로지 나의 법전이 세상에 나가
너희가 그것을 모두 흡수하는 그 역할
을 이루었을 때, 그 속에서 너희가 의
인이요, 천사의 마음으로 돌아설 수
있는 것이니 그리 알라.
47 그러니 너희가 마음을 다스리는 그와
같은 것을 깨달아야 할 것이니라.
48 너희 마음도 지금 도둑과 같은 마음이
되어 있음이니, 그는 곧 시커멓게 오
염된 마음을 씻고 씻어 내는 것은 보
통의 노력으로써는 되지 아니할 것이
니라.
49 그리하여 너희가 그것을 모두 제거할
수 있는 것은 나의 법전을 만들어 하
얀 눈이 세상을 덮듯이 덮는 그 역사
를 이루었을 때,
50 그 속에서 모든 자연의 공기가 오염되
고 썩은 것이 거둬지듯 그 사탄들의
그 악한 악취가 세상에서 거둬지느니
라.
51 나의 법전이 흡수를 시켜야만 이 세상
의 공기가 정화되며, 그 정화된 공기
야말로 너희 옷을 오염시키지 아니하
는 그와 같은 형국의 역사가 이루어진
다는 것을 알아야 할 것이며, 이를 만
백성에게 전하도록 그리하라, 사랑하
는 나의 아들딸들아!
52 그러니 법전을 만드는 것이 얼마나 힘
들고 어려운 길이던가?
53 나의 아들의 머리가 하얘졌을 때 예수
와 같은 그 모든 길을 갈 수 있다 하지
아니하였더냐?
54 그게 바로 나의 법전이 세상을 덮고
난 다음에 정화된 그 공기 속에 스스
로 너희도 같이 숨을 쉬고 견딜 수 있
음이니라.
55 지금은 너희가 아무리 바르게 살려 노
력하며 역사하려 해도, 너무나 썩고
썩은 그 공기를 마시고는 제대로 설
수 없는 이와 같은 험악한 세상이니,
56 이 속에서 너희를 지키면서 법전을 만
들어 세상을 덮는 일에 최선을 다하라.
57 그 법전이 세상을 덮었을 때, 모든 악
한 매연을 다 흡수할 것이며, 이 공기
를 정화할 수 있으며,
58 그때 가서 너희도 변할 수 있으며, 모
든 백성이 의인이요, 하얗고 깨끗한

사람으로 변할 수 있으니, 지금 이와
같이 험악한 세상이니라.
59 이와 같이 험악하고 험악하게 만든 것
이 오늘의 종교 집단이요, 사악한 자
들이요, 우리 부자의 이름을 팔며 사
탄의 역사를 하는 자들이 있기 때문이
니라.
60 그들의 그 방대한 것이 세상을 다 오
염시키고도 남았음이니, 그를 제거하
는 역사가 이루어진다면, 너희가 가고
자 하는 것, 원하는 그 길이요, 깨끗한
그 마음이요, 의인의 길에 들어설 수
있음을 알라.

8,074 번째 하나님 말씀

2003년 10월 22일 09시 01분

1 사랑하는 나의 아들아!
2 "네, 아버님! 말씀하옵소서."
3 내가 너에게 전하여 깨우쳐 주기를,
너를 따르는 제자요, 너 또한 예수의
삶보다 아름다운 삶이요, 그 못지않은
삶을 살아가는 사람들이라는 칭송을
듣는 것으로써 그 모든 역사를 다 하
는 것이라 내가 그리 말하지 아니하였
던가?
4 그러니 너희는 오늘의 삶에서 너희 스
스로 네 양심에 부끄러운 마음이요,
부끄러운 생각을 잠시라도 하고 사는
것이 아닌가, 너희 자신의 그 마음까
지도 뽑아내는 노력을 하는 삶을 살아
야 할 것이니라.
5 너희가 행하는 모든 것은 생각이요,
네 마음에서 이루어짐이니,
6 너희가 행동으로써 남에게 부끄러우
며 해서는 안 되는 그와 같은 행동을
하기 전에, 순간적으로라도 너희 마음
이요, 양심에 부끄러움이요, 용서받지
못할 그와 같은 생각들이 스쳐 가며
수시로 일어나는 마음은 과연 없는가?
7 너희가 나에게 부끄러운 행동이요, 용
서받지 못할 그와 같은 생각이요, 마
음이 수시로 너희도 모르게, 하루에도
수십 번, 수백 번씩 그와 같은 생각을
하고 살지 않는가?
8 그렇다면 하루에도 수십 번, 수백 번
씩 사탄이요, 악마로 전락하는 그와
같은 삶이라 하였음이니, 그와 같은
생각마저도 있어서는 아니 될 것이니
라.
9 그 모두를 다 지워 버리며 그를 다스
리는 훈련의 길에 들어서야 함을 너희
는 알라.
10 정녕 너희의 행함이 부끄러우며 양심
에 부끄러우며 마음으로써 부끄러운
그와 같은 행위를 하며 생각을 하는
것이 얼마나 더 큰 죄인가?
11 그와 같은 마음을 버리지 못하고 산다
면 너희는 결코 이를 벗어날 수 없음
이니라.
12 순간적인 사악한 마음이요, 순간적으
로 용서하지 못하는 마음이요, 그리고
양심에 부끄러운 그와 같은 생각이요,
마음을 수시로 갖는다면, 이는 너희가
아무것도 얻은 것이 없으며 깨달음이
없는 것이니라.
13 그러니 그와 같은 마음을 다스릴 수
있는 것은 오로지 나 여호와가 너희와
같이하고 있으며,
14 나를 대신하여 사는 삶이요, 모든 것

은 네 것이 아니며 나 여호와의 삶을
대신 살아가는 사람이라 그리 말할 때,
15 과연 나 여호와가 어떠한 행동으로써
어떠한 마음 자세로써 이 세상을 다스
려 가며 이 세상의 삶을 엮어 가겠는
가 하는 그와 같은 마음을 항상 가슴
에서 지워서는 아니 될 것이니,
16 이제 너희는 육으로 행동하는 것만 부
끄러운 생각을 하지 말며, 마음으로도
절대 부끄러운 생각이요, 양심에 부끄
러운 생각을 하지 않겠다는 생각을
하루에도 수백 번 수십 번씩 하고 살
아야 할 것이니라.
17 너희가 순간적으로 생각하는 잘못된
마음이요, 양심에 부끄러운 것도 순간
적이니라.
18 너희가 말하는 단 1초라는 그 사이에
그와 같은 생각을 함이니, 너희가 그
를 다스릴 수 있는 것은 반대의 생각
을 하고 사는 그 길밖에 없지 않더냐?
19 너희가 악한 생각을 하고 살면 악한
생각이 계속 듦이니, 그 싹을 죽이는
것은 선한 생각을 하고 사는 것만 그
싹을 죽일 수 있다는 것을 내가 일찍
이 너희에게 가르쳐 주었음이니라.
20 '나는 양심에 한 점의 부끄러움도 없
으며, 부끄러운 생각도 마음 자세도
갖지 아니하고 살겠다'는 그와 같은
생각이요,
21 나 여호와에게 부끄러운 생각이요, 추
한 생각을 하지 아니하고 아름답게 살
아가겠다는 그 생각을 항상 네 머릿속
에서 지우지 말며,
22 그를 상기시키고 그와 같은 마음 자세
로써 살아가고자 노력한다면, 너희는
그와 같은 길에서 벗어날 수 있을 것
이니,
23 그 길을 그리 가도록 하며, 그러한 훈
련에 돌입하도록 그리해야 할 때이니
그리 알라.

8,075 번째 하나님 말씀

2003년 10월 22일 09시 05분

1 사랑하는 나의 아들아!
2 "네, 아버님! 말씀하옵소서."
3 너희가 지금 잘못 가는 믿음을 향하는
그것이 무엇이더냐?
4 나의 피조물 만백성들에게 스스로 모
두 다 볼 수 있으며 알 수 있는, 높은
지혜요, 높은 생각을 할 수 있는 것을
내가 다 주었으며, 고도의 판단 능력
을 모두 주었거늘,
5 어찌하여 그와 같은 것을 활용하여 스
스로 옳고 그름을 판단하지 아니하며,
6 그저 흐르는 물속에 떠다니는 조각배
처럼 너희 자신을 그리 함부로 던지고
팔아 버리는가?
7 나 여호와요, 나의 아들 예수를 부르
기만 하며 그 이름을 부르고 울고불고
하기만 하면, 그리고 그 앞에서 소원
을 빌기만 하면 모든 소원을 들어주
며, 또 소원이 이루어지는 것처럼 지
금 모든 종교 집단이요, 지도자들이
그리 가르치고 있지 않은가?
8 그러니 나의 어리석은 백성이 우리 부
자의 이름을 부르기만 하며, 그리고
부르는 이름 앞에 소원을 갈구하고 매
달리면 그것이 모두 이루어지고 역사
하는 것처럼 그와 같이 믿고 따름이니

라.
9 죄의 온상인 교회라는 곳을 찾아가 지
금 모든 소원을 이루고자 빌고 비는
것이 너희의 오늘의 믿음의 근본이요,
그 뿌리로 되어 있지 아니한가?
10 우리 부자를 그저 울고불고 찾기만 하
며 너희가 소원하는 것을 그 앞에 빌
기만 하면 이루어지는 것처럼 그리 가
르치느니라.
11 그러니 참진리를 찾고자 하는 나의 뜻
을 거역하며 나의 뜻과는 관계없는 그
와 같은 오늘의 믿음의 길을 가는 것
이 아니더냐?
12 그러니 바로 이것이 믿음이 아니요,
나의 뜻을 거역하는 그와 같은 삶을
살아감이니라.
13 그러니 내 뜻을 거역하는 자들이 어찌
나를 볼 수 있으며 나의 음성을 들을
수 있으며, 내가 너희를 이끌어 하늘
에 오르는 참진리의 길을 볼 수 있는
가?
14 그걸 못 보고 살아가는 자들이니라.
15 그저 우리 부자의 이름만 부르고 그
앞에 소원을 빌면 이루어질 것이라 생
각하는 그 믿음 속에서, 세월이 지나
면서도 이루어지지 아니하며 성취되
지 아니할 때,
16 너희는 잘못 간 믿음이기 때문에 믿음
을 증오하며 믿음 자체를 후회하며 나
여호와를 원망하는 그와 같은 마음으
로 바뀌는 것이 아니더냐?
17 그리하여 너희는 나 여호와를 욕하게
되며 나를 원망하며 다른 신이라는 것
을 가슴에 섬기고자 하며 등 돌리는
그와 같은 백성이 되어 있음이니라.
18 너희가 처음부터 기대하지 아니하며
소원하는 것을 이루는 믿음이 아니요,
19 마음을 아름답게 가꾸고 변하는 것이
스스로 구원하는 길이요, 그 길을 닦
고 깨우치며 가는 것이 믿음이라는 것
을 가르쳤으며, 그리 알고 있었다면,
20 너희가 소원하는 것이 이루어지지 아
니하며 나에게 애걸복걸하며, 원하는
것이 이루어지지 아니할 때도 나를 증
오하지 아니하며 미워하지 아니하며,
나를 바꿔치기하는 그와 같은 간사한
행위는 하지 아니할 것이니라.
21 너희가 지금 잘못 가르치고 잘못 가는
것이 바로 그것임을 알아야 할 것이니
라.
22 너희는 나 여호와의 사랑을 실천한다
하면서도 그 본심은 지금 어찌 가고
있는가?
23 모든 종교 집단이요, 지도자 그들까지
도 증오하고 떠나는 자들과 무엇이 다
르던가?
24 너희는 나 여호와를 숭배하며 나를 경
배하며 나를 사랑하고 내 사랑을 실천
하고 산다는 그 본심의 밑바탕에는 대
가성을 바라는 것이요, 대가성을 위하
여 가는 신앙이요, 믿음의 길이니,
25 이것이 거래하는 자요, 물건을 팔고
사며 그 대가를 거둬들이는 장사꾼들
이니,
26 나는 너희와 거래하는 자가 아니요,
그와 같은 나 여호와가 아니라 함을
알라.

8,076 번째 하나님 말씀

2003년 10월 22일 09시 09분

1 사랑하는 나의 아들아!
2 **"네, 아버님! 말씀하옵소서."**
3 인간 세상에 살아가는 부모도 모든 자
식이 소중하고 귀하며, 그리고 자식의
아픔을 같이 느끼지 않는 부모가 없다
하였거늘,
4 어찌하여 너희는 나를 편파적인 사랑
이요, 편파적인 은혜를 베푸는 그와
같은 나 여호와라 지금 말하는가?
5 모든 종교 지도자요, 신도들이 저희만
구원을 받은 자요, 은혜를 받은 자라
그리 말하며 특별히 선택된 저희만 나
에게 오를 수 있다고 말함이니,
6 나 여호와가 편파적인 사랑이요, 은혜
를 베푼다고 가르치는 것과 무엇이 다
르던가?
7 나 여호와는 그와 같이 편파적인 사랑
을 나의 백성에게 내리지 아니함이니
라.
8 우리 부자의 이름을 울고불고하며 소
원을 비는 백성이라 하여 그것을 들어
주며 그렇지 아니하면 나의 아들딸이
아니라 하여 내가 그를 들어주고 안
들어줌이 없음이니라.
9 나 여호와는 공의의 하나님이요,
10 나의 상이요, 나의 은혜를 받는 방법
을 나의 법전을 수없이 기록하여 전하
지 아니하였던가?
11 나 여호와는 너희에게 상이요, 상장이
요, 상품을 내려 주는 여호와이기에,
너희가 그 모두를 받을 수 있는 역사
를 했을 때, 그와 같이 아름다운 변화
의 삶을 살았을 때, 자격이 갖추어진
자에게 나 여호와가 상장이요, 상품을
내린다 하였음이니라.
12 자격은 갖추지 아니하고 오로지 나를
부르며 나의 아들 예수를 찬양하는 것
만으로써 모두 이룬다는 것은, 나 여
호와를 편파적이요, 공의의 하나님이
아니요, 정의로운 하나님이 아니라 함
이니,
13 너희는 나 여호와가 이 세상을 창조한
하나님이요, 진정한 창조주라 믿고 따
르는 백성이 아님이니라.
14 너희는 지금 나 여호와가 잘못된 자
요, 편파적인 마음이요, 정에 눈물에
흔들리는 자요, 공의로운 하나님이 아
니요, 바로 나를 사탄이라 부르는 것
이며 사탄으로 생각하는 믿음이 아니
던가?
15 너희에게 편파적인 사랑을 하며 편파
적인 은혜를 주며, 어떠한 이해관계에
따라서 움직이는 그와 같은 사랑을 베
푼다면,
16 이는 사탄이요, 마귀가 하는 짓이지,
창조주 나 여호와가 하는 것이 아니니,
17 너희가 지금 찾고 울고불고하는 것은
진정한 나 여호와를 찾는 것이 아니요,
18 편파적인 사랑이요, 감정에 따라서 떡
을 주고 안 주는 그와 같은 사악한 사
탄의 자식이 되어 있다는 바로 그와
같은 의미임을 너희는 알아야 할 것이
니라.
19 진정한 나 여호와를 찾는다면, 편파적
이며 어떠한 차이를 두며 그리고 내가
골라서 사랑을 주고 안 주는 것이 아
님을 너희는 알라.

20 공의의 나 여호와는 너희에게 사랑을
베풀어 줌이 아니요, 받을 수 있는 만
큼 노력한 자에게 내리는 나 여호와임
이니,
21 그렇다면 나의 뜻을 너희가 깊이 깨우
쳐 행하도록 그리하라.
22 그렇지 아니하면 너희는 정녕 나의 뜻
을 아는 것이 아니요, 지금 너희가 가
는 그 믿음은 진정 공의롭고 정의로운
하나님이 아니라,
23 그저 기분에 따라서 사랑을 베푸는 그
와 같은 사탄이요, 마귀를 지금 하나
님이요, 나 여호와라 부르짖고 있다는
것을 깨우쳐야 할 것이니 그리 알라.

8,077 번째 하나님 말씀

2003년 10월 22일 09시 15분

1 사랑하는 나의 아들아!
2 "네, 아버님! 말씀하옵소서."
3 나 여호와가 너희에게 가르쳤느니라.
4 너희 자신을 먼저 두고 너희 자신을
생각하는 그와 같은 마음 자세는 아무
것도 이룰 수 없으며 역사할 수 없으
며 하늘에 오르는 길을 볼 수 없다 하
였음이니라.
5 너희가 믿음의 길을 가는 것도 '나 자
신'을 버려두지 아니하고, '나'를 지우
지 아니하고 가면 '나'를 위한 믿음이
요, '나'를 위한 신앙생활이 되기 때문
이니라.
6 그러니 '나'를 생각하는 것이 바로 욕
심이 아니더냐?
7 너희가 사랑을 베푸는 것도 '나'를 먼
저 의식한 자, '나'를 버리지 아니한
자가 베푸는 사랑은 계산된 사랑임을
알아야 할 것이니,
8 '나'를 위주로 모두 역사하는 사랑이
라는 것은 진정한 사랑이 아님을 알
라, 사랑하는 나의 아들딸들아!
9 너희가 봉사하는 것도 그러하니라.
10 너희가 봉사함도 '나'를 먼저 생각하
며 '나'를 두고 봉사하는 것은 계산된
봉사요, 진정한 봉사가 아님을 너희는
알아야 할 것이니라.
11 너희가 남에게 베푸는 것도 그러하니
라.
12 모든 베풂도 '나 자신'을 두고 베푸는
것은 모두 다 계산된 것임을 너희는
알아야 할 것이니라.
13 너희가 남을 용서하는 마음은 과연 무
엇이더냐?
14 자기가 존재함을 먼저 생각하며 자기
를 두고 남을 용서하는 것은 진정한
용서가 아니요, 마음을 비운 용서가
아님이니라.
15 그러니 너희가 지금 살고 행하는 그것
이 모두 다 잘못되었다 하며, 진정한
나 여호와의 뜻이 아니요, 참진리를
모르고 가는 오늘의 믿음의 길을 가는
백성의 행위라 내가 너희에게 그리 말
함이니라.
16 너희가 '나 자신'부터 먼저 생각하고
'나'를 버리지 아니하고 가는 모든 행
위는 그것이 다 계산된 것이며, 너희
를 위해서 하는 것이기 때문이라는 것
을 절대 잊지 말라.
17 진정한 믿음의 길이요, 참진리의 길을
갈 수 있는 것, 그를 이룰 수 있는 것
은 자기 자신을 버리며 자기가 없을

때 모두 다 역사한다는 것을 너희는
알아야 할 것이니라.
18 '나'를 먼저 생각하지 아니하고 사랑
을 실천하는 것이 나 여호와의 뜻이
요, '나'를 생각하지 아니하고 남을 용
서하는 그것이 나의 뜻에 더 역사하는
것이요,
19 '나'를 생각하지 아니하며 봉사하고
베푸는 그 모든 행위가 너희가 다 하
나가 되는 길이며,
20 나 여호와의 성령 아래서만 모두 하나
가 될 수 있음이니, 그것이 나 여호와
의 성령이요, 나의 뜻이니라.
21 그와 같은 마음을 가지고 살아가는 백
성, 너희야말로 하나가 될 수 있는 백
성이라는 것을 알라.
22 '나'를 버리라.
23 '나'를 지우지 아니하고 모든 역사를
한다면 아니 됨이니, '나'를 들여다보
는 눈빛이요, 그 마음이요, 생각을 과
연 너희가 얼마나 지우고 버리고 사는
것인가 너희 스스로 점검하고 두드려
보도록 그리하라, 사랑하는 나의 아들
딸들아!
24 너희가 오늘 변하고자 역사하고자 하
는 그 노고를 나는 아느니라.
25 그러나 모든 근본이 '나'를 버리지 아
니하고 '나'를 먼저 생각하는 그와 같
은 마음으로써는 아무것도 이루어질
수가 없으며, 아무것도 역사함이 아니
요,
26 거기에는 진실함이 없으며 다 위장이
요, 거짓된 것이요, 계산된 것이요, 사
고파는 장사 속 같은 것이라는 것을
깊이 깨우쳐 행하도록 그리해야 할 것
이니라.
27 '나'를 버리는 훈련에 너희는 최선을
다해야 할 것이니라.
28 네 마음을 다하고 네 뜻을 다하였을
때 너희는 나의 뜻을 거역지 아니함이
라 내가 그리 말하지 아니하였더냐?
29 이것은 바로 무엇이더냐?
30 너희 마음과 너희 자신의 생명이요,
그 모두를 다하여 나의 뜻을 거역하지
아니하고 살 때만 그 백성이 '나'를 버
릴 수 있는 백성이요, '나'를 버린 백
성이라 함을 너희는 알아야 할 것이니
라.
31 그러니 네 마음을 다하고 네 뜻을 다
하며 네 생명을 다하여 나 여호와의
뜻을 거역하지 아니하고 사는 것이 하
늘에 오르는 길이라는 것이 무엇이더
냐?
32 너희 자신이 없음이니라.
33 모든 것은 나 여호와의 것이요, 너희
자신은 없는 것이요, 너희 것이 없음
이요, 너희 자신이 존재하지 않으며,
'나'를 버릴 수 있는 그 백성만이 하늘
에 오르는 길이니,
34 오늘 나의 아들을 따르는 제자들이요,
나의 법전을 읽고 깨우친 백성 너희는
'나'를 버리고 가야 하는 어렵고 힘든
그 길을 역사하는 것이 너희며 또한
그 길을 갈 수 있음을 알라.
35 다시 한 번 내가 너희에게 간곡히 명
하느니라.
36 '나'를 생각하고 어떠한 일을 행하는
것은 모두 다 거래요, 계산적이요, 진
정한 사랑이 아니요, 참진리가 아니
요, 진정한 사랑의 의미가 아니니라.

37 나의 아들 예수가 베푸는 사랑이 무엇인 줄 알겠느냐?
38 '나'를 생각하지 아니하고 역사하는 그 사랑을 보여 주고자 하였음이니 그리 알라.
39 이것이 너희가 오늘 가야 할 길이니라.
40 이 마음을 기르는 것은 너희가 살아가면서 항상 한 점의 부끄럼이 없는 삶을 살겠다는 그와 같은 생각으로써 생활할 때, 그 속에서 '나'를 지울 수 있으며, '나'를 의식하지 아니하며, '나 자신'을 모두 버리는 그와 같은 삶을 살아갈 수 있는 것이라는 것을 잊지 말라, 사랑하는 나의 아들딸들아!
41 '나'를 버리고 '나'를 지워 버리지 않는 그와 같은 생활의 베풂이요, 봉사요, 사랑이요, 용서함이요, 원수를 사랑하는 것은 모두 다 계산된 것이요, 인간의 본성의 마음에서 벗어나지 못함이니,
42 '나'를 버리라 함이 여기 있음이니라, 사랑하는 나의 아들딸들아!

8,078 번째 하나님 말씀

2003년 10월 22일 09시 38분

1 사랑하는 나의 아들아!
2 "네, 아버님! 말씀하옵소서."
3 모든 종교 집단이요, 지도자요, 그리고 믿음의 길을 가는 그 백성이 오로지 나 여호와에게 소원하며 비는 그 마음이요,
4 또한 그와 같은 마음으로 나 여호와를 너희 가슴속에만 꼭꼭 가두고 싶은 마음, 그저 상자 속에 담아서 너희만 소유하고 보유하고자 하는 그와 같은 마음을 가지고 있다 했음이니,
5 그것은 잘못된 욕심이라 내가 그리 말하였음이니라.
6 그러나 나 여호와는 너희 마음을 아느니라.
7 너희가 그와 같이 가둬 두고자 하는 것은 욕심인 반면에, 또한 나 여호와를 너무 사랑하고 나를 너무 따르기 때문에 그런 것이 아니던가?
8 그 마음에서 너희가 그와 같은 욕심을 갖는다는 것을 알고 있음이니라.
9 너희가 나 여호와를 너무나 사랑하며, 나를 사랑하는 그 마음이요, 그것이 너무나 지나치다 보니, 그것이 욕심으로 변하게 되어 너희가 오판하며 누를 끼치며 잘못된 길을 가는 것이니라.
10 오늘의 모든 종교 집단의 지도자 너희의 그 마음과 열과 성의를 나 여호와는 아느니라.
11 너희가 잘못 가고자 해서 잘못 가는 것이 아니요, 욕심을 부리고자 해서 욕심이 아니라, 너희는 오로지 나 여호와를 위하는 길이 무엇이며, 나를 사랑하는 길이 무엇이며, 그리고 나를 사랑하며 나의 뜻에 따라 역사하고자 하는 그 욕심이 불과 같은 자들이 있기에,
12 그 욕심으로 인하여 너희가 진리를 보지 못하며 정도를 보지 못하고 욕심으로 승화되어 변하는 그와 같은 오늘의 믿음의 세상이 되었다는 것을 나 여호와는 아느니라.
13 그리하여 너희가 오늘까지 역사한 그 공을 알고 있다 하지 아니하였던가?

14 그러니 너희는 너무나도 욕심이 지나
친 자들이요, 너무나 나 여호와를 따
르는 애정이요, 또한 나를 향하는 그
마음이 타는 불과 같은 그와 같은 마
음이 있음을 내가 알며,
15 그 마음을 없애지 못하며 억제하지 못
하기 때문에 그와 같은 우를 범하는
종교 지도자요, 집단도 있음을 나 여
호와는 알고 있음이니라.
16 모두 나를 사랑하며 나를 경배하며 내
뜻을 역사하고자 하는 불과 같은 그
정열을 내가 알지만,
17 너무나 지나친 욕심이요, 너무 지나친
과욕 때문에 너희는 죄를 범하고 있으
며 참진리의 길을 가지 못하며, 나의
뜻을 거역하는 그와 같은 길을 가게
됨이니라.
18 그러면서 너희도 모르게 서서히 욕심
이라는 것의 뿌리가 자리를 잡았으며,
욕심이라는 것에 흘러들어 가고 또 빠
지고 빠지다 보니, 점점 헤어날 수 없
는 그와 같은 오늘의 형국이 이루어졌
음이니라.
19 내가 너희를 탓하고 나무라기 전에,
너희가 나를 경배하고 사랑하는 그 마
음도 알고 있으나,
20 그 마음이 아무리 강하다 해도 잘못
가는 것이요, 잘못 가게 되어 있음이
니, 오늘의 너희는 과도한 욕심 때문
이라는 것을 알아야 할 것이니라.
21 그리하여 너희를 바로잡고자 하며 깨
우치고자 하며, 그리하여 내가 마지막
제3의 시대에 너희에게 나의 법전을
내리면서 단 한 번의 기회를 부여해
준다는 그 의미를 알라.
22 나 여호와는 알고 있음이니라.
23 너희 가슴속에 그리고 네 보물단지에
나 여호와를 꼭꼭 가두고자 하며, 너
희만 소유하고 그저 꺼내서 쓰며, 네
소원이 필요할 때만 들어주는 나 여호
와를 만들고자 하는 네 마음도 앎이니,
24 그것 또한 욕심이 과한 것도 있으나,
너희가 나를 사랑하는 마음도 거기 한
쪽에 자리잡는 것은 당연한 것이니라.
25 그러나 사랑하는 마음보다도, 너희의
그 열정보다도, 그 열정이 욕심으로
변한 그 욕심에 눈이 어두워 잘못 변
화되어, 거기에서 바로 서지 못하고
잡지 못했기 때문이니라.
26 그리하여 무너진 너희의 마음을 바로
잡기 위해 내가 나의 법전을 너희에게
내려보내니,
27 멀리 달려온 선수에게 숨을 고르는 시
간을 주는 것이 필요하듯이,
28 지금 욕심이라는 것에 눈이 어두워지
고 또 잘못된 열정으로 나 여호와를
따르며 나 여호와를 경배하며 나를 사
랑하는 그 마음이 도가 지나쳤으며 그
표현이 잘못되었으며 사랑하는 방법
이 잘못되었으며 내 길을 잘못 알고
있었기에,
29 이제 지치고 지쳐 있는 너희에게 쉬는
시간을 주면서 다시 한 번 돌아다볼
수 있는 것이 바로 제3의 시대에 내가
지금 법전을 내려서 마지막 심판의 시
대에 너희의 숨을 고르는 그 역할을
함이니,
30 너희가 좀 더 쉬면서 물을 마시며 생
수를 마시면서 마음을 충분히 쉬고 너
희가 돌아온 길이요, 달려온 길과 앞

으로 가야 할 길과 너희가 어찌 가야
할 것인가, 정확한 길을 찾아 계획하
며, 모르겠거든 안내자에게 물어서 가
는 그와 같은 현명함을 얻으라.
31 모르는 자가 아는 것처럼 또 대들어서
는 험악하고 험악한 그 길을 헤매게
되어 있음이니,
32 모르면 모른다고 시인하며 아는 자에
게 물어보며 주변 사람에게 물어 깨달
음을 얻어 바른길을 올 수 있도록 그
리하라.
33 나는 너희를 모두 사랑함이니라.
34 모든 종교 집단이 교회를 짓고 또 성
막을 짓고 지금 죄의 온상을 만드는
그것도,
35 때로는 일부 나에 대한 열정이요, 나
를 경배하는 마음이요, 나를 사랑하는
그 열정에서 이루었으나,
36 그것이 내가 원하는 길이 아닌 쪽에서
역사했기 때문에 죄가 되었으며 욕심
이 되었으며, 이를 잘못되었다 함이니
라.
37 그리하여 내가 너희를 또한 사랑하여
마지막 기회를 줌이니 그리 알라, 사
랑하는 나의 아들딸들아!

8,079 번째 하나님 말씀

2003년 10월 22일 09시 41분

1 사랑하는 나의 아들아!
2 "네, 아버님! 말씀하옵소서."
3 너희가 살아가면서 가장 귀중하고 소
중한 것이 무엇인 줄 알겠느냐?
4 진정 너희 자신만이 아는 한 점의 부
끄럼이 없는 그와 같은 삶을 살며, 그
길을 위하여 잠시도 쉬지 말고 두 주
먹을 쥐고 뛰는 그와 같은 삶을 살아
야 할 것이니라.
5 너희 자신에게 부끄럼이 없는 그와 같
은 삶을 사는 그 길을 위하여 모두를
다 바쳐 노력하고 또 노력하는 그것만
이 너희가 천사가 되는 길이요, 의인
이 되는 길이요, 하늘에 오르는 길임
을 알아야 할 것이니라.
6 이제 나의 아들을 따르는 제자들이요,
그리고 법전을 읽고 깨우친 백성, 너
희는 외형의 부끄러움이요, 외형의 어
떠한 잘못됨을 스스로 알고 다스리며
행하지 아니하고 행하는 그와 같은 높
은 경지에 오른 것이 나의 아들을 따
르는 백성 너희이니라.
7 그러나 이제는 너희 자신에게 한 점의
부끄럼이 없는 내면을 다스리는 그 삶
을 위하여 잠시도 쉬지 말고 두 주먹
을 불끈 쥐고 뛰고 또 뛰는 노력을 하
지 아니하면 아니 됨이니라.
8 오늘부터 너희 자신이 한 점의 부끄럼
이 없는 생각이요, 마음이요, 그리고
너희 자신만 아는 모두를 두 번 다시
행하지 않으며 그것을 모두 다 버리는
그 용단을 내리지 아니하면 아니 될
것이니라.
9 너희는 나의 법전의 불 칼로써 너희
마음속에 있는 부끄러움이요, 부끄러
운 생각이요, 부끄러운 마음을 수시로
갖고 살아가는 그 모든 근본의 뿌리를
오늘 이후부터 모두 치고 다시 거듭나
야 할 것이며,
10 그와 같이 거듭나겠다고 나에게 약속
을 했다면 너희의 생명을 바쳐서라도

그 길을 가라.
11 그것이 너희가 천사가 되는 길이요, 의인이 되는 길이요, 하늘에 오르는 그 길을 평탄하게 올 수 있는 길이라는 것을 절대 잊지 말라, 사랑하는 나의 아들딸들아!

8,080 번째 하나님 말씀

2003년 10월 22일 09시 46분

1 사랑하는 나의 아들아!
2 "네, 아버님! 말씀하옵소서."
3 너희가 나에게 오르는 길이요, 나를 가장 기쁘게 하는 것은 너희 마음이 변하는 그와 같은 역사라 하였음이니라.
4 천사와 같은 아름다운 마음으로 너희가 변하는 것이요, 마음 한자리에 굳게 다스려 한 점의 부끄럼이 없는 삶을 사는 것이 너희가 그리 갈구하고 원하는 구원의 영광을 얻는 길이라 내가 너희에게 그리 전하였거늘,
5 너희는 어찌하여 재물을 가지고 역사하며 재물로써 구원의 상을 받을 수 있다고 생각하는가?
6 나 여호와는 재물이 필요하지 아니함을 나의 법전에 수없이 기록하여 너희에게 전하였음이니라.
7 모든 종교 집단이요, 지도자들이 재물이 필요하지 않은 걸 가지고 나에게 구원을 받으며 나에게 이를 수 있다는 그와 같은 생각을 바꿔 주지 아니하면 그들은 정녕 바른길을 올 수 없으며 볼 수 없는 것이니라.
8 내가 너희에게 나 여호와는 재물이 필요 없다는 것을 수없이 가르쳤으며 성서에도 기록하였거늘, 너희가 이와 같은 것을 깨우쳐 행하지 아니하는 그 의미가 과연 어디에 있는가?
9 너희는 정녕 그 뜻을 알아야 할 것이며, 어찌 재물로만 구원을 받으며 그것으로써 상을 받는다 생각하는가?
10 그리고 나 여호와에게 바치는 그 양에 따라서 너희가 은혜를 받으며 그 속에서 너희 마음이 같이하기 때문에 나를 믿고 나를 경배하는 마음도 재물을 바치는 자가 더 굳고 강하다고 가르치니,
11 그와 같은 가르침에 따라서 너희가 오늘날 그리 세뇌되었음을 알아야 할 것이니라.
12 나 여호와는 전지전능하신 하나님이요, 창조주 하나님이라 말하면서, 어찌하여 전지전능한 나 여호와가 너희에게 무엇을 바치길 원하며, 나에게 무엇을 바친 자에게 영광이요, 구원의 길에 은혜를 내린다 생각하는가?
13 너희가 나에게 모두 다 바쳐 구원을 받겠다 생각하는 그 재물은 과연 어디서 누가 주었던 것이냐?
14 나 여호와가 너희에게 내려 준 것이며 내가 너희에게 상으로 준 것이거늘, 어찌하여 너희는 나에게 그것을 바치고서 구원을 받는다고 말한단 말이더냐?
15 이것이 지금 잘못됨이니, 어찌하여 재물을 바치고 지옥의 표를 사는 그 사악한 자들의 가르침에 눈을 뜨지 못하고 그 길을 가느냐?
16 너희가 나 여호와의 사랑의 품속에서 떠나지 아니하는 삶이요, 내 마음속에

서 내 가슴의 사랑 속에서 떠나지 않
는 것이 나를 가장 기쁘게 하는 마음
이라 내가 그리하지 아니하였던가?
17 이는 나 여호와의 뜻이요, 내 계명을
지키며 내 뜻대로 살아가는 것, 그리
고 그리 순종하며 살아가는 것이 나
여호와의 사랑의 품속에서 너희가 존
재하는 것이니,
18 사랑하는 나의 아들딸들이 내 품속에
서 존재하며 너희가 같이하는 그것으
로써 나 여호와에게 가장 기쁨이요,
영광을 주는 것임을 알라.
19 부모가 자식을 기르되, 그 어린 자식
이 부모의 마음을 상하지 아니하며 그
품속에서 아름다운 모습으로 귀여운
모습으로 살아가는 그것으로써 그 부
모의 기쁨이요,
20 사고 나지 아니하며 재앙을 당하지 아
니하며 불행을 당하지 아니하고 성장
해 주는 것으로써 기쁨을 받는 것이
인간의 부모이거늘,
21 너희에게 모두를 내려 준 창조주 나
여호와가 너희에게 무엇을 원하겠는
가?
22 내 사랑의 품 안에서 살아주는 것, 그
리고 존재해 주는 것이 나에게 가장
큰 기쁨이요, 영광이라 했거늘,
23 어찌하여 욕된 마음이요, 욕심을 버리
지 못하고 그와 같이 내 뜻을 저버리
고 살아가는 백성이 되었단 말이던가?
24 너희가 욕된 마음을 갖지 아니하고 그
리 행하지 아니하고 나에게 가장 기쁨
의 영광을 주는 것은 바로 그런 것이
니라.
25 죄짓지 않는 삶이요, 그리고 나의 계
명대로 살고자 노력하는 그것으로써
너희가 나에게 가장 큰 기쁨이요, 영
광을 돌려주는 것이요, 은혜에 보답하
는 길이라는 것을 절대 잊지 말라.
26 내가 너희에게 내려 준 그 재물을 나
에게 되돌려 바친다 하여 그것으로써
구원의 길을 간다는 그 잘못된 사악한
자들의 가르침에 의하여, 그들이 중간
에서 농락하는 것에 제물이 되지 말도
록 그리하라.
27 이것은 너무나 중요하고 소중한 것이
며, 이것을 깨우치지 못하며 여기서
뒤돌아서지 아니하면, 정녕 너희는 지
금까지 세뇌된 그 믿음의 속에서 벗어
날 수 없기에,
28 나에게 필요하지 아니하며 내가 원하
지 않는 길이요, 그것을 나에게 바치
면서 고달프고 힘든 그 길을 살아가는
너희를 깨우쳐 주지 아니하면 아니 되
기 때문이니 그리 알라.

8,081 번째 하나님 말씀

2003년 10월 22일 09시 52분

1 사랑하는 나의 아들아!
2 "네, 아버님! 말씀하옵소서."
3 나의 피조물 만백성 너희가 살아가면
서 육의 행함은 중요하지 아니하며 육
의 행동은 구원을 받는 것과 큰 관계
가 없다 그리 말하는 자들의 그 의미
를 너희는 알아야 할 것이니라.
4 그와 같은 것을 이제는 인식할 때도
되었으며 알아들을 수 있기에 내가 너
희에게 말함이니라.
5 모든 종교 집단이요, 지도자들이 인간

의 행함이요, 인간의 육의 삶에서 역
사하는 것, 선한 행위요, 악한 행위 그
것으로써 구원을 받는 데 큰 영향이
없는 것이라 그리 말하는 것을 너희는
그를 일부 인정하고 갈 때가 되었으
며, 그를 인정해 줄 때가 되었음이니
라.
6 다만, 그 깨달음이 문제며 그 생각이
다름이니, 내가 너희에게 오늘 가르치
고자 함이니라.
7 그들이 말하는 그 의미는 무엇인 줄
알겠느냐?
8 그들은 모르고 그와 같이 말하나, 너
희는 알고 있을 것이니라.
9 나의 법전에 기록하여 너희에게 뭐라
전하였더냐?
10 너희가 행동하는 것, 선과 악을 행하
는 것은 네 마음이요, 네 생각이 먼저
이기에 그게 더 소중하며 그 죄가 더
무겁다 하지 아니하였더냐?
11 그러니 그와 같이 말하는 종교 집단
지도자는, 생각에 따라 육은 움직이기
때문에 육은 두 번째요,
12 첫 번째는 마음이요, 생각이라는 그
이치를 모르며 그를 깨닫지 못하기 때
문이니라.
13 그러니 그들이 그리 부르짖는 그 마음
을 너희가 좀 더 인정하고 이해할 수
있는 마음을 가져야 할 것이니, 그게
곧 무엇인 줄 알겠느냐?
14 마음과 생각이 더 중요하며 우선이기
때문에 그것을 너희는 알고 있음이니,
그들이 말하는 것을 조금은 이해를 해
주며 그들에게 그를 깨우쳐 주도록 그
리하라, 사랑하는 나의 아들딸들아!
15 그들은 그것 때문에 그리하느니라.
16 그것을 알지도 못하면서 무엇인지도
모르면서 그와 같은 가르침을 어디서
흘려들은 것이 있기에 그리 앞세워서
말한 것이며,
17 또 최초에 이와 같은 것을 가르친 자
도 그것을 명확히 설명하지 아니하며
기록하지 아니하였기 때문에, 그저 무
조건 그들은 육의 행함이요, 육의 선
과 악으로는 구원을 받지 못한다 말하
는 것이니라.
18 그들이 주장하는 뜻이 바로 여기에 있
음을 알라.
19 마음과 생각이 먼저인 것을 이해하지
못하는 자들이 그리 말함이니, 얼마나
어리석고 불쌍한 백성이냐?
20 너희는 이제 그들이 말하는 것을 좀
더 받아들이고 이해하는 마음으로써
대화를 끌어 가도록 그리하라, 사랑하
는 나의 아들딸들아!
21 마음이 먼저라는 것, 생각이 먼저라는
것은, 육은 뒤따라가서 행하고 움직이
며 명을 받아 움직이는 것이기 때문
에, 생각이 중요하며 육은 별것 아니
라는 그걸 구분하지 못하고 있으면서
무조건 육의 행함은 별것 아니라 가르
치니,
22 나의 피조물 만백성들이 그리 믿고 지
금 죄를 저지르면서 죄가 무엇인지 모
르며 정녕 심판을 받을 때 무엇으로써
심판을 받는 것인지도 모르는 착각 속
에 살아가는 것이 그들이니라.
23 그 어리석음을 마음으로 사랑으로 다
스리고 이해하고 가르쳐 주도록 그리
하라.

24 생각이 먼저이며 그다음에 행함이 옮
겨지기 때문이니, 그들이 그와 같은
말을 하나 그 이치를 모르고 전하는
것이니라.
25 너희는 육의 행함이 중요치 않다는 것
을 절대 믿어서는 아니 됨이니라.
26 그것이 얼마나 중요하던가?
27 육의 생각과 너희의 마음이 모두 결정
난 다음에 육이 움직이지만, 그는 하
나이기 때문이니라.
28 그러니 육의 행함이요, 육이 선과 악
을 선택하는 그 행동이 심판의 결과라
는 것을 절대 잊지 말라.
29 너희가 그와 같은 생각을 먼저 갖고
살아간다면, 이 세상에 중요하고 중요
하지 않은 것이 없음을 알아야 할 것
이니라.
30 다만, 그들은 그를 구분하지 못하기
때문이니라.
31 생각이 중요한 것이며, 마음이 앞에
가며 중요한 것은 타당한 것이니라.
32 그리고 그것은 정확히 맞는 답이니라.
33 그러나 그 생각을 행동에 옮기지 아니
하면 모든 게 이루어지지 아니하지 않
더냐?
34 너희가 생각하며 마음에 가진 것을 행
동으로 옮기고 행동으로 하지 아니하
면 아무것도 얻어지는 것이 없으며 이
루어지는 것이 없지 않더냐?
35 그러니 그게 다 똑같은 것이라 함을
너희는 알아야 할 것이니라.
36 생각과 너희가 움직이는 행동이 다 똑
같거늘, 지금 믿음의 길을 가는 백성
이 생각과 행동을 구분해 놓고 알고
있으니, 하늘의 이치를 모르는 자들이
기 때문이니라.
37 너희가 아무리 나의 법전을 읽고 깨우
쳐 높고 높은 지혜를 가지고 있으며
높고 높은 경지에 있다 해도,
38 너희의 생각은 높이 있으나 거기에 따
라서 행동하지 아니하며 행하지 아니
하면 무의미한 것이며 아무것도 얻어
지는 것이 없지 않더냐?
39 열매가 맺어짐이 없지 않더냐?
40 그와 마찬가지니라.
41 너희가 반대로 생각하면 그 이치를 알
게 될 것이니라.
42 그러니 지금 모든 행동은 중요하지 않
다는 백성은 마음이 지시하기 때문에
마음의 죄가 더 무거우며 행동은 덜
무겁다는 그와 같은 이치를 어렴풋이
알지만 그 뜻을 깊이 모르고 가는 자
들이니, 그 어리석은 자들과 갑론을박
하지 말며,
43 너희는 나의 뜻을 알며 하늘의 뜻을
알았으면 그 마음을 수용하면서 그들
을 다스려 가는 지혜로운 깨달음의 길
을 가도록 그리하라, 사랑하는 나의
아들딸들아!

8,082 번째 하나님 말씀

2003년 10월 22일 09시 56분

1 사랑하는 나의 아들아!
2 "네, 아버님! 말씀하옵소서."
3 너를 따르는 제자들이요, 나의 법전을
읽고 깨우친 만백성 너희는 알아야 할
것이니라.
4 2천 년이라는 그 역사의 세월이 흐른
것은 암흑의 시대요, 암흑의 세계였었

다는 것, 그리고 그 암흑의 세계가 지
금 광명의 빛을 비추기 시작함이니 그
는 곧 무엇인 줄 알겠느냐?
5 나의 법전만이 광명 천지가 될 것이
며, 하늘의 빛을 이 지상에 비추어 이
세상을 밝히는 그와 같은 역사를 이루
는 것은 나의 법전밖에 없다는 것을
너희는 굳게 믿으며, 그 마음이 흔들
려서는 아니 될 것이니라.
6 지금의 어둠의 세상을 밝힐 수 있는
빛이 과연 어디에 있다고 생각하며,
어떠한 것으로써 그 빛의 역사를 할
수 있다고 생각하는가?
7 한번 생각해 보라.
8 오늘에 수천수만 가지로 갈라져 있는
그 종파들이 하나의 빛으로써 이 세상
을 밝힐 수 있다고 생각하는가?
9 수천수만의 교리를 가지고 제 것만이
옳다 생각하는 그와 같은 자들이 나의
피조물 만백성들의 새로운 빛이요, 새
로운 생명수가 될 수 있는가?
10 그는 정녕 하나로써 그 빛이 이루어질
수 없음이니라.
11 하늘에 비치는 태양의 빛이 여러 개가
될 수 있으며 여러 개의 빛이 비칠 수
있다면 그는 가능한 일이라 할 수 있
으나,
12 태양의 빛은 오로지 한 빛이며 한 가
지로써만 역사하는 것이 아니더냐?
13 나 여호와의 진리 또한 그보다 더 명
확하기에 하나이니라.
14 그리하여 나 여호와의 진리요, 하늘의
뜻은 하나거늘, 그것을 수천수만 갈래
로 너희가 갈라놓고 찢어 놓은 그와
같은 역사를 이루었음이니,
15 그것은 하늘의 빛이 될 수가 없으며,
하늘의 빛을 가리는 것이며,
16 하늘의 빛을 가리니 그것이 암흑의 세
상이라 하였으며, 생명수가 되어 만백
성을 구하는 그 생수가 되지 못함이
니, 너희가 그를 마시면 죽는 독소로
써 변한 세상이라 하였음이니라.
17 그리하여 지금까지 2천 년 동안은 암
흑의 세상이요, 내가 역사하지 아니한
세상이요, 내가 버려진 세상이라 했음
을 너희는 알라.
18 이제 내가 버려진 세상이요, 암흑의
세상에서 새로운 광명의 빛을 비추어,
하늘에 오르는 그 빛을 보고 너희가
구원을 받을 수 있도록 다시 역사함은
내가 마지막 너희에게 주는 그 기회라
함이니라.
19 내가 너희를 사랑함이요, 내가 너희에
게 다시 한 번 마지막 그 기회를 주기
위해 오늘 내가 하늘의 빛이요, 구원
의 빛인 나의 법전을 세상에 내보내는
대역사가 이루어짐이니, 이를 믿고 따
르는 자는 구원을 받을 것이며,
20 2천 년 동안 흘러온 시대가 암흑의 시
대라는 것을 인정하지 아니하며, 내가
버려둔 세상이 아니라고 고집 피우며
그리 강조한다면, 너희는 나의 법전을
읽고 읽어도 거기에 들어 있는 그 뜻
을 모르며 내가 역사하는 것을 알 수
없을 것이니 그리 알라.

8,083 번째 하나님 말씀

2003년 10월 22일 10시 02분

1 사랑하는 나의 아들아!

2 "네, 아버님! 말씀하옵소서."
3 사랑하는 나의 피조물 만백성 너희가
이 세상에 역사하는 모든 것, 또 개인
이 소유한 모든 것은 누구의 것이라
생각하는가?
4 너희가 소유하는 것은 모두 누구의 것
이라 생각하는 마음을 가지고 사는가?
5 이 모두는 너희 것이라 생각하는 백성
이 많은가, 그렇지 않으면 나 여호와
의 은혜 속에서 모두는 나 여호와의
것을 너희가 가지고 관리하고 사는 백
성이라 생각하는 백성이 많은가?
6 너희는 과연 어떠한 마음을 가지고 사
는 백성인가 생각해야 할 것이니라.
7 너희는 여기서 이 세상의 모든 것은
너희 것이 아니요, 창조주 나 여호와
요, 내려보내 준 자의 것이라는 그 마
음을 과연 얼마나 갖는가?
8 아브라함이 이삭을 바쳐 제사를 지내
고자 했던 그 자식마저도 제 것이 아
니요, 나 여호와의 것이라 그리 생각
할 수 있고 바칠 수 있는 그와 같은 마
음을 가지고 세상을 살아가는 백성이
과연 지금 얼마나 있는가?
9 이제 나의 법전을 접한 선택된 백성,
너희는 알아야 할 것이니라.
10 이 세상에 살아가는 백성 중에 물질적
인 풍요로움이요, 생활의 여유로움을
가지고 사는 백성이 있음이니라.
11 그 백성이 과연 그 여유롭고 풍요로움
이 다 누구 것이라 생각하고 사는가?
12 그들은 그리 생각할 것이니라.
13 제가 죽을 때까지 먹고살 것이 있으며
남에게 부족함이 없이 풍요로운 삶을
사니, 자기는 믿음이라는 것이 필요
없으며,
14 이 세상에 저에게 그를 내려 준 이를
알 필요도 없으며, 그와 같은 모든 것
을 알 필요도 없으며, 알려 할 필요도
없으며,
15 오로지 그저 있는 대로 풍요롭게 쓰고
살다 여생을 마치면 되며, 남는 것은
제 후손에게 남겨 주고 가면 된다는
그와 같은 생각을 하는 그 백성에게
깨우쳐 줌에 최선을 다해야 할 것이니
라.
16 그 풍요로움이 너희 것이 아니며, 나
여호와의 것이요, 보낸 이가 있으며
내려 준 이가 있다는 것, 그 감사함을
아는 것,
17 너희가 풍요로움 속에서 그 풍요로움
에 빠져 나 여호와를 버리며 나를 생
각하지 아니하며, 내려보낸 자의 감사
함을 모르고 사는 그와 같은 백성은
결국 부자는 천국에 들어올 수 없다는
거기에 걸리며, 거기에 대표적인 자들
이 될 것이며,
18 오늘의 풍요롭고 너그러움 속에서 더
이상 요구할 것이 없으며 더 이상 바
랄 것이 없는 그와 같은 삶을 사는 백
성 속에서 이와 같이 누릴 수 있는 것
은 내려 준 이가 있으며 보내 준 이가
있으니,
19 그에게 감사하는 마음을 갖고 살겠다
는 깨달음을 얻은 자, 그리고 나눔을
가진 자는 부자는 낙타가 바늘구멍을
통과하기보다 더 어렵다는 그것을 통
과할 수 있는 백성이니,
20 이 간단한 이치를 그들에게도 너희가
깨우쳐 주어야 함을 알라.

21 그들은 모르고 가고 있으며, 깨닫지 못하고 가는 자들에게 깨우쳐 주는 것이 복음의 전파임을 너희는 알아야 할 것이니라.

22 그와 같이 모든 것은 나 여호와의 것이요, 내가 너희에게 내려 준 것이라는 것을 모르고 깨닫지 못하는 백성은 결국 세월이 지난 다음에 모두 다 잃게 될 것이며, 모두 다 잃었을 때 그것이 어떠한 것인가를 또 알게 될 것이니라.

23 지금 너희가 살아 있을 때, 그 풍요로움이 누구한테 받은 것이며 누가 역사하여 너희가 관리하고 사는 것이요, 그 감사함을 모를 때,

24 너희는 죽음 직전에 그것이 누구며 누가 내린 것이며 내가 어찌 써야 했으며 어찌 관리해야 했으며, 세상사 모두를 놓고 와야 한다는 것을 그때 깨달음이니, 그때는 돌이킬 수 없음이니라.

25 아무리 몸부림을 치고 다시 한 번 기회를 더 달라 울고불고해도, 너희가 그를 나누어 주고 쓰고 오며 어찌 쓰는지, 그 정통한 방법 위에 관리하고 쓰고 나누어 줄 수 있는 그와 같은 것이 단 1초의 기회도 너희에게 없다는 이 무서운 사실을 너희는 오늘 깨달아야 할 것이니라.

26 그러니 풍요롭게 사는 자, 부족함이 없이 사는 자, 그리하여 신이 없으며 창조주 하나님이 없으며, 아무것도 세상에 존재하지 않으며, 아무도 자기를 건드리지 못하며 아무것도 필요 없다 생각하는 그 어리석은 백성,

27 먹기 위해 사는 자, 살기 위해 먹는 그 불쌍한 백성을 깨우쳐 주는 것도 너희의 큰 대명임을 잊지 말라.

8,084 번째 하나님 말씀

2003년 10월 22일 10시 06분

1 사랑하는 나의 아들아!

2 **"네, 아버님! 말씀하옵소서."**

3 너의 제자들에게 이제 깨우쳐 주고 그리 다스려 줘야 할 때가 되지 아니하였던가?

4 모든 종교 집단이요, 수천 년 동안 믿음을 오는 그 백성과 네가 가는 길과 또한 너의 제자들이 가는 길이 다른 점이 무엇이며 무엇이 다른 역사의 길인가, 그리하여 어떠한 길이 진정한 나 여호와의 길이며 나 여호와의 뜻에 의한 길인가?

5 이제 너희는 확실히 마음의 결정을 내리고 눈이 떠졌으며 그렇다면 그를 깨달아 너희 것으로 만들어야 한다는 것을 전해 주어야 할 것이니라.

6 지금의 종교 집단과 지도자 그리고 만 백성을 하늘에 오르는 그 길로 인도한다는 그들은 어찌하는가?

7 그들은 기도하는 것, 그리고 설교하는 것을 모두 저희 마음대로 하며 제 생각대로 마음대로 만들어서 그를 역사함이니,

8 지금과 같은 그 방법으로써 그들은 영원히 끌어 갈 수 있으며 영원히 그와 같은 역사가 존재할 것이니라.

9 그리하여 그들은 제 마음대로 기도를 하며 제 마음대로 설교하며 저희 계획

대로 모든 역사함이 중단 없이 흘러갈
수 있음이니라.
10 그러나 지금 나의 아들은 과연 어떠하
던가?
11 나의 아들은 나의 성령이 임하지 아니
하면 더 이상 계속할 수 없으며 그를
이끌어 갈 수 없는 것이니라.
12 내가 나의 아들에게 성령을 내리지 아
니한다면 160권의 법전도 세상에 나
올 수 없으며, 그는 기도할 수 없으며,
계속 이끌어 갈 수 없으며, 지금까지
존재할 수 없는 것이니라.
13 이것이 나의 아들이요, 이게 나의 아
들이 가는 길과 너희가 가는 길의 다
름이니라.
14 나의 아들은 나의 명령이 없이는 절대
이끌어 갈 수 없으며 존재할 수 없으
며, 당장 내가 오늘 나의 아들에게 명
을 내리지 아니하면 그는 아무것도 하
지 못하며 모두를 닫게 되어 있음이니
라.
15 그러나 너희는 성령이 임하든 임하지
아니하든 너희 마음대로 구상하여 역
사할 수 있는 것이 너희가 가는 길이
기에, 너희는 무너짐이 없이 존재할
것이니라.
16 이것이 바로 나의 아들이 가는 길과
너희가 가는 길이요, 그 신도들이 가
는 길과 나의 아들을 따르는 제자들이
가는 길의 차이점이 여기 있음을 알아
야 할 것이니라.
17 또한, 나의 아들은 나의 명을 거역하
지 아니하려 노력하는 것이 너희와 차
이임을 알라.
18 나의 아들은 나의 성령이요, 내가 명
하지 아니하면 아무것도 이룰 수 없으
며 내 뜻을 거역하고는 그는 기도 한
마디 할 수 없으며 생각조차도 할 수
없기 때문에,
19 나의 아들은 나의 명을 거역하지 않으
려 하며 나의 뜻을 거역하지 아니하려
하여, 내가 원하는 방향대로 변하고자
피나는 노력의 길을 가며, 제 의지대
로 행함이 없는 것이 그가 가는 길이
니라.
20 그러나 지금의 종교 집단이요, 지도자
너희는 너희 뜻대로 할 수 있는 것이
며 네 생각대로 할 수 있으며 네 임의
대로 모든 것을 할 수 있음이니,
21 너희는 네 생각이 기계처럼 지금 계속
반복되고 반복되는 그와 같은 생활을
중단 없이 재탕 재탕하며 가는 것이
너희이니라.
22 이것이 오늘의 증거함이요, 그것이 다
름을 알아야 할 것이니라.
23 나의 아들은 절대 역사할 수 없음이니
라.
24 내가 명하지 아니하고 내가 내리지 아
니하면 그는 역사할 수 없기에, 그는
내 뜻을 거역하지 못하며, 그가 두려
움과 무서움을 알고 있음이니라.
25 그리하여 내가 원하는 그 길을 가고자
피나는 노력을 하며 목숨을 바쳐 지켜
가고자 하지만,
26 너희는 너희 뜻대로 마음대로 일함이
니, 두려운 자가 없으며, 무서운 자가
없으며, 변화될 것도 없으며, 아름답
게 가야 할 것이며 힘들게 고쳐야 할
것이 없음이니,
27 이것이 나의 아들이 가는 길과 너희가

가는 길이요, 나의 아들을 따르는 제
자들이 가는 길과 구원을 받았다며 울
고불고 맹종하는 백성이 가는 길의 다
른 점이니,
28 이것으로써 증거를 삼도록 그리하라,
사랑하는 나의 아들딸들아!

8,085 번째 하나님 말씀

2003년 10월 22일 11시 21분

1 사랑하는 나의 아들아!
2 "네, 아버님! 말씀하옵소서."
3 내가 너에게 어떠한 모습을 보여 주었
던가?
4 "네, 아버님! 제게 보여 주신 모습을
저는 정확히 알고 있사옵나이다.
5 이 세상은 너무나 오염되어 있고 다
썩어져 있어서 어떠한 백성도 지금 이
세상에서는 맑고 깨끗한 모습으로써
존재할 수 없으며,
6 저 자신도 그러하며 또한 저의 제자들
도 그러하며 아무리 법전을 읽고 몸부
림을 친다 해도, 지금 이 세상은 너무
나 매연으로 검어져 있기 때문에, 아
무리 옷을 표백하여 깨끗하게 빨아 입
고 또 입는다 해도 입고 돌아서면 바
로 그것이 검어지는 그와 같은 형국의
세상 속에 살기에, 아버님의 명을 받
은 아들이라는 저 또한 그러하며 그
제자들 또한 그러하며,
7 아무리 씻으려 해도 도둑과 같은 마음
이요, 검은 마음이요, 매연에 젖어 있
는 것을 벗어날 수 없는 그와 같은 형
국이라는 것을 그림으로 보여 주셨사
옵나이다.
8 그러니 저 자신이 도둑과 같은 자요,
저의 제자들 또한 도둑과 같은 자요,
그리하여 아버님께서 오죽하면 말씀
하시기를 너희는 도둑질하는 순수한
마음이라 그리하였사옵나이까?
9 도둑질하는 마음만 갖고 사는 것도
순수한 마음이라 그리 말씀을 주신 것
은,
10 살인하고 강도질하며 사악한 짓을 하
는 것이 말할 수 없이 더 험악함이니,
그와 같은 것을 중단하며 그저 도둑질
하고 먹고사는 마음만 갖고 산다 해도
아버님께서 오늘의 진노함이 그리 높
지 아니할 것이라 그리 말씀을 주셨사
옵나이다.
11 모두 도둑과 같은 그 마음을 벗어나
더 사악한 마음으로 되어 있으며, 이
세상은 오염될 대로 오염되어,
12 하얗게 표백된 것은 도저히 견딜 수
없으며, 나타나기만 하면 그저 몇 초
도 안 되어 다 같이 검어지는 그와 같
은 지금의 세상 속에서 저와 저의 제
자들도 바르고 깨끗하게 서기는 너무
어렵다는 것을 보여 주심을 알고 있사
옵나이다.
13 그것을 모두 지울 수 있는 것은 아버
님께서 내리신 이 법전이 세상을 덮어
모두를 다 흡수하는 것,
14 그리고 목화 솜이 물을 빨아들이듯이
이 법전이 세상에 나가 그 모든 악한
것을 빨아들이는 그와 같은 변화가 있
지 아니하고는 절대 역사할 수 없으며,
15 저희 자신도 표백한 것같이 깨끗한 백
성이 될 수 없으며, 제가 매일같이 암
송하는 이 십계명의 메아리가 세상에

퍼져 나가고 퍼져 나가,
16 퍼지는 곳마다 오염된 곳의 모든 공기
가 조금씩 정화되는 그와 같은 그림을
보여 주심을 알고 있사옵나이다.
17 그와 같이 역사하는 것만이 변화요,
저와 저의 제자들이 모두 구원의 길에
들어설 수 있는 것이요, 지금 저희의
마음도 도둑 같은 마음이요, 검은 마
음에서 벗어나지 못하고 있기 때문에
절대 구원을 받기 어렵다는 것을 스스
로 깨달았으며 그를 알고 있사옵나이
다."
18 사랑하는 나의 아들아!
19 "네, 아버님!"
20 세상사 그렇다는 것을 오늘의 종교 집
단 지도자들이 과연 알겠는가?
21 나의 성령을 받는 나의 아들도 지금
이 세상이 매연이 너무 짙고 검게 물
들어져 있어 거기에서 헤어날 수 없으
며,
22 아무도 아름다운 모습으로써 설 수 없
으며, 백옥과 같은 모습으로 절대 존
재하지 못하는 것이 지금의 세상이라
하였음이니,
23 모든 종교 집단이요, 지도자들이 과연
오늘에 무서운 세상으로 존재해 있는
것을 그들이 아는가?
24 그들은 그걸 모르고 있음이니라.
25 너희 자신이 도둑과 같은 마음이요,
검은 마음을 버리지 못했다 자책하는
마음을 과연 종교 집단 지도자들은 어
찌 생각하는가?
26 저희는 나에게 오를 수 있으며 구원을
받은 백성이라 그리 말함이니,
27 내가 너에게 보여 준 너 자신도 도둑
과 같은 마음을 벗어나지 못하며 너의
제자들도 그 검은 모습이요, 찌든 모
습을 벗어나지 못하고 있다 하였음이
니 그를 시인하는 것이 너희가 아니더
냐?
28 그러니 그 모두를 벗어날 수 있는 것
은 나의 법전이 세상을 덮어 아름다운
목화송이가 물을 빨아들이듯이 매연
을 다 흡수하여 거둬들이며, 네가 나
의 십계명을 암송하고 암송하는 그 메
아리가 퍼져 나가는 만큼 세상에 오염
된 매연이 정화된다 하지 아니하였더
냐?
29 그 길밖에 없으며 그와 같이 변화되는
그 속에서 너희의 검은 옷이요, 그 마
음이 서서히 표백되어 가는 그와 같은
그림을 너는 보았을 것이니라.
30 "그를 보았사옵나이다.
31 아버님!"
32 그리고 내가 너에게 뭐라 물었느냐?
33 "모든 종교 집단이요, 구원을 받은 자
들에게 물으라 그리 말씀을 주셨사옵
나이다.
34 모든 종교 집단이요, 지금 믿음의 길
을 가는 그 백성에게 물으라 하셨습니
다.
35 지금 정성스럽게 차려 먹는 음식이요,
너희가 먹고사는 것은 모두 다 누구한
테서 얻어진 것이며 누구한테서 취하
고 역사한 것인가를 물으라 하셨사옵
나이다.
36 그리하여 창조주 여호와 하나님으로
부터 내려진 것이요, 하나님으로부터
받은 그 음식을 먹고 취하는 너희가
생각하는 것은 과연 어떤 생각을 하고

사는가를 그들에게 물어보라고 말씀
하셨사옵나이다.
37 너희가 좋은 음식, 깨끗한 음식을 먹
으면서 입으로 추하고 시기 질투하는
말과 행동을 하고, 너희 스스로 수시
로 그리 생각하는 그 마음이 과연 여
호와 하나님께 부끄럽지 않은 그와 같
은 생각을 하고 사는가, 밥을 먹고 귀
하고 정성스럽게 만들어진 그 음식을
먹는 순간에도 사악한 생각이요, 추한
생각을 하고 있지 않은가 물어보라는
말씀을 주셨사옵나이다.
38 아버님의 귀하고 소중한 그 음식을 먹
고 사는 너희가 그 은혜에 감사하기
전에, 한점의 부끄러운 생각이요, 추
한 생각이요, 남을 음해하는 그와 같
은 생각을 정녕 하지 않고 사느냐 물
어보라 하셨사옵나이다.
39 '너희가 그와 같은 마음이 있다면 그
와 같은 마음으로 어찌하여 구원을 받
았다 말할 수 있으며 구원받은 백성이
라 말할 수 있는가?' 그를 그들에게
깨우쳐 주라 하였으며 반문하라 하셨
사옵나이다.
40 너희가 지금 정성껏 차린 음식이요,
그 소중한 음식은 모두 다 아버님께서
내려 주신 그것을 먹고 아름답게 소화
시키는 것이 아니요,
41 너희가 말로써 하는 추하고 더러운 짓
은 뒷전으로 둔다 해도, 너희 머릿속
에 생각하는 것이 사악한 생각이요,
악한 생각이요, 추한 생각을 과연 하
고 있지 아니하는가, 그리고 그와 같
은 싸움에서 과연 정의롭게 이기고 가
는가,
42 너희 머릿속에 추하고 더러운 생각이
요, 그와 같은 짓을 하는 삶을 살면서
도 하늘에 오를 수 있으며 구원을 받
았다 할 수 있겠는가,
43 그를 그들에게 물어보라 말씀하심을
알고 있사옵나이다."
44 그들에게 나의 이 뜻을 기록하여 전하
라.
45 그러면 그들에게 묻는 것이니, 그들이
과연 나의 음식을 먹으며 은혜에 감사
하게 생각하며, 내가 내려 주는 은혜
속에 살면서 무슨 생각을 하고 사는가?
46 천사와 같은 생각을 하고 사는가, 도
둑과 같은 생각을 하고 사는가?
47 그들의 마음에 도둑과 같은 생각을 잠
시도 하지 않고 살고 있는지 물어보라.
48 그와 같은 생각을 하고 사는 자는 절
대 나에게 구원받았다 하지 말며, 하
늘에 오를 수 있는 모든 영광을 받은
자라 하지 말라.
49 너희가 지금 얼마나 검어져 있는지 알
겠는가?
50 아무리 깨끗하고 하얀 옷을 입고 선다
해도, 단 몇 초도 안 되어서 그 모두가
젖어들듯이 그와 같이 너희 마음이 도
둑보다 더 사악하게 지금 이 세상을
떠들고 지배하는 것이며,
51 이 세상에 존재하고 지탱하는 것이 도
둑보다도 더 간악한 마음이요, 흉측스
럽고 흉악한 마음으로써 지탱하고 역
사하며,
52 그와 같은 것을 벗어난 자가 하나도
없으며 도둑보다도 더 사악한 마음을
갖지 아니한 자가 없음이니,
53 그리하여 오죽하면 내가 그저 배가 고

파서 남의 것을 조금 도둑질하는 순수
한 검은 마음만 가지고 산다 해도 나
여호와가 오늘에 이 아픈 마음으로 너
희를 이리 다스리지는 아니하였을 것
이라 한 그 말의 의미를 알겠는가?
54 오죽하면 너희가 검은 자가 되어도 내
가 흰 걸로 받아들일 것이니, 그저 검
은자로 더 이상 사악한 짓을 하지 말
며, 검은 모습으로만 지탱해 주어도
내가 너희를 이해할 수 있다는 이 애
절한 마음을 전하겠는가?
55 이것이 나 여호와의 뜻이요, 나의 백
성이 그리 젖어 있음이니,
56 검은 마음이요, 작은 걸 훔치는 그와
같은 마음이 아니요, 도둑질하는 그
마음이 아니라,
57 사악하고 잔악하기가 이루 말할 수 없
음이니, 그것이 오늘의 너희의 마음이
요, 너와 너의 제자들 또한 아직도 그
검은 마음에서 벗어나지 못한 자들이
니, 나의 법전을 만들어 만백성을 덮
는 데 최선을 다하라.
58 그 후에 목화 같은 나의 법전이 검은
매연을 다 흡수하고 들이마셨을 때,
이 세상에 광명의 빛이 될 것이며 그
광명의 빛에 의하여 너희의 원모습이
지탱할 수 있을 것이니,
59 너와 너의 제자들도 다 똑같은 백성이
라 함을 잊지 말라.
60 검은 마음에서 표백된 마음으로 돌아
설 수 있는 그 길은 법전을 만들어 세
상에 전하며,
61 네가 나의 십계명을 수없이 암송하고
또 암송하여 그 메아리가 세상을 헤쳐
나가면서 그 검은 매연을 쓸어버리도
록 그리하라, 사랑하는 나의 아들아!

8,086 번째 하나님 말씀

2003년 10월 22일 11시 25분

1 사랑하는 나의 아들아!
2 "네, 아버님! 말씀하옵소서."
3 오늘의 가장 암적 존재요, 죄의 온상
에서 그 믿음의 길을 가는 자, 너희는
어찌 가고 있는가?
4 너희가 교회라는 죄의 온상을 지을
때, 그것이 부흥하지 아니하며 부흥의
역사를 이루지 못하는 것은 은혜 받은
백성이 아니요, 나 여호와가 너희를
사랑하지 아니하며 나 여호와가 거기
에 존재하지 아니함이니,
5 오로지 교회가 부흥하는 데 모두를 다
바쳐야 한다고 그리 가르치느니라.
6 모든 교회요, 성전이요, 성막이요, 부
흥하는 곳에만 나 여호와가 존재하며
내 뜻이 같이하며, 교회라는 곳이 부
흥의 역사를 이룰 때 거기에 나 여호
와의 은혜요, 하늘에 오르는 길이 열
린다고 가르치느니라.
7 그리하여 너희 집단이요, 교회요, 성
막이요, 성전이요, 그 모든 곳에 부흥
을 위하여 모두를 다 바치라 가르치
며, 그것만이 은혜 받는 길이요, 나에
게 오르는 길이라 그리 가르치느니라.
8 그러나 너희가 진정한 종교 지도자요,
참진리를 가르치는 백성이라면 육으
로 짓는 교회의 부흥을 위하여 노력하
는 그와 같은 길로써 가르치는 것이
아니요,
9 나의 사랑하는 백성이 천사와 같은 마

음으로 변하는 것, 그리고 아름다운
마음으로 변하는 것, 나의 아들 예수
가 역사했던 그와 같은 삶이요, 나의
아들 예수보다도 더 칭송을 받는 그와
같은 삶으로 변화되며 그와 같이 역사
하지 아니하면 정녕 아니 된다고 가르
치는 것이 우선이며 그리 가르쳐야 하
는 것이니라.
10 그와 같이 전하고 만백성을 가르칠
때, 나 여호와가 부흥의 역사를 이루
고자 한다면 그것을 모두 이룰 것이거
늘,
11 너희는 교회를 부흥시키는 데 매달려
믿음이요, 모든 역사를 하는 것이니,
진정한 참진리요, 나의 백성을 깨우치
는 것은 뒷전으로 미루는 것이 아니던
가?
12 그것뿐이더냐?
13 너희는 종교 지도자요, 그와 같이 인
도하는 주의 종을 섬기기를 제왕과 같
이 섬겨 받들지 아니하면 아니 된다고
가르치는 그것도 또한 나의 뜻을 거역
하는 것이요, 나를 능멸하는 것이 아
니던가?
14 너희가 주의 종을 나 여호와처럼 받들
며 섬기라 그와 같이 가르친다면,
15 너희는 네 이웃을 섬기고 네 이웃을
사랑하는 것을 먼저 배우라 그리 가르
치는 것이 나 여호와의 뜻이며 내가
역사하는 것이라는 것을 알라.
16 너희는 지금까지 손으로 지은 교회에
나 여호와가 역사하며 그것이 부흥되
는 곳에 나 여호와의 성령이 임하여
너희에게 은혜와 축복을 준다고 말하
나,
17 나는 나의 법전에 기록하여 명하기를
명확히 너희에게 전했느니라.
18 나 여호와는 그와 같은 곳에 존재하지
아니하며 내 성령이 거기에 임하지 아
니하며, 그리하여 나와 관계없는 것이
라는 것을 내가 명확히 전한 그 뜻을
알라.
19 너희는 오로지 교회라는 건물의 부흥
을 위하여, 수적인 양을 위하여 그와
같은 것이 은혜 받은 것이요, 역사한
다는 것에 모두를 다 바치는 그 믿음
에서 탈피해야 할 것이며,
20 개인이요, 가족 단위로 나를 찾으며,
진정한 깨달음이요, 천사와 같은 변화
의 길로 가는 것이 우선이요, 소중하
며 구원을 받는 것이라 그리 가르치는
방법으로 돌이켜 가르치지 아니하면
아니 될 것이니 그리 알라.
21 모든 것은 너희 능력으로 이루며 너희
의 능력의 한계에서 모든 게 이루어졌
다고 자찬하는 것, 그리고 너희가 성
공한 자요, 능력 있는 자라 대우받는
것을 그 건물의 크기에 의하여 모두
매달리는 그와 같은 삶이니,
22 이것은 진정한 믿음이 아니라 인간의
욕심이요, 인간의 욕망을 충족시키는
데 노예가 된 것이 나의 성도들이요,
나의 백성이라는 것을 잊지 말라.

8,087 번째 하나님 말씀

2003년 10월 22일 11시 33분

1 사랑하는 나의 아들아!
2 "네, 아버님! 말씀하옵소서."
3 오늘의 종교 집단이요, 지도자들이 세

상에 나와 가장 부르짖고 욕구를 채우
기 위해 발버둥치는 것이 무엇인 줄
알겠느냐?
4 그들은 진정한 믿음이요, 아름다운 나
의 뜻을 가르치는 것이 아니요, 사랑
을 베푸는 것이 아니라,
5 모두 다 왕이 되려는 그와 같은 시대
착오 속에 살아가는 것이 그들이니라.
6 저희가 교회라는 것 하나를 짓고 안주
하는 것이 무엇이더냐?
7 다 제가 왕이라 생각하는 것이니, 이
세상에 그 많은 종교 집단이요, 지도
자들이 다 제가 왕이라 생각하지 아니
하는 자가 없음이니,
8 왕들만 이 세상에 존재하는 그와 같은
웃지 못할 형국이 되어 있음이니라.
9 작든 크든 말뚝을 박아 나의 몸에 상
처를 낸 그곳에 자리를 잡는 그 순간
에 너희는 왕이라 그리 생각하니, 세
상이 다 왕의 시대가 되었으며 왕들만
존재하는 시대가 되었음이니,
10 이 세상의 종교 집단이요, 지도자요,
선생이라는 자들이 다 왕이 된 착각
속에서 사는 자들이니, 과연 그들이
진리를 어찌 깨달으며 무엇을 알겠는
가?
11 그러하니 성경에 기록되어 있는 모든
내용을 그대로 알지 못하며 그대로 전
하지 못하며 그들이 깨우치지 못하는
자들이니라.
12 내 몸에 상처를 내어 그저 교회라는
그 벽돌 하나를 얹어 놓는 그 순간에
다 제가 왕이라 부르짖고 있음이니,
13 그들은 아직 성령의 눈을 뜨지 아니한
자며 성령이 임하지 못한 자들이니라.
14 그리하여 그들은 알지 못하며 그 비유
의 뜻을 모르는 자들이니라.
15 성서에 기록된 것은 모두 다 역사할
것을 상세히 기록해 놓았음이니라.
16 나의 아들 예수가 너희 죄를 용서해
주었다는 것이 무엇인 줄 알겠느냐?
17 나의 아들 예수가 너희의 과거요, 현
재요, 미래요, 그 모든 죄를 다 용서해
주었으며 너희를 다스렸다 하는 그 의
미가 어디 있는 줄 알겠느냐?
18 나 여호와가 나의 아들을 통하여 너희
의 과거요, 현재요, 미래를 모두 볼 수
있는 그 깨달음의 그 진리를 내려보내
책으로 엮었으니,
19 너희가 비유의 뜻을 제대로 알아들으
며 그를 깨우쳐 행하고 사는 자는 과
거 현재 미래의 모든 죄를 다 용서받
는 길이 거기에 있음이니라.
20 그리하여 과거 현재 미래의 모든 죄를
다 용서받는 길이 거기 있다 가르친
것을, 너희는 용서를 받았다고 말하며
나의 아들 예수의 보혈로써 그와 같은
것을 다 역사했다 함이니라.
21 너희는 여기서 깨달아야 할 것이니라.
22 너희가 말하는 과거 현재 미래의 모든
죄를 나의 아들 예수의 보혈로써 용서
받은 것이 아니요,
23 나의 아들 예수가 피를 흘려 가면서
나의 성경에 기록하여 전한 내가 내린
그 비유의 뜻이요, 그 속을 너희가 성
령의 눈으로 들여다보면, 너희가 과거
현재 미래의 모두를 다 역사할 수 있
는 가르침을 전했기 때문에,
24 그 성경을 내려보내는 것으로써 모두
를 용서받을 수 있는 것이 거기에 있

기에 너희 죄를 용서받을 수 있다는
것이지 용서받았다 함이 아니니,
25 여기서 너희가 얼마나 멀고도 먼 길을
가고 있으며 무서운 오류를 범하는 것
이더냐?
26 이제 너희는 알아야 할 것이니라.
27 나의 성경에 기록된 것은 나 여호와의
참진리니, 참진리는 하늘에서 지상으
로 내려왔다 올라갔다 하는 것이 아니
라, 내가 한번 내려 준 그 진리는 세상
에 영원히 존재함이니라.
28 나의 아들 예수를 통하여 내리는 그
성경에 너희가 과거 현재 미래의 죄를
용서받을 수 있는 깨달음을 얻어 구원
을 받을 수 있는 그 대안을 내려보냈
다는 뜻이니라.
29 그것을 나의 아들 예수의 보혈로써 구
원을 받았다 말함이니, 이게 얼마나
무섭게 잘못된 것이더냐?
30 그러니 나와 관계없는 길을 가는 어리
석은 백성이라 하였음이니, 성령의 눈
이 뜬 백성이 없으며 성령으로써 눈이
뜨고 귀가 열린 백성이 없어 나의 비
유의 뜻을 제대로 가르치지 못하기 때
문이니라.
31 설령 한두 사람의 백성이 하늘의 뜻이
요, 성서에 비유한 것을 몇 구절 깨달
았다 하여 그들이 세상에 나가 '이것
이 성서요, 하늘의 뜻이라 깨달았으
니, 나를 따르라' 하며 이것이 나 여호
와의 뜻이요, 성서가 잘못되었으며 너
희가 잘못 가르친다고 말을 해도,
32 그들을 존재하지 못하도록 하며 그들
이 숨 쉬지 못하도록 하며, 그들을 따
르는 자들을 핍박하여 존재하지 못하
도록 하는 것이 너희가 지금까지 역사
한 것이니라.
33 그러나 160권의 대장정의 법전의 역
사가 내린 이것을 너희가 그와 같은
방법으로 치부할 수는 없을 것이니라.
34 그리하여 너희가 눈을 떴어도 보지 못
하며 귀가 있어도 듣지 못하는 그 성
서를 하나하나 상세히 설명하여 너희
가 보기만 하면 알 수 있도록 가장 쉬
운 방법으로써 역사하여 깨우치는 것
이 바로 여기에 있음이니라.
35 그리고 너희는 여기서 깨달아야 할 것
이니라.
36 오늘의 모든 종교 집단에 깨달음이 있
는 자들에게 내가 명하였음이니라, 새
로운 시대가 열리며 새로운 말씀이 내
려온다는 것을.
37 그리하여 내가 새로운 시대를 역사하
는 것은 누구나 읽고 깨우치도록 간단
하고 편안하며 쉬운 방법으로써 오해
하지 아니하며 오판하지 않는 방법으
로써 너희를 깨우치는 그 역사를 이룸
이니,
38 이것은 바로 개인을 터치하며 내가 개
인에게 직접 명하는 시대요,
39 이는 나 여호와가 세상에 직접 내려와
주관하는 시대가 열린다는 것을 깨닫
고 아는 자들이 있으며,
40 그들이 숨을 죽이고 말을 하지 못하고
있으나 그를 들어 알며 그리 역사한다
는 것을 아는 자들이니라.
41 그러나 그들 또한 눈이 어두워 제가
대장이요, 제가 왕이요, 각자 왕의 자
리를 차지하고자 함이니,
42 나의 법전이 내려가는 것을 앞에서 인

도하지 못하며 그를 부르짖지 못하는
어리석은 백성이 되어 있음이니라.
43 저희가 더 한계에 부닥치며 더 능력이
없어 나의 법전이 세상을 덮었을 때
그제야 저희가 앞에서 미리 선전하는
자라는 것을 알게 될 것이니라.
44 그들은 알고 있음이니라.
45 새로운 성령이 내려오며 나 여호와가
직접 내려와 개인 대 개인으로써 너희
를 구원할 자와 버릴 자를 선별하는
시대가 온다는 것을.
46 그것이 바로 지금 역사하는 시대라는
것을 너희는 알라.

8,088 번째 하나님 말씀

2003년 10월 22일 11시 39분

1 사랑하는 나의 아들아!
2 "네, 아버님! 말씀하옵소서."
3 사랑하는 피조물 나의 백성 너희의 그
마음이 그러하니라.
4 하늘의 뜻이요, 창조주 나 여호와의
뜻이요, 아름다운 사랑이요, 모두를
나누며 베풀고 살아가고자 하는 것이
마음 한 곳에 자리 잡고 있는가 하면,
5 마음속 한쪽에는 죄에 대한 생각이 끊
임없이 너희를 압박하고 있음이니,
6 그와 같은 두 갈래의 고통에서 살아가
는 것이 나의 피조물 만백성 너희이니
라.
7 내가 그리하여 선택된 나의 아들의 제
자 너희의 사진을 넣어 너희의 고백
서요, 깨달음이요, 간증하는 모두를
나의 법전에 기록하라 하였음이니라.
8 그 뜻이 어디에 있는 것인 줄 알겠느
냐?
9 너희가 먼저 살아간 백성으로서, 나의
아들을 따르는 그 제자들로서, 수천
년 후에 그 백성이 한쪽에는 하늘의
뜻인 아름다운 마음과 한쪽에는 죄의
생각이 서로 싸우는 끊임없는 그 싸
움에서 견디지 못하고 고통스러워 할
때,
10 너희가 그와 같은 고뇌와 고통을 어찌
이겼는가, 그리고 그 시련을 어찌 지
키고 갔는가 하는 것을, 선배인 너희
가 서러운 고통과 고뇌요, 그 시련을
견디고 이긴 것을 상세하게 하나도 빠
짐없이 기록하여 전했을 때,
11 너희 후손들이 그를 보고 하늘의 뜻과
창조주 나 여호와의 사랑의 마음과 한
쪽에 사탄이 역사하는 죄와 끊임없는
그 싸움에서,
12 그들이 죄의 마음을 누르고 그 씨를
뽑으며 나 여호와의 뜻에 의해 살아갈
수 있는 깨우침의 등불이 되는 것은
먼저 역사한 지금의 나의 아들을 따
르는 선택된 내 사랑하는 제자 너희의
고뇌와 고통과 시련과 오늘의 그 아픔
을 모두 다 상세히 기록하여,
13 너희가 싸워 이기고 역사한 그것을
전해야 할 것이니라.
14 그리 전함으로써 그 후손이 그를 보고
깨우쳐,
15 그들이 오늘의 너희의 고뇌요, 고통보
다 더 어렵고 힘든 그 시련을 역사한
다 해도 그를 보고 눈을 뜰 것이며 귀
가 열릴 것이니,
16 그리하여 내가 너희의 오늘의 고통과
시련의 문을 아직 닫아 두고 있으며,

열어 주지 아니하고 있음이니라.
17 너희가 오늘의 고통과 시련이요, 고뇌
를 다 극복하여 깨끗이 변화되는 그와
같은 삶을 살아서 역사하여 나의 법
전에 기록할 때, 너희의 그 고통의 문
이요, 시련의 문이요, 그 모두를 거둬
들일 것이니라, 사랑하는 나의 아들딸
들아!
18 이와 같은 나의 뜻을 이제 너희에게
밝히며 전함이니,
19 내가 너희를 믿음이요, 너희가 떠나지
아니할 자요, 등 돌리지 아니할 자요,
영원히 같이 갈 자니,
20 너희가 나의 법전에 기록하는 하나의
그 가르침이요, 선배로서 그 후손들에
게 가르치는 역사 하나를 만들기 위해
오늘 이 시련과 고통을 몸소 겪고 체
험하는 그 강을 건너게 함이니라.
21 그러니 너희가 한 페이지를 장식하여
너희 후손에게 오늘의 고통과 고뇌요,
시련을 전해 주기 위해 그를 역사하고
체험하는 것도 이렇게 힘들고 어려운
길을 가거늘,
22 160권의 법전을 기록하여 전하는 나
의 아들의 그 아픈 마음이요, 그 속마
음을 과연 너희가 들여다볼 수 있고
보고 있느냐?
23 너희는 한 페이지를 장식하기 위해 오
늘의 한 단면의 삶의 경험을 체험하는
것도 이리 힘들고 어렵거늘,
24 수천수만 가지를 넘고 가야 하는 나
의 아들의 그 마음을 안다면, 너희가
기록해 놓을 오늘의 그 고뇌와 고통
의 하나의 훈련을 두려워 생각하지
말며 힘겹게 생각하지 말며 고통이라
생각하지 말라, 사랑하는 나의 아들딸
들아!
25 내가 너희에게 모두 다 던져 주고 풀
어 주고 싶고 상을 내리고 싶은 것이
나 여호와니라.
26 또한, 너희는 그 상을 받을 수 있는 그
길을 지금 가고 있음이니라.
27 그러나 너희의 후손이요, 이다음에 너
희를 보고 따르는 그 백성이 바로 서
고 못 서는 것은, 먼저 간 선배들의 고
뇌와 고통과 시련과 그 아픔이요, 그
리고 싸워 이긴 그것밖에는 그들의 마
음에 심어 줄 것이 없음이니라.
28 욥의 고통을 모두 가슴에 안고 오늘
너희가 살아가고자 생각하는 것처럼,
너희의 사진이요, 나이요, 너희가 살
았던 것을 모두 생생하게 살려 거기에
기록함이니,
29 너희가 오늘의 시련이요, 고통과 고뇌
를 더 겪고 더 역사하는 속에서 이기
는 그 모두를 기록하고 그 연필을 놓
을 때,
30 내가 너희에게 모든 영광의 상을 육
에서 받을 수 있도록 내릴 것이니라.

8,089 번째 하나님 말씀

2003년 10월 22일 11시 42분

1 사랑하는 나의 아들아!
2 너의 제자들의 손을 따뜻하게 잡아 주
어야 할 것이니라.
3 그들이 오늘의 고통과 시련의 그 어려
움을 딛고 일어서는 그 삶의 증거요,
현장이 없이는 그들이 그 모두를 생생
하게 기록하여 전할 수 없음이니라.

4 그를 기록하여 전하지 아니한다면, 너
희 후손이 먼저 간 선배들의 그 길을
보고 깨우쳐 그들이 바로 설 수 있는
교훈의 장이 열리지 아니함이니, 그게
얼마나 소중하고 귀한 것인 줄 알겠느
냐?
5 그 길을 위해 오늘 희생의 길을 가며,
그 모두를 딛고 가는 불쌍하고 가련한
너의 제자들의 손을 네가 따뜻이 잡
아 줘야 함을 잊지 말라.
6 그들이 모든 희생양이니라.
7 그리하여 그들이 오늘 역사한 모두를
기록하여 만대의 후손들이 그를 보고
바로 설 수 있는 산교육의 장을 만들
어 놓았을 때, 내가 그들에게 상을 내
릴 것이라 하지 아니하였던가?
8 그때까지 네가 그들의 손을 따뜻이
잡아 주어야 할 것이며, 그들이 쓰러
지지 아니하도록 네가 다스려 줘야 함
을 잊지 말라.
9 이제 나의 아들을 따르는 제자 너희는
들으라.
10 너희가 어찌 가야 할 것이며 무엇을
역사하며 존재해야 하는 것을 안다면,
오늘의 고통을 즐거움으로 받아들이
는 그와 같은 마음으로 살라.
11 그리고 너희가 모두를 다 털어 기록
해서 전했을 때 그때 내가 너희 손을
직접 잡을 것이라는 것을 잊지 말라.
12 내가 너희를 사랑하며 너희를 소중히
여김이니라.
13 이 세상에 너희보다 소중하고 귀한
자들이 없음이니라.
14 모두 다 검게 물들여져 있느니라.
15 자연의 아름다움이요, 모든 동물이요,
식물이요, 그 아름다운 꽃 모양이 보
이나, 내가 가장 아름답게 만든 백성
너희가 웃는 꽃보다 더 아름다운 꽃이
없다 하였거늘,
16 그 꽃들이 다 색깔이 없으며 향기가
없으며 시커멓게 멍들어져 있으며, 너
희도 그 꽃 중에 똑같이 멍들어져 있
는 자들이니라.
17 그러니 너희부터 씻는 길이요, 변할
수 있는 그와 같은 것이 있어야 하니,
18 이는 나의 아들이 암송하는 십계명을
많이 듣는 것이요, 나의 법전을 만들
어 세상에 전하는 것이요, 그리고 나
의 법전을 많이 정독하고 깨우치는 것,
19 그것만이 너희 스스로 먼저 변할 수
있는 길이라는 소중함을 잊지 말라.

8,090 번째 하나님 말씀

2003년 10월 22일 11시 46분

1 사랑하는 나의 아들아!
2 **"네, 아버님! 말씀하옵소서."**
3 사랑하는 너의 제자들에게 깨우쳐 주
어야 할 것이니라.
4 너희는 가야 할 길이 있으며 역사할
길이 있으며, 오늘의 고통도 나 여호
와의 뜻에 의해 나에게 오고자 하는
그 길이니, 그 백성이 살아가는 마음
자세를 바로 해야 함을 알라.
5 모든 종교 집단이요, 지도자들이 지금
어찌 가고 있느냐?
6 제일 높은 자리에 제가 앉아야 하며
제일 좋은 자리에 앉아야 하며, 제일
아름다운 곳이요, 좋은 자리에 존재해
야 하며, 그리고 제왕과 같은 대우를

받아야 한다는 생각으로써 지금 가는
자들이 종교 집단이요, 지도자들이 아
니더냐?
7 그것이 바로 무엇이더냐?
8 그게 욕심이니라.
9 그러니 그곳에는 모두 나를 버려 놓았
으며 제쳐 놓았음이니라.
10 그러니 나의 아들을 따르는 제자 너희
는 알아야 할 것이니라.
11 너희가 역사하는 모든 곳에서 그와
같은 높은 자리요, 좋은 자리요, 제일
아름다운 자리에 앉으며 제일 좋은 곳
을 취하는 것이 아니니라.
12 그 모두 뒷전이요, 나 여호와의 성령
이 우선임을 먼저 알아야 할 것이며,
나의 성령을 전하는 것이 우선이며 먼
저 해야 하는 것임을 잊지 말라.
13 종교 지도자들이 대우를 받고자 제왕
적인 자리를 지키고자, 그리고 높은
자리요, 좋은 자리요, 제일 앞자리요,
제일 상석에 앉고자 하는 것은 바로
무엇이더냐?
14 나의 성령이요, 나의 뜻을 가르치는
것은 뒷전이요, 저를 다스리고 저 자
신의 얼굴이요, 제 육의 생활이요, 체
면을 세우기 위해 가는 자들이니,
15 모두 잘못된 자들이며 그와 같은 것은
다 부질없는 것이니라.
16 모두를 다 버리고, 너희는 나의 성령
이 제일 우선임이니, 너희가 어떠한
자리요, 어떠한 위치에 있는 그것을
따지지 말라.
17 다만, 너희가 어떠한 행사를 하든 나
의 성령을 앞에 내세워 나의 성령을
깨우치고 전하는 것이 너희의 대명이
요, 소중한 것이지,
18 너희가 어떠한 자리에 앉았으며 어떠
한 옷을 입었으며 어떠한 대우를 받고
못 받는 것은 부질없는 것이요, 아무
것도 아님이니라.
19 그러니 그들이 역사하고 행하는 모든
것은 나의 성령이요, 나 여호와의 뜻
을 앞에 놓고 역사하는 것이 아니라,
인간 세상이요, 저 자신을 앞에 놓고
모두 역사함이니라.
20 이것이 우리 부자의 이름을 평생 팔아
먹는 그 사악한 자들이니, 나 여호와
의 분노함이 어떠하겠는가?
21 그 분노함을 다스리는 것은 너희 때문
에 인내하고 다스림이니라.
22 그리하여 그 분노함을 짓누르며, 나의
법전으로써 그들에게 다시 한 번 기회
를 주거늘, 그들의 오늘의 오만하고
방자함을 감히 어찌하겠느냐?
23 그들을 다스릴 때가 되었으니 그리 알
라, 사랑하는 나의 아들딸들아!
24 너희는 어떠한 장소나 어떠한 행사도
모두 다 너희 자신의 자리요, 위치요,
호화로움이요, 의식이 아니라,
25 나의 성령을 전하며 나의 뜻을 전하는
그 모습으로써 모든 행사를 역사하며
모두를 집행하도록 그리하라.
26 나의 성령을 앞세워 모두를 역사하라.
27 나의 성령이요, 나의 뜻을 가르친다
하며 이 모두는 뒷전으로 하며, 저희
가 호화로운 그 형식에 치우쳐 울고
불고하는 자들, 그들이 바로 무엇이더
냐?
28 그게 사탄의 자식으로서 이 세상을
검게 물들인 자들이니, 그들이 물들인

그 염색에서 너희도 아직 벗어나지
못하고 있음이니,
29 거기서 너희를 구원하고자 하는 것이
나 여호와의 뜻이니 그리 알라.

8,091 번째 하나님 말씀

2003년 10월 22일 17시 19분

1 사랑하는 나의 아들아!
2 "네, 아버님! 말씀하옵소서."
3 내가 너에게 명하기를, 너의 제자들이
요, 나의 법전을 읽고 깨우친 만백성
너희는 이 세상에 살아가는 그 의의
요, 첫째의 대명이 무엇이라 했더냐?
4 나의 법전이 세상에 나가는 것을 역사
하는 것이요,
5 또한 두 번째 너희 임무도 나의 법전
이 세상에 나가는 것이요,
6 너희는 모두 나의 법전이 세상에 나가
는 그 역사를 위하여 존재하며 그 삶
을 살라 하지 아니하였더냐?
7 지금 창조주 나 여호와의 뜻을 받아
기록하고 역사하는 소중하고 귀한 것
을 정녕 어찌하여 너희는 그를 모르
는가?
8 너희는 지금 꿈속에서 사는 삶을 사는
백성이요, 천국의 나라에서 사는 백성
이 사는 삶을 사는 그와 같은 은혜요,
축복됨을 어찌 모르는가?
9 너희는 창조주 나 여호와의 뜻이요,
내가 직접 내리고 역사하는 이 신비
의 세계요, 하늘의 비밀이요, 하늘의
그 모두를 지금 직접 듣고 관리하고
다루는 너희가 얼마나 신비 속에 있
는 백성이며 얼마나 축복된 백성인가?
10 너희는 지금 꿈속에 사는 백성이 아닌
가?
11 너희가 하늘나라에 사는 백성이 아닌
가?
12 너 자신을 한번 들여다보고 너희 자
신의 삶을 한 번 네 손으로 꼬집어 보
라.
13 너희가 오늘을 사는 정신이요, 모두는
여기 있으나, 하늘나라의 삶을 사는
백성과 같은 그 은혜요, 영광을 어찌
하여 모른단 말이더냐?
14 너희는 역사하는 모든 것을 알 수 없
으며 나 여호와가 역사함이니, 그 모
두는 신비의 세상에서 이루어지며 신
비의 세계에서 이루어진다 하였음이
니라.
15 내가 너희에게 못을 박아 뭐라 말하였
더냐?
16 나의 법전이 세상을 덮지 아니하며 너
희가 살아 있는 동안에 그 역사가 이
루어지지 아니하면 이는 창조주 나 여
호와의 뜻이 아니라 내가 너희에게 그
리 언약을 했거늘,
17 내 언약을 너희가 어찌 들으며 그를
얼마나 소홀히 생각했으면, 오늘의 너
희가 살아가는 삶에서 법전이 세상에
나오는 것을 위해 모두를 다 바치는
그와 같은 마음 자세로 살아가지 못하
는가?
18 너희의 그 마음을 다시 한 번 들여다
봐야 할 것이니라.
19 이제 너희가 오늘에까지 이룬 그 상
에 의하여 내가 모두를 역사할 수 있
도록 이루어 주었음이니,
20 너희가 선택된 것이 얼마나 축복이요,

영광된 것인지 느낄 날이 머지않았으
며 너희가 그리 실감할 날이 머지않
았음이니,
21 그때 나 여호와로부터 큰 상이요, 은
혜를 받겠다는 생각을 하기 전에,
22 다시 기회가 없는 오늘의 삶에서 나의
법전을 만드는 데, 네 인생의 삶에서
첫째요, 둘째요, 셋째, 넷째, 다섯째 그
모두가 다 오로지 나의 법전을 만들어
만백성을 구하는 그와 같은 역사함에
모두를 다 던지고 바치는 그와 같은
열정을 가지고 가는 백성,
23 그때 나로부터 얻는 그 상이요, 나로
부터 받을 그 은혜에 부끄럽지 아니할
것이며, 너희 자신이 몸 둘 바 없어 몸
을 피하는 그와 같은 일은 없을 것이
니라.
24 내가 너에게 뭐라 말하였느냐?
25 곧 사람을 보낼 것이며, 너희가 90퍼
센트의 역사를 이루었음이니, 앞으로
10퍼센트의 과정만 남았다 내가 너희
에게 그리 명한 나의 언약이요, 내가
너희에게 명한 것을 어찌 듣느냐에 따
라서 그를 보고 느끼는 그와 같은 삶
이 이루어질 것이니라.
26 너희가 오늘까지 사는 그 모두는 오로
지 법전을 만들어 만백성을 구하는 거
기에 모두를 다 바치라 함은 내가 너
희를 사랑하기 때문이니라.
27 너희가 한 사람의 의인이요, 한 사람
의 백성을 구하는 것도 하늘에 와 그
상을 받기가 넘친다 하였음이니라.
28 내 품에 보낼 수 있는, 나의 나라에 오
를 수 있는 백성을 한 사람을 만들어
깨우치는 그 공이 모든 너희의 육의
세상의 삶에서 어떠한 죄보다도 받을
상이 크다 하였으니, 너희가 나의 법
전을 만들어 만백성에게 전하여,
29 너희가 알든 모르든 그들이 보고 깨
우쳐 바른 삶을 살 수 있으며, 지옥문
에 가 몸부림치며 통곡하는 그와 같은
것을 면하게 한다면, 나의 아들딸에게
얼마나 큰 은혜요, 영광이던가?
30 그것은 곧 너희가 나에게 상을 받게
됨이 아니더냐?
31 너희가 육의 세상에서 나로부터 은혜
를 받고 사랑을 받는다면, 이웃의 가
난한 자요, 이웃의 어려운 자를 도와
주고 그 고통을 같이 나누며 그 슬픔
을 도와주고 가는 것이 바로 나에게
받을 수 있는 상이요, 나에게 지은 죄
를 용서받는다는 것을 성경에 기록하
여 전했거늘, 너희가 과연 이를 어찌
따르고 가는가?
32 너희는 내가 명하고 지키라는 것을 작
은 것이라도 소중히 알며, 두려운 줄
알며, 무서운 줄 알고 행하고 실천하
는 그와 같은 삶이어야 될 것이니라.
33 이제 너희는 구약이요, 신약이요, 나
의 법전에 내가 너희에게 명해 준 그
계명을 모두 하나하나 지키고 살아가
는 그와 같은 자세로 뒤돌아다봐야
할 것이니라.
34 그리했을 때 나로부터 하늘에 부름을
받을 때, 너희가 당당히 올 수 있는 자
들이기 때문이니 그리 알라.

8,092 번째 하나님 말씀

2003년 10월 22일 17시 23분

1 사랑하는 나의 아들아!
2 "네, 아버님! 말씀하옵소서."
3 수천 년 동안 역사 속에 믿음의 길을
간다는 수많은 종교 집단이요, 지도자
들이요, 그 길을 가는 것이 구원의 길
이요, 저 자신이 구원을 받았다고 말
하는 그 백성이 정녕 나 여호와의 참
진리요, 하늘에 오르는 그 길을 모르
며,
4 나의 뜻을 역사한다고 하며 나의 성
령에 의해 살아간다고 말하지만, 그것
이 정녕 나와 관계없는 그와 같은 길
을 가고 있다는 것을 너희 자신도 알
지 못하며 그를 따르는 광신도인 그
백성도 그를 모르고 있음이니, 결국
너희가 역사하며 가는 길이 무엇이더
냐?
5 너희는 생각해 보았는가?
6 창조주 나 여호와가 원하는 길이요,
내가 역사하는 그 길을 가지 아니하
며 다른 길을 가는 삶이라면 너희가
가는 길은 무엇이더냐?
7 천사가 되어 하늘에 오르는 길이 아니
면, 천사가 되지 아니하는 길을 간다
는 것은 너희가 사탄이 되는 것이요,
하늘나라에 오르지 못하는 것은 너희
가 지옥의 나라에 간다 함이니라.
8 나의 참진리를 가지고 나에게 오른다
는 모든 종교 집단이요, 신도들이 내
뜻을 거역하고 살아가는 오늘의 그 삶
의 현주소를 나의 아들을 통하여 법전
에 기록하여 전하니,
9 너희는 사탄의 노예가 되어 있으며 사
탄의 종이 되어 지금 살아가고 있다는
것을 알아야 할 것이니라.
10 그리고 그 대가를 치르고 그 대가를
받으려고 그 길을 너희 스스로 달려
가고 있다는 것을 알라.
11 그러니 그 길을 가는 그 백성이 얼마
나 불쌍하며 얼마나 가련한 나의 백성
이더냐?
12 그러니 집단의 지도자요, 우두머리들
저희만 지옥이요, 그 대가를 치르며
가면 되는 것을, 사랑하는 순박한 나
의 백성까지 끌고 그리 감이니, 그 죄
를 어찌 다 감당하려 하는가?
13 한 사람의 백성을 나에게 오를 수 있
는 의인으로 만들었을 때 그 상을 받
을 길이 없다 하였음이니, 나의 사랑
하는 아들딸들을 지옥으로 이끌어 간
그와 같은 역사를 한다면 또한 그 죄
가 얼마나 무섭고 두려운 것인가를 너
희는 반대편에서 생각해 보았는가?
14 그것 하나 생각하지 못하는 것이 어리
석은 백성 너희이니라.
15 너희가 구원의 길이라 가는 그 길이,
지금까지 역사한 모든 것이, 또한 앞
으로 미래에 역사하는 그와 같은 것도
오늘의 믿음이요, 오늘의 종교 집단이
요, 그곳에서 구원을 받는다고 울부짖
는 백성 너희는 사탄의 자식이 되었
으며 사탄의 후예가 되었으며,
16 사탄의 종노릇밖에 할 수 없는 것이
너희 운명이며 거기서 벗어나지 못하
는 자들이니라.
17 그리하여 내가 너희를 불쌍히 여겨
나의 법전을 책으로 만들어 하얀 눈이

세상을 덮듯이 이 세상을 다 덮어,
18 너희가 뒤로 봐도 옆으로 봐도 보지
아니하면 아니 될 때까지 그리 쌓아
놓고 그리 전해야만 결국 이를 보고
읽고 깨달을 수 있는 백성이니,
19 그 역사를 이루기 위해 내가 오늘 나
의 아들을 통하여 그 제자들을 통하여
내가 역사함을 너희는 알아야 할 것
이니라.
20 하얀 눈이 세상을 덮는 것보다도 더
많은 것으로써 나의 법전이 세상에 덮
일 것이니 그리 알라.

8,093 번째 하나님 말씀

2003년 10월 22일 17시 28분

1 사랑하는 나의 아들아!
2 **"네, 아버님! 말씀하옵소서."**
3 지금의 종교 집단이요, 지도자요, 그
들에게 왜 구약의 시대는 덮어지며 신
약의 시대가 열렸는가?
4 그리하여 나의 아들 예수가 그 어렵고
힘들며 고통스럽게 죽음으로써 모두
다 보여 주는 그와 같은 고통을 겪는
신약의 시대가 왜 열렸는가?
5 그리고 왜 신약의 시대가 왔느냐고
묻는다면, 오늘의 종교 집단 지도자
너희는 대답은 똑똑히 잘하며 똑똑하
게 잘 아는 자들이니라.
6 너희의 그 대답은 바로 무엇이더냐?
7 너희는 똑똑한 대답을 똑같이 그리함
이니라.
8 율법 시대에 그 율법대로 인간들이 지
키고 살지 아니하였으며 율법대로 행
하지 아니하며 그대로 살지 아니하며
그대로 역사하지 아니하였기 때문에
신약의 시대가 열렸다 말할 것이니라.
9 율법 시대에 그 율법대로 백성이 지
키고 살았다면 신약의 시대는 열리지
아니하였을 것이라 잘 알고 있으며
너희 스스로 그리 대답하느니라.
10 그러면서 너희는 거기에 또 하나 붙
여서 뭐라 말하느냐?
11 율법의 시대는 인간이기 때문에 그리
살 수 없기에 그리 지키고 살지 못했
다 그리 말하느니라.
12 그러니 나약한 인간이 지킬 수 없는
그 율법의 시대이기 때문에 그래서 신
약의 시대가 열렸노라 그리 말하는 것
이 너희이니라.
13 그러나 너희는 알아야 할 것이니라.
14 바로 너희가 알고 있음이니 그 답은
정답이니라.
15 그러나 나의 아들까지 너희에게 내주
면서 새로운 성경으로써 너희를 바른
인간으로서 하늘에 오르는 그 길을 깨
우쳐 너희가 나의 나라에 올 수 있도
록 너희에게 내려 준 그 신약의 시대
요,
16 나의 아들까지 던져 새로운 성경까지
내렸던 그 신약의 시대를 사는 백성,
그를 가지고 구원의 길에 오른다는 백
성 너희는 과연 어떠하던가?
17 너희는 얼마나 바르게 곱게 살았는가?
18 구약의 시대에 그것을 모두 지키지 못
한 백성처럼 너희도 오늘 그와 같은
나의 뜻이요, 나의 성령이 임하는 삶
을 살지 못하였기 때문에, 제3의 시대
요, 마지막 시대가 열린다는 것을 너
희는 어찌 모르며 그를 생각하지 못하

는가?
19 너희는 앞에 있는 자를 밀어낼 줄은
알면서, 뒤에 오는 자들이 너희가 잘
못되었을 때 너희를 밀어내는 것은
절대 있을 수 없으며 그걸 받아들일
수 없으며 그와 같은 변화는 있을 수
없다고 말하는 자들이 아니던가?
20 너희 앞에 있는 자는 밀어내는 모든
역사를 하면서, 뒤에서 너희를 밀어내
는 것은 모르는 자들이 바로 오늘의
신약의 시대요, 그것만이 구원의 길이
라 말하는 너희이니라.
21 너희가 앞에 가는 힘든 자를 밀어 주
면 또한 힘들게 끌어 가는 것을 뒷사
람이 밀어 주는 자연의 순리요, 세상
의 이치를 모르는 것이 너희이니라.
22 앞에 있는 것은 알고 있으면서 뒤에서
오는 것을 모르는 자들이, 구약의 시
대는 다 지나간 것이며 그를 잘못 지
켰으며 인간이 행하지 아니하였기에
신약의 시대가 열렸다 하며,
23 너희가 잘못 지키고 죄 속에서 발끝서
부터 머리끝까지 죄 덩어리로 뭉쳐져
헤어나지 못하는 너희 자신은 다음
세대가 와 너희를 밀어내고 털어 낸
다는 것을 모르는 것이 너희이니라.
24 신약의 시대에 너희가 잘못 살았기에
나 여호와가 2천 년 동안 문을 닫았으
며 들여다보지 아니하였으며 암흑의
세상의 역사가 이루어졌다 그리하지
아니하였더냐?
25 이제 말로써 믿음의 길을 가는 시대
요, 말로만 모든 것을 풍성하게 이루
는 시대가 아님을 이제 너희는 알아
야 할 것이니라.
26 제3의 시대는 행동으로써 보여 주는
것이며, 열매를 거두는 것이며, 노력
한 만큼 열매를 거두고 못 거두는 그
와 같은 제3의 시대가 말로써 풍성하
게 이루는 너희의 잘못된 그 깨달음
의 시대를 지금 밀어내고 있음을 알아
야 할 것이며, 너희는 밀려나고 있다
는 것을 어찌 모르는가?
27 구약의 시대를 잘못 살고 잘못했기
때문에 신약의 시대가 역사했다는 것
처럼, 너희가 잘못 가기에 제3의 시대
가 역사하며 마지막 심판의 시대가 장
엄하게 열리고 있다는 것을 너희는
어찌 인정하지 않으려 하며 그를 믿으
려 하지 아니하는가?
28 그 원리를 너희가 똑똑하게 대답한
그것이 바로 여기에 이루어지고 있음
을 알라.

8,094 번째 하나님 말씀

2003년 10월 22일 17시 34분

1 사랑하는 나의 아들아!
2 "네, 아버님! 말씀하옵소서."
3 나의 사랑하는 백성 너희가 구원을
받는다면 곧 그것이 무엇이더냐?
4 나의 성경에 기록된 것이요, 나의 십
계명에 기록된 것이요, 그 내용대로
그대로 지키고 살아가면 바로 하늘에
오르는 그 길이니라.
5 그러나 그대로 살지 아니하며 어렵고
힘든 길을 선택하지 아니하고 너희 임
의대로 교리를 만들어 나의 피조물 만
백성을 이끈다 함이니, 오늘의 이와
같은 혼란의 시대가 되었음이니라.

6 너희가 성서대로 십계명대로 지금 내
가 내린 나의 법전대로 지키고 그대로
행하면 바로 구원의 길에 들어선다는
간단한 이치를 알라.
7 그를 행하지 아니하고는 너희는 정녕
구원을 받을 수 없다는 것을 어찌 모
르는가?
8 그러나 그를 지키지 아니하기에 두 마
음을 갖게 되는 것이 너희이니라.
9 나의 성경대로 나의 십계명대로 지금
나의 아들을 통하여 내리는 나의 법전
대로 지키고 산다는 굳건한 마음을 가
지면 두 마음을 가질 수 없는 것이니
라.
10 그러나 너희는 그와 같이 행하지 아
니하며, 간단한 방법으로써 너희 임의
대로 생각하는 그 교리요, 그 믿음 때
문에 너희 자신이 두 마음을 가짐이
니라.
11 하나는 선한 마음이 한 곳에 자리를
잡는가 하면 악한 마음이 너희를 다
스리는 것이 오늘의 너희이니라.
12 그러면서 너희는 그 악한 마음이 저
지르는 만행을 인간이기 때문에 다스
릴 수 없다고 말하느니라.
13 도둑질하고 싶은 마음이요, 음란한 마
음이요, 살인하고 싶은 마음이요, 탐
욕의 마음이요, 악독한 마음이요, 남
을 속이고자 하는 마음이요, 방탕한
삶을 살고자 하는 그와 같은 악한 마
음을, 인간은 나약하기 때문에 절대
다스릴 수 없으며,
14 그렇기에 그것은 모두 성령이 임하며
나 여호와가 너희에게 모두 이루는
것이라 가르치고 전함이니라.
15 그러나 너희는 알아야 할 것이니라.
16 성경에 기록된 내용대로 지키고 살면
그 모두를 넘을 수 있으며 그 모두를
역사할 수 있음을 알라.
17 그러나 너희가 그를 믿지 아니하며 그
리 행하지 아니하려 하기에, 내가 나
의 법전에 그 지키는 방법이요, 간단
한 그 이치를 모두 상세히 설명하여
너희에게 지금 내리고 전하는 것이니
라.
18 이 모두를 너희가 다스릴 수 있으며
역사할 수 있는 것이니라.
19 그리하여 내가 제3의 시대에 나의 법
전을 내려보내며 심판의 시대를 내려
보내 너희가 다스릴 수 있다는 것을
전하고자 함이니라.
20 너희는 성서에 기록되어 있는 그 한
줄을 모르는가?
21 너희는 부패하고 썩었으니 무덤과 같
은 자요, 그 무덤에서 썩은 내가 나는
것처럼, 너희 목구멍에서 나오는 것은
모두 썩은 내가 나는 너희의 행실이
요, 말이라 하였음이니라.
22 너희는 여기에서 그 성서의 뜻을 듣고
무엇을 깨우치는가?
23 너희는 썩은 자요, 더러운 자요, 이방
인이 너희는 아니라는 그와 같은 생각
을 하지 말라.
24 여기서 너희에게 깨우치고 전하는 나
여호와의 뜻은 따로 있음이니라.
25 네 목구멍에서 넘어오는 것이 무덤의
썩은 내가 나오며 부패한 것이 나온다
면, 그 목구멍을 닫고 열고 하는 것은
누구에게 달렸는가?
26 네 목에서 넘어오는 썩고 부패한 냄새

가 나오지 못하도록 닫고 여는 것, 네
목이요, 네 입이요, 목구멍을 다스리
는 것은 스스로 네가 해야 할 것이 아
닌가?
27 네 것은 네가 다스려야 하며 네 것이
기 때문에 네가 그 모두를 통제해야
함이니라.
28 그러니 너희는 그와 같은 이치를 알
라 함이니, 오늘의 행하고 살며 역사
하는 것이 얼마나 귀하고 중한지를
알아야 할 것이니라.
29 이를 본다면 사악한 짓 악한 짓, 죄로
써 뭉쳐진 그 모든 것은 다 너희가 역
사하는 것이며 너희가 이루는 것이니
라.
30 너희는 용서받을 수 없는 수많은 죄
를 지었으며 기도로써 회개할 수 없는
그 많은 죄를 지었기에 나에게 오를
수 없으며,
31 그 죄를 면죄받는 것은 나 여호와의
아들 예수의 보혈로써 구원받는다 말
하지만,
32 그 죄를 지은 것은 네 이웃이요, 네 형
제요, 네 부모가 대신 죄를 지은 것이
아니요, 네가 지은 것이기 때문에,
33 네가 지은 죄만큼 네가 그를 다 선한
일로써 모두 행할 수 있는 삶이요, 기
회가 있다는 것을 알라.
34 이제 너희 입에서 나오는 것, 너희가
행동하는 것, 너희가 행하는 그 모든
절제는 너희 마음에 달렸으며, 너희
생각에 달렸으니,
35 네 것은 너희가 통제하고 다스려야
한다는 그 이치를 알아야 할 것이며,
여기서 그와 같은 깨달음을 얻고 넘어
가도록 그리하라, 사랑하는 나의 아들
딸들아!

8,095 번째 하나님 말씀

2003년 10월 22일 17시 42분

1 사랑하는 나의 아들아!
2 "네, 아버님! 말씀하옵소서."
3 너희는 나의 만백성을 가르치며 깨우
치는데 뭐라 가르치는가?
4 너희는 욕심이라는 것 때문에 거짓 선
지자가 세상에 나오며 거짓 선지자의
뜻을 따르며 삯꾼의 목자가 이 세상에
득실거리는 이와 같은 세상이 되었다
그리하느니라.
5 모두 욕심 때문에 변질되었으며 욕심
때문에 다 무너졌으며, 그리하여 거짓
선지자요, 그 삯꾼의 목자 앞에 인생
을 망치며 거듭나는 그 생명을 함부로
쉽게 팔아 버리는 그와 같은 오늘의
형국이 이루어졌다고 말하고 그리 전
하느니라.
6 그러면서 너희끼리 그리 말하느니라.
7 오늘날 그와 같은 거짓된 자요, 삯꾼
목자 때문에 이 세상의 교회의 믿음이
기복 신앙으로 전락하였으며 기복 신
앙의 모든 것이 다 거기에 집합된 것
이라 그리 말하며 너희는 잘 평가하
고 그 흐름을 너희 자신이 잘 알고 있
느니라.
8 그러면서 너희는 말하느니라.
9 창조주 나 여호와가 만든 이 세상의
모든 동식물 중에 가장 간사하고 간교
하며 교활한 수법을 동원하여 살아가
는 것은 바로 너희 인간밖에 없으며,

10 인간보다 더 사악한 자는 없으며 너희
인간들보다 욕심이 그득 차 있는 자
가 없다고 너희 스스로 그리 말하느
니라.
11 그러니 나의 피조물 만백성들이 그와
같은 간교한 방법으로 살아간다는 것
을 종교 집단 지도자 너희도 그리 말
하지 않는가?
12 욕심 때문에 그와 같은 갖은 방법을
다 동원하여 죄를 죄인 줄 모르고 살
아가는 것이 그 백성이라 너희는 그
리 말하고 있음이니라.
13 그렇기에 너희는 어떠한 것이더냐?
14 너희가 그와 같이 말하고 진단하고 그
리 알고 있다면, 오늘의 잘못된 그것
을 모두 나의 아들 예수의 보혈로써만
깨우치며 구원을 받는다는 쉬운 길을
가르치지 말며,
15 그 백성에게 전하기를, 오늘의 이와
같은 사악한 삶이요, 이와 같은 악의
구렁에서 벗어나지 못함이니,
16 너희가 참진리를 찾으며 창조주 나
여호와의 뜻이 무엇인가, 그리고 성서
에 기록된 그 내용대로 실천하고 사는
그와 같은 삶을 살도록 해야 할 것이
라 그리 가르치고 인도한다면,
17 지금 멸망의 길이요, 지옥으로 가는
그 백성이 다시 거듭 태어나는 그와
같은 영광의 길을 볼 수 있으며 그 은
혜를 입을 수 있거늘,
18 오늘의 종교 집단 지도자들이 그와 같
이 잘못된 것을 평가하며 그를 스스로
인정하면서 뭐라 하느냐?
19 나의 백성은 나약한 자들이요, 그리고
나약하기 때문에 악과 싸울 능력과 힘
이 없기에,
20 사랑의 하나님인 나 여호와가 나의 아
들을 세상에 내려보내 그 아들의 피로
써 너희 죄를 다 사해 주었음이니, 너
희는 하얘진 백성이요, 죄가 없는 자
들이라 그리 가르침이니라.
21 그 가르침이 바로 나의 사랑하는 백성
을 지옥으로 이끌어 가며 사탄의 안내
자를 따라서 지금 다시 돌아올 수 없
는 그 지옥으로 안내하는 그 역할을
맡은 자요, 선봉장의 역할을 하는 것
이 오늘의 종교 집단이요, 지도자들이
하는 일이요,
22 나의 피조물 만백성들이 거짓 하며
기복 신앙의 대표며, 잘못된 자들을
따라서 지옥으로 가는 그와 같은 삶을
산다 하며, 또 나 여호와가 창조한 모
든 동식물 중에서 가장 간교하고 욕심
이 많으며 교활한 백성이라 그리 말
하면서,
23 그러하기에 바로 서며 나의 계명대로
사는 삶을 살지 아니하면 절대 구원을
받을 수 없다는 것까지만 가르치고
그리 전한다면, 그들은 십계명대로 살
고자 하며 나의 성서에 기록된 내용대
로 살려고 발버둥칠 것이니라.
24 그리 가르치고 거기서 끝을 맺는다면
헤아릴 수 없이 많은 나의 피조물 만
백성들이 참진리의 길을 찾아 하늘에
오르는 그 영광을 얻을 수 있을 것이
거늘,
25 너희는 이리저리 짓밟아 던져 버리며
사전에도 찾아볼 수 없는 단어로 변
해 있으며, 인간은 나약하기 때문에
사탄과 싸워서 이길 수 없는 나의 아

들딸이기에,
26 사랑이 그득한 나 여호와가 사랑으로
써 너희를 구원하기 위해 나의 아들
예수를 보내 그 보혈로써 너희를 모
두 다 용서해 주며 대속했다 그리 가
르침이니라.
27 이것이 이 세상이 오늘과 같이 말세
요, 험악한 세상이요, 인간이 인간을
두려워하는 이와 같은 결과가 되지 아
니하였던가?
28 그와 같이 가르치는 것이 나 여호와의
뜻이요, 참진리의 뜻이라면 오늘처럼
인간이 인간을 두려워하며 이와 같이
종말이요, 말세라는 험악한 세상은 되
지 아니하였을 것이 아니더냐?
29 오늘의 너희가 맺은 열매요, 살아가는
이 세상이 살얼음판보다도 더 무섭고
험난한 세상이요, 조심스럽게 살아가
지 아니하면 아니 되며,
30 저 자신을 지키지 못하는 험악한 세상
이 만들어진 그 결과를 보면 어떤 것
이 참진리요, 나의 아들을 통하여 너
희를 다시 깨우쳐 주며 전하는 나의
성경이 나의 성령인지 아닌지 너희
스스로 알 수 있거늘,
31 어찌하여 그것 하나도 깨우치지 못하
는 어리석은 나의 백성으로 살아간단
말이더냐?
32 그를 바라보는 나 여호와의 가슴이 터
질 것 같음이니, 이 터지는 가슴을 달
래고 역사하는 것은 오로지 너희밖에
없으며, 나의 법전을 하얀 눈이 세상
을 덮듯이 전하는 것밖에 없으니,
33 너희 모두를 다 바쳐 그 역사를 하라
함이니, 너희가 모두를 바쳐 역사한
것만큼 너희가 알게 모르게 만백성을
구한 그 상이 너희에게 있다 함을 절
대 잊지 말라, 사랑하는 나의 아들딸
들아!

8,096 번째 하나님 말씀

2003년 10월 22일 20시 43분

1 사랑하는 나의 아들아!
2 "네, 아버님! 말씀하옵소서."
3 내가 너희에게 상을 내림이니 네가 그
상을 너의 제자들에게 나눠 주며 그들
에게 격려의 내 은혜를 베푸는 할 일
이 남아 있다 그리하였음이니라.
4 내가 너에게 그리 내린다 함을 너의
제자들은 불안해하며 믿지 못할 것이
니라.
5 그러나 너희는 들어야 할 것이니라.
6 나약한 개미가 뙤약볕에서 모든 집단
을 구제하고 살아가려고 얼마나 힘들
게 노력하며 그리 살아가는가?
7 그러나 그 개미라는 동물은 위에서 시
키는 대로 본능에 의해서 그 나약한
허리로 없는 힘으로써 모든 역사를 하
지만,
8 인간인 너희는 천 가지 만 가지 생각
을 하며 나를 생각하며 네 주변을 생
각하며, 자신이 편하고자 하는 수천수
만 가지의 생각을 하는 나의 아들을
따르는 제자 너희는 개미허리를 조르
는 것보다도 더 졸라맸으며 더 동여맸
으며 불안하고 힘든 그 역경을 왔음이
니,
9 이는 당연히 받아야 할 상이며, 이제
받을 때가 되었음을 너희는 알라.

10 그리하여 내가 나의 아들에게 그를 내린다 함이니, 너희는 두려워할 것 없이 그저 주는 대로 받는 그 역사의 기쁨을 가지면 될 것이니라.

11 이제 나의 법전이 세상에 나가기 시작하며 모두 역사할 것이니라.

12 이제 모두 시작되었으며, 너희를 도울 자가 올 것이며, 또한 이 법전을 만들어 역사하는 자가 모두 짜여 있음이니, 이제는 그들이 다 올 수 있는 지금에 와 있음이니,

13 곧 너희가 생각하지 아니하는 그와 같은 역사의 변화가 나의 성전에서 이루어질 것임을 알아야 할 것이니라.

14 너희는 이것을 알라.

15 모든 사람이 배부르고 또 베푸는 자, 그리고 능력 있는 자, 그리고 어려운 자를 돕는다는 그와 같은 것은 말없이 그 소문이 퍼지고 퍼짐이니,

16 근동 몇백 리까지 후한 집은 소문이 나게 되어 있음이니라.

17 나의 성경이 나의 뜻에 따라 역사하며 이곳에 온 너희가 정녕 개미허리 조이는 것보다 더 어렵고 힘든 오늘의 길을 온 너희 제자들에게 나 여호와의 은혜의 상을 내린다는 것은,

18 눈을 뜨게 하며 병든 자를 고치는 것보다도 오늘 내가 너희를 모두 은혜로써 다스려, 너희가 나의 법전이요, 나의 뜻대로 살아가 만백성의 지도자로 가는 데 지장 없도록 베풀어 줬을 때,

19 그 은혜는 죽은 자를 살리는 것보다도 더 감사하고 더 고맙게 생각하며 더 큰 기적이라 느끼는 것이 지금 세상의 백성 너희의 마음이니라.

20 수천 년 전의 그 기적이라는 것은 눈먼 자를 뜨게 하며 앉은뱅이를 일어서게 하며 죽은 자식을 살렸을 때 감사하며 그 은혜를 갚을 길이 없다 했지만,

21 지금은 재물이요, 능력이요, 너희가 남에게 부끄럽지 않은 삶을 살 수 있는 그 은혜를 받는 것이 그보다 더 큰 기적이요, 역사라는 것이 지금의 너희 형태며 너희의 마음 상태요, 오늘의 삶의 현주소이니라.

22 그러니 그보다 더 큰 기적이요, 역사로써 내가 증거함이요,

23 오늘날까지 개미허리보다 더 조이고 힘들게 온 너희에게 이제 내가 허리를 펴도록 상을 내리고자 함이니 그리 알라.

8,097 번째 하나님 말씀

2003년 10월 22일 23시 49분

1 사랑하는 나의 아들아!

2 "네, 아버님! 말씀하옵소서."

3 너희가 인간 세상에 살아가면서 남의 집에 가서 일을 도와줌이니, 그리고 농장 주인의 요청에 의하여 농장에 가서 하루의 일을 한다면,

4 건실하게 그 일을 수행하고 책임을 다했을 때 그 대가를 반드시 받는 것이 통상 사람이 사는 관계가 아니더냐?

5 인간 세상의 삶에서 그 직분을 다했을 때 대가를 서로 주고받는 것이 인간 세상의 삶의 도리이니라.

6 그러니 창조주 나 여호와의 뜻을 위하

여 내가 역사하는 그 길이요, 나의 법
전을 만들어 만백성에게 전하는 그 책
무요, 그 책임이 얼마나 귀하고 소중
하던가?
7 나는 너희에게 그와 같은 대가요, 그
상을 반드시 내려 줌이 타당한 것이니
라.
8 나 여호와가 너희에게 그리 물었음이
니라.
9 너희가 인간 세상의 농장에 가 하루
일을 하고 그 품삯을 받는 수고로움이
있듯이, 너희에게 나의 법전을 만드는
그 수고로움도 있으나, 이는 나 여호
와에게 너희가 선택된 것이요, 축복이
요, 은혜라 그리 말하였음이니라.
10 그러니 너희는 나의 법전을 만드는
그 역사함의 상이요, 축복보다 나로부
터 직접 내리는 성령이요, 나의 아들
을 통하여 내리는 그와 같은 모든 것
을 듣는 것이 더 은혜요, 축복이라 그
리하였으니,
11 내가 너희에게 상을 내려 주기 위하
여 무엇을 물었던가?
12 나의 법전을 만들고 선택된 백성 너희
는 다른 백성과 차별화되며 변화되는
그와 같은 삶을 살아야 한다고 말하
였느니라.
13 너희는 천사와 같은 삶을 살아야 할
것이며, 의인의 길을 갈 수 있는 어렵
고 힘든 길을 가는 것으로써 너희가
나의 은혜에 보답하는 길이라 그리하
였음이니,
14 오늘 너희의 살아오는 그 삶이 나 여
호와의 뜻을 거역하지 아니하며 그와
같이 변하고자 노력하고 그리 역사하
였음이니,
15 내가 너희에게 상을 내리고자 하며,
너희에게 육의 세상에서 그 은혜를 내
리는 것은 당연함을 알아야 할 것이
니라.
16 너희는 이제 알아야 할 것이니라.
17 인간 세상에서도 수고로움의 대가를
주는 것이거늘, 나 여호와가 너희에게
수고로움이요, 지켜야 할 것을 명했으
니,
18 그를 바르게 지키고 사는 백성이요,
행한 백성에게는 상을 내리는 것이 당
연한 것이 아니더냐?
19 그러니 이 세상의 모든 종교 집단이
요, 믿음의 길을 가는 백성, 너희가 노
력한 것만큼 육의 세상에서 상을 받지
못한다면 너희는 죽어 영혼의 세상에
서도 상을 받을 수 없는 것이 나의 법
칙임을 알라.
20 이제 나의 아들이요, 나의 아들을 따
르는 그 제자들이요, 나의 법전을 만
들고 전하고 가는 백성 너희가 진정
내가 원하는 방향으로 깨우쳤으며 변
했다면 그는 반드시 상을 받으며 육의
세상에서 은혜를 받음이니, 만백성에
게 본보기가 될 것이며,
21 만백성들이 참진리의 길을 가는 백성
과 진리의 길을 가지 않는 그 백성의
차별화되는 것을 보고 듣고 깨우치게
될 것이니,
22 내가 너희에게 내리는 것은 타당한 것
이며, 너희가 오늘의 변하고자 노력한
것에 내가 내림이니 그리 알라.
23 그와 같이 나 여호와요, 진정한 창조
주 내 뜻에 따라 역사하는 길이요, 나

의 뜻에 의해 참진리의 길을 가고자
노력하는 것이요, 나의 뜻에 순종하며
나의 뜻에 역사하는 백성에게 나 여
호와가 내리는 것은 당연하며, 그것이
이제 모든 종교 집단이요, 믿음 속에
서 가는 그 백성과 너희와의 차이이
니라.
24 믿음의 길을 가는 모든 백성은 한결
같이 바쳐야 하며 재물과 헌금이요,
그리고 금화와 은화를 평생 죽을 때까
지 바치는 것이 하늘에 오르는 길이
요, 하늘의 영광을 받는 길이요, 나에
게 오르는 길이라 말하며 너희는 평
생을 바침이니라.
25 그러나 너희는 알아야 할 것이니라.
26 진정 나로부터 선택된 백성이요, 진정
한 나 여호와의 뜻에 따라 가는 백성
이요, 지도자요, 나의 목자요, 내가 선
택한 나의 아들과 더불어 가는 자는
그리 바치는 것이 아니요, 내가 너희
에게 내리는 상을 받는 것이 당연함
이니라.
27 너희는 여기서 깨우쳐야 할 것이니라.
28 이 세상의 모든 것은 너희 것이 하나
도 없으며 너희가 주인인 것이 하나
도 없다 하지 아니하였더냐?
29 수만수억 가지를 가진 나 여호와가 너
희에게 상을 내리는 것은 당연한 것이
요,
30 가진 것도 없으며 이룬 것도 없으며
능력도 없으며, 오로지 너희가 먹고살
라고 나 여호와가 내린 재물과 금화
그 한 가지 있는 것을 나에게 바치라
하면 과연 어떠한 것이 잘못되었더냐?
31 수만수억 가지 이 세상을 다 관장하
며 가진 나 여호와가 너희에게 그저
하나 있는 그것마저 거둬들인다면 그
것이 사랑이며 하늘의 뜻이겠는가?
32 절대 그렇지 아니함을 알라.
33 나로부터 선택된 백성 너희는 헌금이
요, 재물이요, 십일조요, 그와 같이 바
치는 것이 믿음의 길이 아니라는 뜻을
알겠는가?
34 나로부터 선택된 백성이요, 진정한 나
의 뜻에 역사하는 백성이요, 진정 나
로부터 선택된 목자를 따라가는 제자
들은 하늘로부터 너희가 받을 수 없
는 육의 세상의 부귀와 영화요, 그 모
두를 얻게 됨이니라.
35 다만, 나의 뜻에 의하여 마음이 변하
고 깨우친 자에 한함이니라.
36 이것이 너희의 과제이니라.
37 너희가 나의 법전대로 사는 것, 나의
계명대로 살아간다면 내가 너희에게
수없는 은혜요, 상을 내림이니,
38 육의 세상에서 부족함이 없으며 이 세
상에 살아가는 가장 행복함을 알 것이
며, 가장 위대한 백성이요, 가장 행복
하며 충만된 백성의 삶을 살아갈 수
있음이니,
39 나 여호와의 뜻에 따라 살아가는 백성
은 내가 너희에게 무한한 상이요, 모
든 금화와 은화요, 재물의 역사를 내
려 주는 것이니라.
40 그러니 수없이 많이 가진 나 여호와
가 너희에게 내리는 것은 나로부터 선
택된 백성이요, 내 길을 오는 백성이
요, 하늘에 오르는 백성이니라.
41 수만수억 가지 많이 가지고 셀 수도
없는 모든 역사를 하는 나에게 하나밖

에 없는 너희가 바치는 것이 하늘에
오르는 길이요, 나에게 오를 수 있다
는 그 가르침이 얼마나 어리석고 잘못
된 것이며, 그들이 사탄이요, 마귀라
는 것을 너희는 알라.
42 이제 나의 아들을 따르는 제자들이요,
내가 원하는 아름다운 모습으로 살아
가며, 만백성으로부터 예수 못지않은
삶을 사는 자요, 천사 같다는 말을 듣
는 자가 아무런 부족함이 없이 모두
누리고 살 수 있는 것이니라.
43 이것이 바로 나 여호와에게 선택된 백
성과 아닌 자의 차이가 있음을 너희는
알라.
44 오늘까지 너희의 고통과 수고함을 내
가 앎이니, 이제 나 여호와의 뜻이요,
하늘의 법도요, 하늘의 뜻을 너희에게
가르쳐 줌이니라.
45 수만수억 가지를 가진 나 여호와가
너희에게 내려 주는 것이 당연한 것이
아니던가?
46 인간 세상에서 너희가 그리 말하느니
라.
47 백 섬을 하는 자가 아흔아홉 섬을 했
을 때, 한 섬 한 것을 뺏어 백 섬을 채
우고자 하는 것이 인간 욕심의 사악한
부분이니,
48 그보다도 더 많이 가진 내가 작은 것
을 요구하며 그를 거둬들인다면, 이게
나로부터 선택된 백성이요, 창조주 나
여호와 하나님의 뜻이라 그리하는가?
49 나의 뜻을 순종하는 자, 내 뜻에 역사
하는 자, 나의 뜻을 거역하지 아니하
고 나의 뜻에 따라 살아가는 자, 그리
고 내가 직접 불로 써 내린 나의 계명
이요, 친필을 지키고 사는 자, 나의 아
들을 통하여 내리는 이 법전대로 살고
자 하는 자에게 내릴 상이 수만수억
가지를 모두 지니고 있으며,
50 모두 가진 나 여호와가 내리는 것을
받기만 하면 되는 것이 나로부터 선택
된 백성이요, 내가 원하는 참진리의
길을 가는 백성이니,
51 그것이 잘못된 종교 집단이요, 지도자
들과 나의 선택된 백성과의 차이니라.
52 다만, 너희가 어렵고 힘든 그 길을 넘
을 때 받을 수 있다는 기대로써 변화
되는 삶을 살면 이것은 진정한 변화나
진정으로 역사하는 것이 아니기에, 내
가 오늘까지 너희에게 그 뜻을 가르치
지 아니하였으나,
53 진정으로 나로부터 선택된 백성이요,
나의 역사요, 참진리의 길을 가는 백
성, 나에게 오르고자 노력하는 백성은
내가 무한한 상을 너희에게 내려 줌을
알라.
54 수억 가지 헤아릴 수 없는 그 모두를
다 가진 나 여호와가 하나 가진 너희
것을 거둬들이는 그와 같은 사악한 아
버지도 아니요, 창조주도 아님을 알라.
55 수없이 곳간에 잔뜩 쌓아 놓은 부모가
그저 끼니밖에 안 되는 제 자식이 가
진 그 끼니마저도 거둬들이고 그를 탐
내는 부모는 인간 세상에도 없거늘,
56 어찌하여 나를 그보다도 더 철면피하
며 그보다 사악하며 그보다 인정이 없
는 나 여호와라 그리 가르치는가?
57 저희가 하는 짓이 나를 얼마나 능멸
하고 욕하는지도 모르는 자들이 그들
이니라, 사랑하는 나의 아들아!

58 이제 그를 너의 제자들은 알아야 할
것이며 깨우쳐 주도록 그리하라.

8,098 번째 하나님 말씀

2003년 10월 22일 23시 54분

1 사랑하는 나의 아들아!
2 "네, 아버님! 말씀하옵소서."
3 너를 통하여 이 어렵고 힘든 길을 역
사하며 나의 법전을 세상에 내려보내
는 그 역사함을 알겠느냐?
4 나의 사랑하는 백성의 마음이 간교하
고 간사하며 교활하니라.
5 그리하여 그 마음을 다스릴 수가 없음
이니, 그 간교하고 간사한 마음은 다
어디에서 이루어지는가?
6 욕심에 의하여 모든 욕망을 채우고자
하는 그것이 근본이니, 이를 다스리고
바로잡을 수 없기에,
7 내가 나의 법전을 세상에 내려보내 너
희가 쉽게 깨우치고 듣고 바로 갈 수
있는 그와 같은 역사를 하려고 지금
내가 나의 아들을 통하여 법전을 세상
에 내려보내는 것임을 너희는 알아야
할 것이니라.
8 내가 너희에게 전하느니라.
9 나의 법전을 보지 아니하며 이를 정독
하지 아니하는 백성은 정녕 육의 세상
에서 거듭나는 영광을 얻을 수 없으
며, 또한 하늘나라에 와 심판을 받을
때 그와 같은 영광이 없음을 알아야
할 것이니라.
10 이제 나의 아들을 따르는 백성이요,
그리고 법전을 읽고 깨우친 나의 백성
에게 전함이니라.
11 너희가 거듭남은 죽어서 다시 태어나
는 것, 그리고 하늘나라 나에게 와 천
국의 나라에서 사는 그것이 거듭나는
것이요, 죽은 자 중에서 다시 태어난
것이요, 다시 나는 것이라 그리 생각
하느니라.
12 그러나 이제 나의 아들을 따르는 제자
들이요, 나의 백성 너희는 그와 같은
생각을 저버려야 할 것이니라.
13 너희가 거듭난다는 것은 과연 무엇이
더냐?
14 육의 세상에서 살면서 거듭나는 그와
같은 기회를 얻지 아니하면 아니 됨이
니라.
15 육의 세상에서 거듭나는 그와 같은 삶
을 살지 아니한 백성은 죽어 나에게
와서 그 영혼이 거듭날 기회가 없음
이니라.
16 그러니 육의 세상에서 거듭나는 그와
같은 역사를 이루는 자는 바로 그걸
가지고 심판대에 섬이니, 너희가 거듭
나는 그와 같은 영광을 얻게 되는 것
이니라.
17 그러니 너희가 거듭나는 기회는 단
한 번이니 그리 알라.
18 육에서 너희가 거듭나는 그와 같은 변
화의 역사를 이루는 자는 죽어 심판대
에 섰을 때 또한 거듭나는 그와 같은
영광을 얻게 됨이니,
19 너희가 죽어 나에게 와 심판을 받아
나의 나라에 오고 못 오는 그와 같은
영광을 얻고 못 얻는 것이 거듭나는
것이요, 새로운 생명으로써 태어나는
것이라 그리 생각하나,
20 그 모든 것은 지상의 삶이요, 오늘의

육의 세상에 존재하는 곳에서, 너희
자신을 마음대로 다스릴 수 있으며 너
를 조종할 수 있으며 너희가 선악을
구분하여 선택할 수 있는 그와 같은
모든 융통성이 있으며 모든 것을 역사
할 수 있는 오늘의 이 시점에서 거듭
나는 그 기회를 얻는 것만이 너희가
구원의 거듭남임을 알라.
21 너희가 나에게 와 심판대에 섰을 때는
어떠한 것도 역사할 수 없으며 어떠
한 것도 너희 임의대로 할 수 없는 것
이라 그리 말하지 아니하였던가?
22 너희가 지금까지 살아온 그 모든 것으
로써 심판대에서 결과만을 받는 것이
나에게 와 심판을 받는 그와 같은 것
이니,
23 너희가 거듭나는 기회요, 역사하는 모
든 것은 지금 오늘의 삶에 의해서 그
기회가 단 한 번이며, 여기에서 너희
가 거듭나는 삶을 살지 아니하면 아니
된다는 것을 너를 따르는 제자들이요,
나의 백성에게 깨우쳐 주도록 그리하
라.
24 너희가 거듭나는 것이요, 다시 태어나
는 것은 너희가 죽어 아름다운 그 삶
을 산 것으로써 심판대에 서서 명받는
것으로 생각하나,
25 지금 지상의 삶에서 너희가 마음대로
움직이고 활동할 수 있는 이 세상에서
얻어진다는 것을 알라, 사랑하는 나의
아들딸들아!

8,099 번째 하나님 말씀

2003년 10월 22일 23시 58분

1 사랑하는 나의 아들아!
2 "네, 아버님! 말씀하옵소서."
3 너희가 인생을 살아가면서 어쩔 수 없
는 거짓말이요, 또한 남을 위하여 거
짓말을 할 수밖에 없는 그와 같은 환
경에 처하며, 너희는 그를 어찌할 수
없이 당하는 그와 같은 삶을 사는 것
이니라.
4 이제 내가 너희에게 다시 그 깨달음
을 전함이니, 나의 아들을 따르는 제
자 너희는 그를 깊이 깨달아 행하도록
그리하라.
5 너희가 살아가면서 거짓말을 하여 많
은 사람이 웃음꽃을 피우며 웃을 수
있는 그와 같은 거짓말이 있는가 하면,
6 진실을 밝힘으로 인해서 모두 다 눈물
을 흘리는 그와 같은 것이 인간 세상
에 살아가는 얽히고설킨 그 삶이 아니
더냐?
7 다만, 나 여호와가 너희에게 말함이니
라.
8 너희가 성령으로 임하여 나 여호와의
뜻을 들을 수 있으며 하늘의 뜻이 무
엇인가를 알 수 있는 그 경지에 도달
한 백성이라면, 그저 잠깐 거짓말을
함으로써 만백성이 웃고 즐기며 행복
을 누릴 수 있는 그와 같은 것을 역사
할 수 있느니라.
9 또한, 진실로 말하여 모든 사람이 우
는 역사를 선택하는 것이 아니요, 거
짓이라는 것을 하여 만백성이 즐기고
웃을 수 있으며 행복을 느낄 수 있는

그와 같은 것을 역사하는 것도 나의
아들처럼 나의 성령을 들으며 하늘의
뜻을 알며 옳고 그름을 판단할 수 있
는 그와 같은 백성은 그리할 수 있으
나,
10 너희는 아직 그와 같은 것을 판단할
수 있는 경지에 도달하지 아니하였기
때문에 그게 아니 되며 용서할 수 없
다 함이니라.
11 그러니 성령으로 임한 백성이요, 깨달
음이 높아졌을 때, 너희의 오늘의 그
고민은 너희 스스로 판단하며 깨달을
때가 있을 것이니,
12 그는 마음을 비운 자요, 사심이 없는
자요, 욕심이 없는 자만 그를 행할 수
있음이니라.
13 욕심이 있는 자요, 사악한 마음을 가
진 자는 거짓으로 행하여 만백성을 웃
기며 즐길 수 있는 그와 같은 것을 역
사할 수 없으며, 그와 같은 말을 할 수
도 없으며, 그와 같은 행동을 취할 수
가 없는 것이니라.
14 너희가 모든 마음을 비우며 천사와 같
이 되었을 때, 이해관계가 없으며 욕
심의 한계가 없으며 손익의 계산을 두
지 않는 그와 같은 경지에 올랐을 때,
너희가 그를 행하고 오늘의 고민을 풀
수 있으나,
15 아직 너희는 그와 같은 길을 갈 수 없
으며 그 경지에 오르지 아니하였음이
니,
16 너희는 그때까지 깨우치고 깨닫는 그
와 같은 삶을 살아 너희 스스로 그와
같은 것을 터득하며, 나로부터 그와
같은 것을 허락을 받을 수 있는 자, 그
리고 내가 너희에게 명할 수 있는 그
와 같은 경지에 오르지 아니하였을 때
는 그를 할 수 없으니,
17 오늘의 그 고민을 절대 너희 스스로
평가하여 행하지 말며, 오로지 나의
법전에 전한 그와 같은 역사함으로
살아가도록 그리하라.
18 너희가 한 번의 실수로써 만백성이
웃을 수 있으며 즐길 수 있으며 그들
이 그를 보고 행복을 느낄 수 있는 것
은,
19 너희 마음이 천사같이 되었을 때 그
순수하고 아름다운 행동에서만 그것
이 모두 허용되며 역사할 수 있다는
것을 알라, 사랑하는 나의 아들딸들아!

8,100 번째 하나님 말씀

2003년 10월 23일 0시 01분

1 사랑하는 나의 아들아!
2 "네, 아버님! 말씀하옵소서."
3 너의 동료요, 네 이웃의 형제들이 너
에게 오늘 왜 그 길을 가며 법전을 만
들어 세상에 전하느냐 그리하거든 너
는 그리하라.
4 나 여호와가 내리는 나의 법전이요,
이 성령을 이대로 지키고 살아가는 것
만이 하늘에 오르는 길이요, 참진리의
길을 볼 수 있는 것이기에,
5 너희에게 참진리의 길을 찾도록 하기
위해 나 여호와가 너를 통하여 역사
한다고 말하라.
6 나의 아들을 통하여 내리고 역사하여
법전을 만드는 것은 모두 너희에게
참진리의 길을 찾으라 함이니, 바로

너희가 나의 법전을 접하지 아니하고
가는 것은 참진리의 길을 찾을 수 없
음이니,
7 오늘 너희가 역사하는 것은 나의 피
조물 만백성들이 참진리의 길을 찾아
구원을 받는 그 길을 깨우쳐 주기 위
함이요, 그 길을 비춰 주기 위하여 오
늘의 이 역사를 이루고 있다는 것을,
너희에게 묻는 자에게 그리 간단히 대
답을 해 그들을 깨우쳐 주도록 그리하
라.

8,101 번째 하나님 말씀

2003년 10월 23일 0시 04분

1 사랑하는 나의 아들아!
2 "네, 아버님! 말씀하옵소서."
3 너희는 만백성을 구하는 희생의 제물
이요, 희생의 제물로써 이 세상에 존
재한다고 말하지 아니하였더냐?
4 너희는 나의 아들 예수가 2천 년 전에
와 나의 피조물 만백성들을 위하여,
너희 말대로 희생의 제물이 되어 그
길을 갔듯이,
5 너희 또한 그와 같은 역사의 전철을
밟는 것이 너희가 가는 길이라 내가
그리 말하였느니라.
6 그러니 너희가 나의 법전을 만들어
만백성에게 전하는 그 일이 견디지 못
하도록 고통스럽고 힘들다 해도, 그
고통 속에서 정녕 눈물을 멈출 수 없
도록 고통스럽고 인내하기 어렵다 해
도, 아무리 괴롭다 해도 너희는 물러
서서는 아니 되느니라.
7 그리고 이 지상에 살면서 창조주 나
여호와의 뜻이요, 나의 성령이요, 내
모든 가르침을 직접 받고 듣는 그와
같은 은혜를 받는 백성이 과연 어디
에 있다던가?
8 너희는 이와 같은 은혜요, 영광으로
서, 참기 어려울 정도로 흐르는 눈물
의 괴로움이 있다 해도 너희는 그 모
두를 딛고 이기는 그와 같은 삶으로써
가지 아니하면 아니 됨을 알라.
9 너희는 지금 죽음을 맞이한다 해도 두
려울 것이 무엇이 있으며 거기에 주저
할 것이 무엇이 있더냐?
10 육의 세상에 살면서 하늘에 오르는 길
이요, 구원을 받는 길의 그 모두를 알
고 있음이니,
11 너희가 육의 세상에서 살면서 다시 태
어나는 길이 어디요, 새로운 생명으로
써 다시 역사하는 그와 같은 모든 것
을 알고 배우고 깨우쳐가는 그 길을
가는 백성이 이 세상에 어디 있단 말
이더냐?
12 그러니 이제 너희가 얼마나 은혜요,
영광 속에 선택된 백성인가, 그것으로
써 오늘 모든 것을 넘고 가는 백성이
되어야 함을 잊지 말라.
13 이제는 모든 것을 나 여호와의 사랑에
맡기고 그리 살아가라는 것이 내가 너
희에게 오늘 전하고자 하는 뜻이니라.
14 내가 너희에게 내릴 수 있는 그 모든
상을 너희가 역사한 만큼 내가 내릴
것이니,
15 너희는 나 여호와의 사랑에 맡기며 내
가 너희를 돌보고 있으며 지키고 있다
는 것을 믿고, 모두를 다 나 여호와에
게 맡기고 역사하는 그와 같은 삶을

살라.
16 모두를 다 내가 역사한다는 것을 믿
고, 너희는 모두를 나에게 맡기고 살
아가는 그와 같은 삶을 살아가도록 그
리하라.
17 나의 사랑에 모두 맡기라, 사랑하는
나의 아들딸들아!

8,102 번째 하나님 말씀

2003년 10월 23일 07시 07분

1 사랑하는 나의 아들아!
2 "네, 아버님! 말씀하옵소서."
3 사막에 사는 강인한 선인장이 있으니,
아무리 방대하고 큰 선인장이라 해도
너희가 그를 아끼고 소중히 생각한다
하여 계속 물을 부어 준다면 아무리
큰 선인장도 견디지 못하며 그저 썩어
쓰러져 죽을 수밖에 없느니라.
4 지금 내가 나의 피조물 만백성을 구원
하기 위하여 너희를 불러 쓰고 있음
이니, 그와 같은 형국에서 너희가 그
리 쓰러지는 형국밖에 되지 아니하기
에,
5 나 여호와가 모두를 맞추며 조정하여
너희가 건전하고 건실하게 견딜 수 있
는 그와 같은 역사의 흐름 속에서 지
금 모두 흘러가고 있다는 것을 알아야
할 것이니라.
6 선인장을 아낀다고 하여 그것에 많은
물을 주면 결국 시들어져 삶아진 식물
처럼 죽게 되니,
7 너희가 깨닫는 것, 만백성을 구하는
그 역사요, 그 모두를 행하는 것도 그
와 같은 절차를 밟지 아니하고 무시하
고 가서는 아니 되기에,
8 너희가 골고루 성장할 수 있는 양분이
요, 그리고 변할 수 있는 시간이요, 그
모두를 나 여호와가 너희에게 맞춰
가는 것이라는 것을 알아야 할 것이
니라.
9 그러니 너희도 다른 나의 백성이요,
너희가 구원하고자 하는 사람들에게
나의 법전을 가지고 한 다발 가슴에
안겨 주면,
10 선인장이 물을 많이 흡수하여 죽는 것
처럼 그들은 받아들이지 못하며 이해
하지 못함이니라.
11 너희가 생각할 때는 나 여호와의 진리
요, 나의 아들에게서 들은 그 강론이
요, 그것을 모두 한 번에 많은 백성에
게 전해 주면 역사할 것 같으나, 절대
그들은 받아들이고 이해할 수가 없는
것이니라.
12 너희는 깨달음이요, 생각이 높기에 나
여호와로부터 나의 아들을 통하여 내
리는 그 강론의 내용을 한 번에 많은
사람에게 전해 줄 수 있으나,
13 그들은 그 하나를 이해하기도 힘들며
하나를 받아들이기도 어렵고 힘든 자
들이니라.
14 하나를 받아들이고 이해하기도 어려
운 자에게 가 많은 것을 부어 넣는다
면, 결국 선인장이라는 것을 아끼기에
물을 많이 주어 그게 삶은 식물처럼
시들어 죽는 그 형국이 되니 등을 돌
리게 되어 있음이니라.
15 이를 너희는 명심하여, 이제는 나의
법전을 전하고 만백성을 깨우치는 데
서서히 그들에게 조금씩 필요한 만큼

공급해 주어야 할 것이니라.
16 너희가 하나의 이치를 가지고 그들에
게 깨우쳐 주고 입을 다문다 해도 그
들은 수없는 생각을 하며 깨달음을 얻
을 것이니,
17 거기에 열 개 백 개의 변화를 주면 그
들은 두려워하며 겁을 먹으며 그를 받
아들일 수가 없는 것이니,
18 이제 나의 피조물 만백성들을 깨우쳐
그들이 나의 법전을 읽을 수 있는 그
방법을 그와 같은 형국으로써 이끌어
감이 타당하며,
19 그것이 도리이며 그것이 역사하는 길
이라는 것을 명심하여 그와 같은 방법
으로 나의 피조물 만백성들을 구원하
도록 그리하라.

8,103 번째 하나님 말씀

2003년 10월 23일 07시 14분

1 사랑하는 나의 아들아!
2 "네, 아버님! 말씀하옵소서."
3 나로부터 부름을 받은 너의 제자들이
요, 그리고 나의 법전을 깨우쳐 전사
로서 역사하는 너희가 가야 할 길이
며 행할 것이 무엇인 줄 알겠느냐?
4 너희의 그 삶을 진실되게 살아가는
것, 그리고 모든 진리에서 벗어나지
않는 그와 같은 아름다운 삶을 사는
것, 그리고 사랑을 베풀고 나누며 그
모두를 실천하고 행함이니,
5 너희가 가진 역량이 100이라 할 때,
너희가 발휘하는 것은 120이요, 150
이라는 역량을 발휘하는 그와 같은 삶
을 살아가는 것이 나로부터 선택된 전
사요, 나의 백성이 가야 하는 길이라
는 것을 너희는 알아야 할 것이니라.
6 이 세상의 모든 백성에게 사랑을 베
풀고 나누며 용서함을 보이는 것은 너
희가 가진 그 한계를 넘어서 모두 실
천하고 베푸는 그와 같은 마음으로써
역사하지 아니하면,
7 너희는 나의 백성으로서 자격이 없으
며, 나의 뜻을 역사하며 산다는 백성
이라 말할 수 없음을 알아야 할 것이
니라.
8 이것이 너희가 가야 할 길이요, 역사
할 것이라는 것이요, 너희가 발휘할
수 있는 그 역량이 아니요,
9 그보다 더 많은 역량과 모든 영향력을
발휘할 수 있는 그와 같은 마음으로
살아가는 것이 나의 아들이요, 나를
따르는 백성이 가는 길이요, 만백성을
구하는 그와 같은 자가 가는 길이라는
걸 알라.
10 그리고 너희는 나의 피조물 만백성들
을 구하겠다는 불타는 정열이요, 그
용기가 없이는 아니 됨을 알라.
11 너희의 모두를 다 태워서 버린다 해도
나의 피조물 만백성들을 구하는 데 모
두를 다 던지고 태우는 그와 같은 불
길보다도 더 강한 정열이요, 끊이지
않는 용기로써 너희가 일관할 때, 그
것이 모두를 이룰 수 있는 길이니라.
12 또한, 너희가 가는 자세요, 너희가 살
아가는 마음 자세이며 길이라는 것을
잊지 말라.
13 그것은 어렵고 힘든 길이니라.
14 남들은 가진 것을 다 발휘하지 아니하
고 살아간다 해도,

15 너희는 그를 다 발휘하고 더 넘는 영향력을 발휘하고 모두를 바칠 수 있는 그와 같은 마음으로써 역사하는 것이 나의 아들을 따르는 제자들이요, 나로부터 선택된 백성임을 알라, 사랑하는 나의 아들딸들아!

8,104 번째 하나님 말씀

2003년 10월 23일 23시 19분

1 사랑하는 나의 아들아!

2 **"네, 아버님! 말씀하옵소서."**

3 내가 너희에게 뭐라 전하였더냐?

4 믿음이요, 하늘에 오르는 그 길이란 모두 다 아름다운 삶이요, 진실된 삶을 사는 것만이 너희가 나에게 은혜요, 상을 받는 길이라 그리 말하였느니라.

5 이제 나의 아들을 따르는 백성이요, 법전을 읽고 깨우쳐 나의 전사로서 만백성을 구원하는 너희는, 어떠한 종파의 믿음이요, 그와 같은 것에 시시비비하지 말며,

6 그를 마음속에 의식하고 모든 백성과 대화를 해서는 아니 됨이니라.

7 그 모두는 다 너희가 넘고 가야 함이니라.

8 내가 너희에게 나로부터 생명을 가지고 세상에 태어난 그것보다 더 위대하고 소중한 것이 없다 하였음이니,

9 그리하여 모든 죄와 악도 그 선을 넘어 사랑으로 볼 수 있는 그것이 너희가 가야 하는 길이라 하였음이니,

10 너희는 이제 이 세상의 어떠한 종파요, 어떠한 미신이요, 어떠한 믿음이요, 그리고 이단이요, 사탄이요, 기복신앙이라 하는 그와 같은 모든 것을 시시비비하지 말며,

11 그들을 다 초월하여 사랑의 눈으로 내려다보는 그와 같은 마음 자세요, 깨달음이 있어야 함을 알라.

12 그 모두는 다 인간의 생각이요, 인간의 노력이요,

13 나 여호와의 뜻에 의해 역사하는 것이 아니라, 인간의 생각으로써 가고 있음이니,

14 나 여호와의 뜻을 받으며 나의 성령을 직접 듣고 깨우친 너희는 그들과 같이 시시비비하며 그들과 갑론을박해서는 아니 될 것이니라.

15 너희는 그들을 불쌍하고 가련한 백성이라 그리 내려다볼 수 있으며,

16 그 모두를 다 한 수 아래 있는 자로서, 형이 동생을 사랑하는 그와 같은 마음이요, 또한 나이 든 자가 어린 자들을 다스리고 가르치는 것처럼 그와 같은 마음으로 그를 봐야 할 것이며, 그들을 생각해야 함을 너희는 잊지 말라.

17 그러니 그 모두를 다 종파요, 어떠한 믿음의 한계선에서 보지 말며 그것을 다 초월하라.

18 오로지 창조주 나 여호와의 뜻이요, 하늘에 오르는 길은 단 한 길이니, 그 길을 가는 자로서 그 모두를 다스림이니,

19 창조주 나 여호와의 뜻에 의해 역사하며 나 여호와의 뜻을 역사하는 백성은 너희밖에 없음이니라.

20 그러니 사람의 생각이요, 그와 같은 한계에서 벗어나지 못하는 그들과, 종

파가 이렇다저렇다 갑론을박하며 옳
고 그르다 너희가 가는 것이 잘못이
다 잘했다 시시비비를 할 게 없음 이
니라.
21 모두를 사랑으로 감싸 주며, 나로부터
배운 하늘의 뜻이요, 그 이치요, 그리
고 하늘에 오르는 길이 무엇인가를 그
들에게 조용히 일깨워 주고 가르치는
그와 같은 마음으로써 그들을 다 사랑
하며 가슴에 안고 가도록 그리해야 할
것이니라.
22 모두를 너희 가슴에 안지 못하면 너
희는 정녕 참진리요, 창조주 나 여호
와의 뜻을 맡아 대행하는 자들로서 자
격이 없음을 알아야 할 것이니 그리
알라.

8,105 번째 하나님 말씀

2003년 10월 23일 23시 24분

1 사랑하는 나의 아들아!
2 "네, 아버님! 말씀하옵소서."
3 내가 너희에게 마음을 비우라 하며,
모두 다 사랑으로 감싸라 하며, 너희
자신의 모두를 버리며 네가 잘못되는
것을 깨달아 인간 세상에서 잘못되었
다는 것을 모두 털어 버리고 너희를
비우라고 말하였으며 모두를 다 버리
라 하였음이니라.
4 그러니 너희가 모두를 다 버리고 가
는 그 깨달음의 길보다 더 위대한 길
이요, 그 깨달음이 무엇이 있는가?
5 이제 너희의 깨달음의 경지가 높아졌
음이니, 내가 나의 아들을 통하여 너
희에게 전함이니라.
6 너희는 모든 것을 버리고 바로 서기
위해서 가는 그와 같은 깨달음의 진
리보다, 너희가 그 모두를 다 감싸며
사랑으로써 덮어 주며 사랑으로써 승
화시키는 그와 같은 것이 버림보다도
더 위대하다는 것을 이제 알아야 할
것이니라.
7 너희가 잘못된 것을 모두 버리며, 너
희와 감정 있는 자, 거리 있는 자, 미
워하는 자, 또 상대하기 싫은 자, 거래
하기 싫은 자, 그와 같은 자들이 잘못
되어 있으며 잘못 가는 것을 다 네 마
음에서 지우며 네 생각에서 지우며 네
생활에서 모두 지워 버리고 너 혼자서
굳건히 간다 생각하는 것은,
8 그것을 버림으로써 무엇을 깨우친다
하나 그보다 더 소중한 것이 무엇인
줄 알겠느냐?
9 내가 너희에게 버리라 함은 그것까지
다 버리라는 것이 아니요,
10 그 모두를 사랑으로 감싸며 사랑으로
다 덮어 줘 모두를 사랑으로 녹이는
그와 같은 것을 말하여 내가 너희에게
버리라 함이니,
11 나의 아들을 따르는 백성이요, 선택된
너희는 내가 모두를 다 버리라 하여
하나하나 버리고 저 혼자 독불장군으
로 서는 것이 아니며,
12 심심산골에 저 혼자 자신만 깨우치며
진리로 가는 그와 같은 자세로써 모두
를 보지 아니하며 듣지 아니하며 버리
고 가는 것이 너희에게 버리라 함이
아니니라.
13 너희에게 버리라 함은 모두를 다 감
싸라 함이니라.

14 감싸되 그것이 무엇이더냐?
15 사랑으로써 모두를 다 감싸 사랑으로
써 녹여 버린다면, 그것으로써 다 버
리는 그와 같은 경지에 오르는 것보다
더 위대함이며, 그것이 내가 너희에게
원하는 길이라는 것을 알라.
16 너희는 감싸는 것보다 더 위대함이 없
음을 알라.
17 너희가 버린다 하여 하나씩 둘씩 다
떼어 버린다면 네 주변에 남는 것이
무엇이 있느냐?
18 너희가 자식이 여러 명이 있으니, 그
자식들이 잘못되고 잘못 가는 자들을
하나씩 떼어 버리고 나면 과연 네게
무엇이 남느냐?
19 네 주변에 남는 것이 없으며 아무것도
역사하는 것이 없음이니라.
20 그 자식들을 내가 버리라 한다 해서
너희가 버리는 것이 아니요,
21 그를 깨우쳐 다스려서 네 품에 안는
것이 바로 버림이요, 모두를 다 놓음
이니,
22 네가 이 세상의 모든 만물이요, 모두
를 다 똑같은 사랑으로써 볼 수 있는
그와 같은 마음을 갖는 것, 그게 깨달
음이요, 너희가 경지에 오르는 길이
요, 나에게 오름이니라.
23 그러니 내가 버리라는 것은 그대로 버
리는 것이 아니요, 그를 사랑으로써
감싸고 다스려 그것을 완전한 모습으
로 만들어 다스려 쓸 수 있고 관리하
고 같이 더불어 역사할 수 있도록 그
를 놓지 않는 것이 버림이라는 것을
잊지 말라, 사랑하는 나의 아들딸들아!
24 모두를 다 버리고 혼자서 가는 것은
황폐한 마음이요, 거기에는 사랑이 없
으며 나눔이 없으며, 저 자신의 고독
함만이 있으며 나눔이 없음이니라.
25 그러니 나 여호와가 버리라 하는 것은
사랑으로써 모두 다 녹이라 함이니라.
26 그리하여 똑같이 보는 것이니, 네 주
변에 아무것도 없으며 사랑으로써 모
두 녹여 감쌀 때 네 주변에 없되 그득
히 쌓인 것이며, 그득히 쌓여 있되 그
것이 없는 것이니라.
27 이것이 너희가 가야 하는 길이며 오
늘의 깨달음이라는 것을 잊지 말라,
사랑하는 나의 아들딸들아!

8,106 번째 하나님 말씀

2003년 10월 23일 23시 30분

1 사랑하는 나의 아들아!
2 "네, 아버님! 말씀하옵소서."
3 나의 가련하고 불쌍한 백성이 이 세
상의 수많은 그 종파의 지도자들의 그
감언이설에 이리 갈까 저리 갈까 하
며 지금 중심을 잡지 못하는 백성이
수없이 있음이니라.
4 그러면서 영적인 굶주림에 허덕이는
백성이 수없이 있으며, 정녕 진정한
참진리의 길이 무엇인지 모르기에 진
리의 길을 찾고자 몸부림치는 나의 가
련한 백성이 수없이 있음이니라.
5 그러나 그와 같은 백성에게 참진리의
길을 가르치고 인도하며 그들이 구원
의 길에 들어설 수 있도록 어떠한 종
파도 그들을 이끌어 갈 수 없으며 인
도할 수 없음이니라.
6 그리하여 그들이 다른 종파 속에 이끌

려 지옥으로 가는 그 길을 막는 것은 나의 법전이 세상에 전해지는 것이니라.
7 그와 같이 백성을 구원하는 것은 나의 법전을 읽고 깨우치는 그 역사 속에서 그들이 바로 갈 수 있는 것이니, 오로지 정답은 한 길밖에 없기 때문이니라.
8 나 여호와의 뜻이 아닌 인간의 교리에서 나의 피조물 만백성들이 지금 헤어나지 못하고 있음이니라.
9 그러니 지금의 모든 종교 집단이요, 그들은 나의 뜻에 따라 만백성을 구하는 것이 아니요,
10 인간의 생각이요, 인간의 사업을 위하여 모두 저희가 만든 교리로써 지금 끌어가고 있음이니, 그들이 바로 무엇이더냐?
11 나에게 오르는 길이 아니요, 잘못된 길로 가는 백성이니라.
12 그러니 그들을 그곳에서 헤어날 수 있도록 하여 새로운 변화요, 새로운 물결에 같이 합류할 수 있도록 하는 것은, 너희가 나의 법전을 그들의 가슴에 전해 줘 그들이 읽고 깨우치는 그와 같은 변화의 역사를 이루지 아니하면 절대 그들이 바른길을 갈 수 없음이니라.
13 오로지 정답이요, 하늘에 오르는 그 길을 인도하는 것, 그리고 심판의 시대에 구원받을 자와 받지 못한 자를 구분하는 것은 나의 법전이기 때문이니라.
14 이제 나 여호와가 역사하는 일에 너희는 각자 그 책임이 있으며 역사하는 그 막중함이 있으니, 너희에게 주어진 오늘의 그 자리에서 인간의 삶이요, 행함이요, 나의 법전이요, 나의 계명대로 행하는 그와 같은 삶에 게을리 해서도 안 되며 흔들리는 그와 같은 자세를 해서도 아니 되느니라.
15 너희가 각자 부분에 따라서 직책에 따라서 책임을 맡은 막중함을 알아 그 자리에서 자기 직분을 다 역사했을 때 그와 같은 모든 변화가 이루어진다는 것을 절대로 잊어서는 아니 될 것이니라.
16 이제 너희가 각자의 직분에 책임을 지고 그 일을 충실히 수행했을 때 나의 법전은 세상에 전해질 것이며,
17 나의 법전이 전해짐이니 또한 지금의 모든 종교 집단이 어제의 적이 오늘 하나가 되어 너희를 공격하는 그와 같은 형태가 될 것이라 내가 말하지 아니하였던가?
18 그리하여 저희가 하나가 되어 나의 법전을 공격하지만, 나의 법전이 쓰러지지 아니하며 지워지지 않을 때, 그들은 결국 어떠한 일이 생기는가?
19 서로 내분이 나 붕괴하는 그와 같은 일이 시작될 것이라 하였음이니라.
20 그리하여 그들은 무너짐이니라.
21 그러나 여기서 너희가 알고 가야 할 것이 있음이니라.
22 저희가 하나가 되어 나의 법전이 존재치 못하도록 공격하다 저희 스스로 지쳐 등 돌리고 헤어질 때는 서로 적이 되며, 정적보다도 더 무서운 그와 같은 형국으로 갈라지고 찢어져 무너지기 시작하지만,

23 그래도 그 집단이요, 지도자들은 나
여호와가 나의 아들을 통하여 내리는
참진리요, 나의 법전을 절대 보지 않
으려 하며 이를 찾지 않으려 할 것이
며 이를 영원히 잊을 수 없는 원수와
같이 가슴에 안고 그들은 그리 갈 것
이니라.
24 그러니 그들은 구원하지 못한다 해도,
그를 따르던 나의 백성이요, 그 신도
들은 구원해야 할 것이니,
25 너희는 오늘의 책임을 최선을 다하며,
나의 법전이 세상에 물이 흐르듯이 그
물결처럼 파도쳐 나갈 수 있도록, 범
람하는 물처럼 나의 법전이 세상을 덮
는 그 역사에 모두를 다 바치고 던져
야 한다는 것을 절대 잊지 말도록 하
라, 사랑하는 나의 백성들아!
26 지금 영적인 굶주림이요, 진리를 찾지
못해 몸부림치는 그 백성, 그리고 잘
못 끌려가는 그 백성을 구원하는 것
은 나의 법전을 그들의 손에 쥐여 줘
그들이 읽고 깨우치도록 하는 길밖에
없기 때문이니라.

8,107 번째 하나님 말씀

2003년 10월 23일 23시 37분

1 사랑하는 나의 아들아!
2 "네, 아버님! 말씀하옵소서."
3 나의 피조물 만백성 너희가 하나로
역사하며 오로지 참진리요, 나에게 오
르는 길은 한 길이라 하였음이니,
4 너희가 나 여호와의 뜻에 의해 모든
역사를 하는 백성으로서 삶을 산다면
나의 아들딸들 너희가 나의 나라에
올 수 있거늘,
5 너희가 지금 가는 그 믿음은 나에게
오르는 길이 아니요, 사탄의 자식이
되어 나에게 등 돌리고 지옥으로 가는
그 길만 간다 함이 어디 있는 줄 알겠
느냐?
6 너희는 여기서 알아야 할 것이니라.
7 나의 아들을 따르는 선택된 제자들이
요, 나의 법전을 읽고 깨우친 만백성,
너희는 알아야 할 것이니라.
8 서로 하나의 마음으로써 모든 역사를
해도 하나가 될까 말까 하며, 서로 하
나의 뜻을 이루려고 같이 노력하는
그와 같은 속에서도 어렵거늘,
9 지금의 모든 종교 집단들은 어찌하는
가?
10 서로 밀고 당기는 그와 같은 힘겨루기
만 하는 것이 오늘의 그들의 실정이
아니더냐?
11 사랑하는 나의 아들을 따르는 선택된
너희는 들어야 할 것이니라.
12 뜻을 같이하는 너희 자신도 하나를
이루기가 그리 힘들고 어렵거늘,
13 모든 종파가 서로 밀고 당기고 힘겨루
기를 하며 제 것이 최고라 하여 저희
가 제일 상석에 앉고자 자리다툼을 하
며, 천 갈래 만 갈래 찢어진 이와 같은
형국의 믿음이 과연 나 여호와의 뜻이
라 말할 수 있겠느냐?
14 이는 결코 나 여호와의 뜻이 아니라는
것을 너희는 이것으로써도 알아야 할
것이니라.
15 서로 밀고 당기고 넘어트리는 그와 같
이 하는 세계에서 어찌 지상의 낙원이
이루어질 수 있다던가?

16 절대로 지상의 낙원은 이루어질 수 없
음이니라.
17 오로지 나 여호와의 참진리요, 하늘에
오르는 길이요, 내가 역사하는 길은
단 한길밖에 없으며, 그리하여 그 길
로만 지상의 낙원을 이룰 수 있는 것
이니라.
18 그러나 오늘의 수많은 종파처럼 서로
물고 뜯고 밀고 당기는 그와 같은 형
태에서는 아무것도 이루어질 수 없으
며,
19 그와 같은 종교 집단은 나의 백성이
아니요, 나로부터 선택된 백성이 아니
라는 것을 너희는 알아야 할 것이니
라.
20 이제 나의 아들을 따르는 제자들이요,
나의 법전을 읽고 깨우친 만백성 너희
는 서로 밀고 당기는 그와 같은 일은
없을 것이니라.
21 그리고 높은 자리에 앉고자 하여 시기
질투하는 것도 없으며, 양보하며 낮은
자로서 내려앉는 그와 같은 마음으로
가는 것이 너희지 않더냐?
22 그러니 밀고 당기며 서로 시기 질투
하는 지금의 종교 집단이 가는 형태와
너희가 가는 마음 자세가 과연 너희
가 보기에 무엇이 정도고 진리며 나
여호와의 뜻이며 사랑이라 생각하는
가?
23 그러니 너희 스스로 그를 알게 될 것
이니라.
24 너희는 용기를 잃지 말며, 자신을 가
지고 지금 역사하는 일에 최선을 다
하도록 그리하라.
25 이 세상에 선택된 백성이요, 모두를
역사할 수 있는 백성은 오로지 너희
뿐이라는 그 의미를 알 것이니라.
26 나의 법전을 읽고 깨우친 나의 아들을
따르는 제자 너희는 절대 서로 밀고
당기며 제가 앞에 앉고자 하며 상석에
앉고자 하며 남을 밀어붙이는 그와 같
은 형국은 하지도 아니할 것이며,
27 그와 같은 자는 자신이 부끄러워 자
신을 용서 못 하는 그와 같은 변화의
역사를 가는 백성이니라.
28 그와 같은 것을 업으로 삼으며, 그것
이 죄가 되는 줄 모르며 부끄러운 줄
모르고 행하는 그들과, 너희 스스로
누가 진정한 길이고 나로부터 선택된
백성이요,
29 그리고 너희를 깨우쳐 참천사로서 인
도하는 가르침의 길인가를 너희 스스
로 알아야 할 것이니라.
30 너희가 이를 알고 믿는다면 이는 나
여호와의 뜻이요, 창조주가 마지막 시
대요, 심판의 시대를 열어 가고 있다
는 것을 알아 나의 피조물 만백성 너
희 형제를 구하는 데 최선을 다하는
자세가 되어야 할 것이니 그리 알라.
31 지금 나의 피조물 만백성들은 나를 믿
지 아니하며 나에 대한 관심을 갖지
않는 백성이요, 저희 나름대로 그저
기복 신앙이요, 우상을 섬기며 나름대
로 살아가는 백성이 세상에 존재하는
가 하면,
32 더러는 나 여호와가 존재함을 두려워
하며 나 여호와를 무섭게 생각하는 백
성이 있느니라.
33 그런가 하면 지금의 모든 백성은 그
저 무엇을 이루고자 얻고자 기도하면

모든 소원이 이루어진다는 그와 같은
믿음으로 이와 같이 모든 갈래로 갈
라져 있는 것이 나의 피조물 만백성들
이니라.
34 그러니 그들을 어찌 하나의 마음으로
써 내가 다스리며 통제할 수 있다고
말할 수 있겠느냐?
35 그리하여 그는 절대 하나가 될 수 없
으며 한형제가 될 수 없기에,
36 내가 너희에게 하나가 되는 길은 오
로지 나 여호와가 존재함을 알며, 믿
지 않는 자, 관심이 있는 자, 그리고
소원을 비는 자, 그와 같은 믿음이요,
생각만 가진 나의 어리석은 백성에게,
나 여호와는 사랑으로써 존재하며,
37 나 여호와의 사랑이 무엇이며 내가 너
희에게 거둬들이는 것이 아니요, 베푸
는 여호와 하나님이요, 내리는 하나님
이라는 것, 그리고 창조주라는 것을
모두 깨우쳐 눈을 뜰 수 있게 하는 것
이니,
38 이는 나의 법전을 읽고 깨우치는 그
길밖에 없기 때문에 너희가 오늘의
이 역사의 길을 가고 있음을 잊지 말
라, 사랑하는 나의 아들딸들아!

8,108 번째 하나님 말씀

2003년 10월 23일 23시 44분

1 사랑하는 나의 아들아!
2 "네, 아버님! 말씀하옵소서."
3 너는 알고 있지 않은가?
4 나 여호와의 마음이 얼마나 아프며 내
마음이 얼마나 고통스러우며, 나 여호
와가 너희를 위하여 얼마나 더 아픈
고통과 시련을 감내하고 가야 하는가?
5 사랑하는 나의 아들 예수를 세상에 내
보내 그 고통의 역사를 봤으며, 지금
내가 나의 아들 너를 통하여 밤낮을
가리지 아니하며 나의 법전을 만들어
사랑하는 나의 백성 너희를 구원하고
자 전하고 또 전하지만,
6 이를 감사히 생각하며 이를 받아들이
며 깨우치고자 하는 백성이 없음이니,
나 여호와의 아픈 마음을 너는 알고
있을 것이니라.
7 지금의 모든 종교 지도자요, 그리고
너희가 가는 그 복음이요, 만백성을
구하기 위해 전파한다는 오늘의 가르
침, 그리고 단상에 서서 설교하는 종
교 지도자, 그 모두가 다 나 여호와의
뜻을 거역하는 그와 같은 일만 하고
있음이니, 이를 바라보는 나 여호와의
마음이 얼마나 아픈지 너는 알 것이니
라.
8 그리고 그것이 참진리요, 하늘에 오르
는 길이라 보고 따라가는 나의 불쌍한
백성이 지금 지옥의 낭떠러지로 떨어
지는 그 길을 달려감이니, 그를 바라
보는 나 여호와의 아픈 마음을 나의
아들 너는 알고 있을 것이니라.
9 그들이 내가 역사하고자 하는 것, 내
뜻을 거역하는 것도 부족하여 지금 어
떤 짓을 하고 있느냐?
10 사랑하는 나의 백성까지 지옥으로 이
끌어 가는 그와 같은 사악한 짓을 하
고 있느니라.
11 그리하여 종교 지도자라는 자들이 말
로써 풍성한 말장난으로만 설교한다
고 말하지만,

12 그 설교는 나 여호와의 뜻이 아니요,
인간인 저 자신이 꾸며낸 저 자신의
생각이며 제 교리임을 그들은 잘 알고
있음이니라.
13 그리고 저희가 나로부터 받은 역사가
아니요, 성서의 비유의 뜻도 제대로
모르며, 그러기에 말장난으로써 나의
피조물 만백성들을 이끌어 가지만,
14 그것은 나 여호와의 설교가 아니며 나
의 성경에 있는 설교가 아니라, 인간
의 생각으로써 저희가 꾸며낸 것으로
써 지금 설교하는 자들이니라.
15 그들은 저 자신이 잘 알고 있음이니라.
16 그들이 하는 짓은 나의 피조물 만백
성들을 구원하는 길도 아니요, 인도하
는 것도 아니요,
17 저희가 하는 설교로써는 나의 백성이
구원의 길에 들어설 수도 없으며 그
를 역사할 수 없다는 것을 설교하는
그들은 잘 알고 있음이니라.
18 제 생각으로써 나의 백성을 현혹하고
있으며 사랑하는 나의 백성을 흥분시
키는 데, 마음에 자극을 주는 데 역점
을 두며,
19 그리하여 재물을 거둬들이고 재물을
모으는데 나의 피조물 만백성들을 유
혹하여 그리 이끌어 가는 것이 오늘의
믿음의 길이니라.
20 그리하여 나의 피조물 만백성들의 마
음을 자극하며 흥분시켜 맹종 맹신하
도록 가르치는 그와 같은 종교 집단이
요, 그와 같은 집단들이 세상을 지배
하며 거기에 끌려가 있는 백성이 모
두 다 구원받은 자요, 하늘에 오르는
자들이라 하며 지금 이 세상을 지배하
는 그와 같은 행위를 하고 있음이니라.
21 그러나 너희는 알아야 할 것이니라.
22 지금 그와 같은 종교 집단이요, 지도
자는 나 여호와가 지도자라 명한 자가
한 사람도 없으며, 나 여호와가 골라
쓰고자 해도 쓸 수 있는 자가 하나도
없음을 알라.
23 지금의 모든 종교 집단에 있는 지도자
라는 백성이 나 여호와의 뜻을 행하
는 자가 있으며 나 여호와가 골라서
쓸 수 있는 지도자가 있다면,
24 이와 같이 나의 아들로 하여금 이 고
통스러운 길의 역사를 가지 아니하고
너희로서 모든 역사를 하는 그와 같
은 길을 갔을 것이니라.
25 그러나 한 명도 나 여호와가 쓸 수 있
는 자가 없으며 골라 쓸 수가 없으며,
내 명을 따라서 행하며 어려운 그 길
을 선택하고 가는 자가 하나도 없으며,
26 나 여호와의 뜻을 거역하는 데만 일등
공신의 노력을 하고 있으며, 선봉장으
로서 저희 스스로 경쟁하듯이 지금
그와 같이 이끌어 가느니라.
27 모든 나의 뜻을 거역하며 나의 사랑하
는 백성을 지옥으로 이끌어 가는 데
일등공신의 역할이요, 그 책무를 다하
고 있음이니,
28 백 년도 안 되는 육의 삶을 모두 종식
시키고 나에게 왔을 때 얼마나 무서운
대가를 치러야 하는지 알지 못하는 자
들이니라.
29 너희는 알아야 할 것이니라.
30 앞에 오는 크나큰 불행을 모르고 가는
자가 얼마나 불쌍하고 가련한 자던가?
31 천년만년 살 것 같은 생각으로써 오늘

의 삶을 함부로 살며, 내일 아침에 마
지막 그 순간이 도래하거늘 그것도 모
르고 오늘 장가가고 시집가며 잔칫집
에 가 술 먹고 놀며 타락한 문화를 즐
기는 백성이 있다면, 그게 얼마나 불
쌍하고 가련한 백성인 줄 알겠느냐?
32 모든 종교 집단이요, 지도자들이 특히
저희가 일등공신이라는 생각만 하고
가지만,
33 언제 숨을 거둬 나에게 심판을 받을지
모르는 어리석은 백성이 지금 살아가
는 것과 똑같은 짓을 하고 있음을 알
라.

8,109 번째 하나님 말씀

2003년 10월 23일 23시 48분

1 사랑하는 나의 아들아!
2 "네, 아버님! 말씀하옵소서."
3 수천 년 동안 그 많은 지도자요, 백성
이 지금까지 흘러오면서 지금의 믿음
생활이 무엇을 구하고자 하는 길이며
무엇을 위한 것이며 그 목적이 어디
있으며 가는 길이 어딘지도 모르며 지
금 그와 같은 믿음의 길을 가고 있다
면, 너희는 어찌 생각하겠느냐?
4 그들이 얼마나 불행한 백성이라 생각
하느냐, 나의 아들아!
5 그들은 구원을 받았다 하며 참진리라
말하지만,
6 나 여호와가 바라보는 그들은 지금의
믿음 생활이 무엇을 구하고자 무엇을
역사하고자 어디에 방향을 두며 어떠
한 것이 하늘에 오르는 길인지조차도
모르며,
7 그저 저희가 하늘에 오르는 길이요,
그저 저희 손으로 지은 죄의 온상에
와서 설교라는 것을 듣기만 하며 찬송
부르고 울고불고하는 것으로써 구원
을 받는다는 그 길을 가는 백성이니,
8 그들은 무엇을 어찌하여 지금 그 길을
가는 것인지도 모르면서 가는 자들이
니라.
9 너희가 구하는 것이요, 정녕 나 여호
와로부터 구하는 것이 무엇이며 구하
는 것이 어떤 것이며 무엇을 구하기
위해 지금 가고 있는지 종교 집단이
요, 지도자요, 신도들 자체도 지금 알
지도 못하는 자들이니라.
10 그는 바로 무엇이더냐?
11 어찌해야 저희가 하늘에 오르는 길이
며 어찌해야 구원을 받는 것이며, 창
조주 나 여호와가 무엇을 원하며 내가
무엇을 이루고자 하는 것인지 그들이
모르고 가기 때문에,
12 저희는 지금 진정한 믿음이요, 다른
신을 섬기지 아니하며 오로지 나 여호
와의 뜻에 따라 역사한다 하지만, 그
들은 자기 자신이 무엇을 어떻게 어디
서 무엇을 구원하는 것인지 지금 하
는 짓이 어떠한 짓인지 그것도 모르고
가는 자들이 그들이니라.
13 내가 이제 그들에게 전하고자 함이니
라.
14 그들이 나의 법전을 읽고 깨우쳐 바른
믿음의 길을 볼 때, 저희가 무엇을 구
원하는 것이며 무엇을 구원하기 위하
여 존재하며, 하늘에 오르는 그 길에
은혜를 입으려면 어찌 가는 것인가를
나의 법전에 다 기록하여 주었음이니,

15 지금이라도 그들이 나의 법전을 읽고
깨우쳐, 이게 사탄이요, 사악한 자의
장난이라 하지 아니하고, 저희가 지금
까지 끌고 왔던 모든 믿음이요, 지도
자라는 저희만이 소중하고 제왕과 같
은 체면을 다 버리며, 지금까지 나의
피조물 만백성들에게 군림했던 저 자
신의 자존심이요, 그 모두를 다 버리
며,
16 지금까지 사악한 방법으로써 이룬 모
든 역사함을 다 버리며 그 모두를 던
져 버릴 수 있는 용기를 가진 자, 그리
고 그 모두를 털어 버리고 지워 버리
며 나의 법전을 읽고 깨우쳐 그대로
행하겠다는 용기 있는 자가 아니면 정
녕 너희는 나에게 구원받을 수 없다
는 것을 알아야 할 것이니라.
17 이제 내가 다시 한 번 너희에게 말하
느니라.
18 지금 너희가 가는 그 믿음이 진정한
길이요, 나 여호와에게 오르는 길이
요, 참진리의 길이라 생각하지만,
19 내가 보는 너희는 무엇을 위하여 지
금 헤매고 있으며 무엇을 구하기 위해
울고불고하는지 그 자체도 모르는 백
성이 오늘 구원을 받았다 하며 믿음
의 길이요, 그 길만이 하늘에 오르는
길이라 가는 그 백성이니라.
20 내가 그들에게 명하느니라.
21 너희가 지금까지 왔던 그 믿음의 세계
에서 너 자신의 체면이요, 자존심이
요, 그리고 여태까지 이루었던 모든
것을 다 던지고 낙엽 하나 놓는 것보
다 가벼운 마음으로 용기 있게 돌아서
지 아니하면,
22 너희는 정녕 나로부터 구원의 영광이
요, 그 은혜를 받을 수 없다는 것을 알
라.
23 그리 구원을 얻고자 몸부림친 자들이
어느 날 지옥문 앞에서 그 문을 들어
가지 아니하기 위해 몸부림치는 것이
네 모습이요, 너 자신이라는 것을 알
게 될 것이니, 그때는 이미 늦음이니
라.

8,110 번째 하나님 말씀

2003년 10월 23일 23시 53분

1 사랑하는 나의 아들아!
2 "네, 아버님! 말씀하옵소서."
3 너희가 선한 길이 무엇이며 선이 무엇
인지 알면서 행하지 않는 백성이요,
선함을 행하고 사는 것이 인간의 도리
라 하면서 그것을 행하지 아니하고 그
와 같은 삶을 살지 않는 백성은 바로
무엇이더냐?
4 너희는 스스로 죄를 짓는 그와 같은
삶을 사는 백성이요, 그 삶은 바로 죄
이니라.
5 지금 나의 피조물 만백성 너희가 나를
믿는 자, 믿지 않는 자, 그리고 구원을
받았다는 그 백성이 모두 다 하늘에
오르는 길이요, 나 여호와의 진리에
따라서 구원의 길이라 하고 오지만,
6 그것이 구원의 길이 아니요, 나의 뜻
을 역사하는 그와 같은 길이 아니라
한다면 과연 어떠하던가?
7 그리고 또한 너희가 지금 가는 그 믿
음이 잘못되었다는 것을 알면서 그를
바로잡지 아니하며, 그저 흐르는 물처

럼 그대로 따라가는 집단이요, 지도자
가 있다면, 과연 그 삶이 무슨 삶이며
어떠한 믿음이던가?
8 나에게 오르는 길이 아님을 알면서 가
는 자는 바로 지옥 불이요, 그 대가를
치르러 들어가는 문은 있으나 나오는
문이 없는 그와 같은 곳을 스스로 자
청해서 가는 그와 같은 삶이 아니던가?
9 그러니 이제 너희는 깨우쳐야 할 것
이니라.
10 지금까지 너희가 가는 그 믿음이요,
그 역사는 잘못된 것이요, 잘못된 길
이요, 하늘에 오르는 길이 아니라고
내가 수없이 기록하여 전했음이니, 너
희는 이를 읽고 바로 깨우쳐 그와 같
은 길을 선택하면 아니 됨을 알라.
11 내가 말하였느니라.
12 선을 알면서 행하지 않는 것은 죄를
짓는 것이며, 그 믿음이 잘못된 것을
알면서 그를 바로잡지 아니하고 그리
가는 것은 그 길이 어떠한 길인가를
스스로 잘 알 것이니라.
13 그러니 너희가 깨달았을 때 바로잡는
용기요, 바로 서는 그와 같은 자신이
없으면 너희는 정녕 나에게 오는 길
이 아니요, 나를 볼 수 없는 백성이 된
다는 것을 절대 잊어서는 아니 될 것
이니 그리 알라.
14 알면서도 잘못 가는 그와 같은 죄가
얼마나 무섭고 두려운 것인가를 알라.
15 내가 나의 아들을 따르는 제자들에게
그리 전하였느니라.
16 너희가 참진리를 깨우쳤으며 나 여호
와의 뜻을 알았으면, 너희만 구원을
받는 그 길을 오는 백성은 그게 죄 됨
이요,
17 네가 아는 것, 나로부터 얻은 모든 것
을 이웃이요, 네 형제를 위하여 모두
다 바치는 것, 네 역량의 한계를 넘어
서 봉사하고 그들을 위하여서 살아가
는 그와 같은 마음 자세가 내가 기억
하는 백성이라 그리 말하였음이니,
18 너희는 오늘을 살면서 어떠한 자세로
사는가?
19 알면서 행하지 않는 자, 또한 깨달음
이 있어도 남에게 전하지 아니하며 깨
달음을 갖지 않는 자는 모두 어떠한
결과인가는 스스로 너희가 심판대에
섰을 때 모두 알게 될 것이니 그리 알
라.

8,111 번째 하나님 말씀

2003년 10월 24일 06시 58분

1 사랑하는 나의 아들아!
2 "네, 아버님! 말씀하옵소서."
3 너희가 이 세상에서 육을 가지고 사
는 모든 은혜는 나로부터 받아서 세
상에 나간 것이며, 나로부터 하나의
그 기회를 다 얻은 그와 같은 영광과
축복 속에서 오늘의 지상의 삶을 사는
그와 같은 은혜를 입은 백성이라 하였
음이니라.
4 그리하여 내가 너희에게 세상에 나가
삶에 있어서 너희가 지켜야 할 그와
같은 것을 만들어 세상에 내려보냈음
이니, 이게 바로 법도가 아니더냐?
5 그러니 내가 직접 써 내린 십계명 그
게 바로 너희에게 법도이니라.
6 큰 법의 줄기로써 그를 지키고 지키지

아니하는 것이 너희가 나에게 오르고
못 오르는 그와 같은 정답이니라.
7 그러나 내가 나의 아들을 통하여 너희
에게 뭐라 말하였느냐?
8 그와 같이 내가 내린 그 법도를 지키
는 것보다도 더 아름다운 모습으로써
살아가는 사람으로 많은 백성에게 비
친 그와 같은 백성이 나에게 오를 수
있으며 구원을 받는다 말했음이니,
9 평범한 말 같으며 평범하게 가르치지
만, 이것이 바로 너희에게 적용되는
진리이며, 너희가 그리도 갈구하는 하
늘에 오르는 길이니라.
10 그러나 너희는 지금 어찌 살아가는가?
11 이를 지킬 수 없다는 백성과 또한 지
키려는 백성으로 양분된 오늘의 삶을
삶이니, 정녕 이를 너희가 말해 보라.
12 이를 지키고 살 수 있다고 말하며 지
키겠다 하는 백성이 어떠한 백성이더
냐?
13 나를 따르며 하늘에 오르는 길을 얻고
자 하며, 나의 뜻에 따라 다른 신을 두
지 아니하고 살아간다는, 바로 나를
믿는 그 백성이 지킬 수 있다고 말하
는 자들이요,
14 이를 지키지 못한다고 시시비비하는
백성은 과연 어떠한 백성이던가?
15 바로 지키는 길만이 나에게 오르는 길
이요, 지켜야 한다고 만백성에게 깨우
치고 전해야 할 백성이 지킬 수 없다
는 오늘의 그 형국은,
16 나의 아들 예수가 수천 년 전에 세상
에 나왔지만, 그가 나의 아들이 아니
요, 참진리의 복음을 전하는 것이 아
니라 하여 그를 죽게 했던 그것이 바
로 나의 백성이요, 믿음의 길을 가는
그 백성이 한 행위가 아니더냐?
17 그와 마찬가지로 그보다 더 사악한 짓
을 하는 것이 오늘의 그 행위이니라.
18 이것이 바로 오늘의 잘못된 것이며 잘
못 흘러가는 그와 같은 삶의 기초요,
근본이 된 것이니라.
19 지금 내가 나의 아들을 통하여 나의
법전을 세상에 내려보냄이니, 나의 이
법전에 너희에게 무엇을 잘못하며 어
떤 사악한 길로 가라 하는 것이 있더
냐?
20 여기에 전혀 그러한 것이 없거늘, 너
희는 이를 가지고 시시비비하며, 어찌
하여 사탄이요, 거짓 선지자가 하는
길이라 하는가?
21 성서에 기록되어 전하기를 뭐라 말하
였느냐?
22 하늘에 오르는 길이요, 인간의 도리가
5리를 가자 하면 10리를 같이 가주는
그 백성이 바로 나의 뜻이요, 내가 역
사하는 백성이라 성서에도 기록되어
있지 않더냐?
23 지금 나의 법전에 기록하여 너희에게
뭐라 전하느냐?
24 너희가 남에게 받은 것은 최소한 배로
갚을 수 있는 그와 같은 마음 자세로
살아가는 것이 나의 백성이요, 나에게
올 수 있는 백성이라 그리 말하며 가
르침이니, 이를 글로써 책으로 만들어
전하는 것이 성서와 무엇이 다르단 말
이던가?
25 그러니 지금 이를 거부하며 이를 인정
치 아니하려는 백성, 바로 기본인 나
의 계명을 지키고 살 수 없다고 말하

는 자는 그게 살인하는 자보다도 더
사악한 행위를 하는 것임을 알라.
26 오늘날 진정 나의 계명을 지키고 살아
온 백성과 그를 지키지 못하고 살아
온 백성은 그 세상이 어떠한 줄 알겠
느냐?
27 지금 나의 아들을 따르는 제자들, 이
를 지키고 살아야 하는 그 백성은 스
물네 시간 긴장 속에서 변화되는 삶
을 사는 자들이니라.
28 그러니 이를 지킬 수 없다는 그 혼탁
한 욕심을 버리지 못한 세상과 이 세
상에 같이 살지만, 담이 쳐 있으며 세
상이 다름을 너희는 알아야 할 것이
니라.
29 이제 지킬 수 있다는 백성은 벌써 지
상의 낙원 속에서 살아가는 백성과
같은 것이요, 지키지 못하는 자들은
혼탁한 속에서 지금도 헤매는 그와
같은 백성이니라.
30 너희가 나의 법전을 지킬 수 없다고
그리 가르쳤기에 지금 나의 피조물 만
백성들의 삶이 어떠한 것이냐?
31 너희는 그리 말하느니라, '네 것도 내
것이요, 내 것도 내 것'이라고 그와 같
이 공공연히 말하는 백성이니, 그것이
과연 얼마나 욕심에 차 있는 일이며
얼마나 사악한 짓을 하는가?
32 이제 나의 피조물 만백성 너희는 배
로 전하며 배로 베푸는 사랑이 아니니
라.
33 그저 걸리는 대로 제 것을 만들며, 남
이야 어찌 되든 그저 남의 것을 제 것
으로 만들어 육의 세상을 편하게 살아
가는 거기에 혈안이 되었음이니,
34 오죽하면 '네 것도 내 것이요, 내 것도
내 것'이라는 그와 같은 말을 하겠는
가?
35 그것이 너희의 오늘의 삶이요, 현실이
니라.
36 이제 너희는 이 세상에 살아가면서
남의 것도 먼저 보는 자가 임자며, 그
저 챙기고 돌려주지 아니해도 죄의식
을 느끼지 못하는 그와 같은 험악한
세상으로 변할 것이니라.
37 '가진 자 것을 좀 도둑질하기로 그게
무슨 죄며, 가진 자 것을 좀 빌려 쓰고
갚지 아니한다 해서 그것이 무슨 죄
냐?' 하며 공공연히 말하는 이와 같은
삶으로 변화될 것이니라.
38 정녕 이것은 나의 계명대로 지키고 사
는 백성이 아니기 때문이니, 가르친
자들이 바로 원흉이요, 그게 죄의 온
상이라 함을 너희는 알아야 할 것이
니라.
39 나는 오늘 나의 아들을 따르는 제자
너희에게 전함이니라.
40 이 세상에 살아가면서 살면서 죽은 자
요, 살면서 산 자가 있다 한 그 의미를
아는가?
41 너희가 지금 모여 사는 이 세상은 그
들과 너희가 똑같은 세상이요, 똑같은
공기를 마시며 살아도 엄연히 구분된
세상에서 사는 자들이니,
42 너희가 살아가는 그 세상이 정도요,
진리요, 그를 따르지 아니하고 그를
보지 아니하는 자들은 정녕 나에게 올
수 없는 백성이라는 것이니,
43 오늘의 변하는 삶에서 중단하지 말며
진리의 길을 따라 계속 노력하고 또

변하는 그와 같은 삶을 살아야 할 것
이니라.
44 하늘에 오르는 길은 쉬어서도 아니 되
며 중단해서도 아니 되며, 진리를 따
라 깨우치고 행하는 백성은 중단해서
도 아니 되고 쉬어 가고자 해도 아니
되는 것이니라.
45 진리는 끝이 없으며 아름다움을 행하
는 것은 끝이 없음이니, 이는 바로 때
묻은 몸을 씻어 내고 또 씻어 냄이니,
46 씻고 씻는 자만이 깨끗해질 수 있는
그와 같은 이치임을 알라, 사랑하는
나의 아들딸들아!

8,112 번째 하나님 말씀

2003년 10월 24일 07시 05분

1 사랑하는 나의 아들아!
2 "네, 아버님! 말씀하옵소서."
3 내가 일찍이 나의 법전이요, 성경에
기록하여 너희에게 전하였느니라.
4 너희의 마음 자세가 어찌 가야 한다
했느냐?
5 시냇물이 흘러 강물을 따라 그 강물이
모든 것을 쓸고 바다로 밀고 들어감이
니, 바다는 말없이 모두를 다 받아들
이며 가슴에 안는다 그리하였느니라.
6 그것이 너희가 가야 할 길이며, 너희
가 가져야 할 마음 자세라 내가 일찍
이 너희에게 깨우치고 전하였느니라.
7 바로 그와 같은 마음을 가지고 사는
것이 모든 것을 비움이라 함을 너희는
알아야 할 것이니라.
8 비운다 하여 바다가 비우려고 짠물을
맑은 물이 되게 한다 하여 그것을 모
두 다 말려 버리고 증발시킨다면 바다
라는 것은 존재할 수 없으며 그것은
있을 수 없지 않더냐?
9 그 속에 살아가는 모든 생물이요, 미
물들이 살 수 없으며 존재할 수 없는
것이니라.
10 바로 내가 너희에게 버리라 함은 그
와 같은 것이니라.
11 너희가 묵묵히 제자리를 지키며 모든
것을 소화시키고 받아들임이니,
12 그것이 바로 사랑으로써 모두를 다 녹
이는 것이며, 중화시키는 너희 마음이
니라.
13 그러니 그와 같은 마음의 경지에 오르
고자 하는 것이 너희가 가야 할 길이
며 역사하는 것이니,
14 너희는 마음을 조급히 해서도 아니 되
며, 흥분해서도 아니 되는 것이 너희
가 가야 하는 길이니라.
15 너희가 마음을 조급히 하고 마음에 흥
분하면 모두 다 엎질러지고 실패하게
되며 실수하게 됨이니라.
16 너희는 그와 같은 마음을 다스리는 훈
련을 해야 할 것이니라.
17 그러니 너희는 조용히 모든 것을 다
거둬들이는 마음이요, 어떠한 걸 봐도
흥분해서는 안 되고 자극을 가져서도
안 되며 언성을 높여도 아니 되는 것
이 너희이니라.
18 그것이 모두 조급한 마음에서 역사함
이니, 그 조급한 마음이 무엇이더냐?
19 곧 너희가 욕심의 뿌리를 버리지 못하
였기 때문임을 알라.
20 너희가 깨우쳐 가는 것, 변화되는 그
것도 괴로워하며 고통스러워하지 말

라.
21 너희가 하나의 실수를 했다 해서 고통
스러워하는 그 마음이 되면 아니 되
기 때문이니라.
22 서서히 깨우쳐 갈 수 있도록 네 마음
을 다스리라.
23 모든 것을 받아들이는 바다의 마음처
럼, 깨달으며 오늘 하나를 실수했다
해서 마음에 동요가 생겨서는 아니 되
며, 그로 인하여 울고불고 고통스러운
마음을 갖지 말라.
24 그걸 자초하게 되면 견디지 못하고
무너지는 너희 자신이 될 것이니라.
25 너희는 이미 나에게 오르는 길에 들어
서 있으며, 나의 나라 속에서 사는 자
들이니라.
26 이제 내가 다시 한 번 너희에게 전하
니, 바다와 같은 마음으로써 모두를
받아들이는 것이 비움이요, 사랑이라
는 것이니, 그와 같은 마음으로 유하
고 부드럽게 모두를 흡수하는 마음으
로 가야 할 것이며,
27 불 같은 성격은 아니 됨이니라.
28 불 같은 성격은 모든 것을 갈라 놓고
찢어 놓는 것이니, 인내하고 기다릴
수 있는 그 능력도 없음이니라.
29 그리하여 내가 너희에게 여유 있게
물과 같이 천천히 가라 함은, 너희가
불 같은 생각으로 튀고 또 찢어지고
하는 그와 같은 마음으로 간다는 것
은, 정녕 내가 필요로 할 때 그 자리에
있지 못하며, 내가 너희를 정녕 역사
하고자 할 때 자리가 비어 있는 자니,
30 스스로 무너진 자요, 스스로 등을 지
고 떠나는 자요, 너희 스스로 나를 등
돌리고 배신하는 그와 같은 백성이
되기 때문이니라.
31 유한 마음을 가지라.
32 이제 가슴을 열고 모두를 다 받아들이
는, 내가 법전에 기록했던, 바다와 같
은 그 마음을 다스리는 데 최선을 다
하라.
33 그와 같은 마음을 버리지 못하면 너희
는 조급증이요, 조급함으로 인하여 쓰
러짐이니,
34 내가 정녕 너희에게 대명을 내려 역
사하고자 할 때 너희는 보이지 아니
하며, 내 옆을 떠나는 그와 같은 자가
될 것이니라.
35 그러니 너희가 그 조급증이요, 급한
마음을 버리고 서서히 다스리면서 가
도록 그리하라, 사랑하는 나의 아들딸
들아!

8,113 번째 하나님 말씀

2003년 10월 24일 07시 09분

1 사랑하는 나의 아들아!
2 "네, 아버님! 말씀하옵소서."
3 너희가 자고 나면 다시 뜨는 태양과
너희에게 산소를 공급해 주며 불어 주
는 바람 같은 마음으로 삶을 살아야
할 것이니라.
4 세상에 태양이 비추지 아니하며 그 빛
이 가지 아니하는 곳이 없거늘, 그 태
양이 너희가 살아가는 모습을 보았을
때, 과연 그 흉악한 자들을 위해 빛을
비춰 주고 그와 같은 것을 역사를 하
고 싶은 마음이 있겠는가?
5 너희가 인간의 도리로 살지 못하는 그

추하고 더러운 행위를 그는 다 봄이니
라.
6 그리하여 태양은 당장 그 빛을 모두
중단하고 암흑의 세상으로 만들어 그
들을 단죄하고 싶은 마음이 없겠는가?
7 또한, 수없이 불어오는 그 바람 역시
어떠하던가?
8 너희의 추하고 더러운 곳을 지나가며
그 모든 것을 다 봄이니라.
9 그래도 태양은 다시 뜨며 또한 너희를
다시 비춰 주지 아니하는가?
10 그리고 바람 또한 너희를 스쳐가며
너희에게 그 생명을 공급하는 역사를
하지 않는가?
11 그들은 이 세상에서 너희가 보지 못
하는 것, 상상할 수 없는 것을 모두 다
봄이니라.
12 음해하는 마음이요, 사악한 욕심이요,
도둑질하는 자요, 강도질하는 자요,
수없는 것을 보며 그들은 오늘이라도
당장 바람을 중단하며 태양빛을 비추
고 싶지 않은 것이 그들이 가진 마음
이라는 것을 너희는 알겠느냐?
13 그러나 그들은 어김없이 비춰주며 어
김없이 또 바람은 부느니라.
14 이것이 너희가 가야 할 길이니라.
15 그것이 너희가 역사할 길임을 알아야
할 것이니라.
16 너희가 그와 같은 역사 속에 변하는
백성의 삶이요, 그와 같이 다스려질
수 있는 그 세상의 역사함을 알기 때
문이요, 그와 같은 시대는 올 것이라
하여,
17 그들이 보이지 아니하며 너희와 대화
하지 아니해도, 미래에 하늘에서 이루
어진 것같이 이 지상에 이루어지는
역사가 있기 때문에, 그들은 오늘도
존재하며 또 모든 것을 덮어 두고 다
시 비춰주며 다시 바람은 부는 것이니
라.
18 그러니 나 여호와가 너희를 통하여
나의 피조물 만백성들을 하늘에서 이
루어진 것같이 이 세상에 이루고자 하
는 그 대명을 받고 이 세상에서 역사
하는 너희는,
19 그 모두를 다 보며 그 빛을 중단하며
바람을 중단하고 싶은 속상하고 흥분
된 마음이요, 참기 어려운 그 마음을
다 접어 두고,
20 태양은 다시 뜨며 바람은 다시 불어
스쳐가며 너희 생명을 유지하듯이, 그
것이 바로 너희가 가야 할 길이며 역
사할 것이니라.
21 태양이 있으며 바람이 있으며 그리고
육의 인간 세상에서는 너희가 있음이
니,
22 너희가 나의 법전을 전하는 그것이,
내가 너희를 통하여 내리는 나의 법
전이 태양의 빛이요, 부는 바람보다도
더 소중하고 귀함을 너희는 알아야
할 것이니라.
23 그 빛을 받고 사는 자, 그 산소를 공급
받고 사는 자, 너희는 백 년이라는 세
상 속에서 스스로 모든 것을 놓고 가
게 되어 있으니, 그 삶을 위해서 나의
법전이 세상에 내려가는 것이 아니요,
24 영원히 존재하는 그 세상의 삶을 위하
여 나의 법전이 세상에 내려가니, 그
리하여 바로 너희가 소중함이니라.
25 태양과 바람과 너희가 이 법전을 전

하는 것, 나의 성령의 이 뜻은 영원히
없어서는 아니 되며,
26 모두 다 용서해야 하며 모두 다스려
주어야 하며 모두 가슴에 안고 가야
하는 그 대명이 그들보다도 너희가
더 위대하며 더 소중함을 알라.
27 영원한 삶을 위해서 살아가는 그 길을
열어 주는 것이 너희이기 때문이니
그리 알아야 할 것이니라.

8,114 번째 하나님 말씀

2003년 10월 24일 09시 43분

1 사랑하는 나의 아들아!
2 "네, 아버님! 말씀하옵소서."
3 너의 제자들을 깨우쳐야 할 것이니라.
4 너희가 말하기를 성서가 내려왔고 나
의 아들 예수가 역사했으며 그와 같
은 모든 역사를 했거늘,
5 오늘의 160권의 법전이 세상에 왜 나
오며 너희가 어렵고 힘든 이와 같은
길에서 나의 법전을 만들어 만백성에
게 전하는 그 길을 왜 가야 하는가 더
러는 의문을 갖고 의혹하는 생각이
있을 것이니라.
6 그러나 나의 피조물 만백성들의 마음
이요, 생각이 과연 어떠한지 너희는
알겠느냐?
7 나 여호와가 오죽하면 너희가 먹으려
고 거짓 하고 도둑질하는 그와 같은
마음만 가지고 산다 해도 그들을 다
용서하고 거둬들이고 싶은 것이 내 마
음이라 그리하였더냐?
8 저희가 먹으려고 거짓 하며 먹으려고
도둑질하는 것이 아니라,
9 부귀영화요, 향락을 위하여 욕심을 버
리지 못하여 지금 행하는 것이 너무
나도 사악하고 험악한 그와 같은 세상
이니라.
10 오늘 내가 너의 제자들에게 전하느니
라.
11 내가 너희와 똑같은 알곡식을 저울이
라는 것에 달아 똑같은 무게의 그 곡
식을 두 자루를 달았음이니, 그리하여
그 곡식은 무게가 똑같으니, 그 양도
똑같은 것이 아니더냐?
12 그러니 그를 그릇에 따라서 담으니 그
담은 그릇이 하나는 새 그릇이라 좀
더 많이 보이며 하나는 또 적게 보임
이니라.
13 너희가 눈으로 달아서 똑같이 나눈 그
곡식을 둘 중의 하나를 선택하라 할
때, 똑같이 네 손으로 달았으니, 그 양
도 똑같으며 질도 똑같으며 하나도 차
이가 없거늘,
14 너희는 새 그릇에 담아 더 많이 보이
는 것을 먼저 차지하고자 하는 것이
순간에 일어나는 마음이요, 너희 생각
이니,
15 이를 보고 내가 어찌 오늘과 같은 이
역사의 길을 가지 아니할 수 있겠느냐?
16 너희가 나의 아들의 건강을 생각하며
나의 아들의 식탁을 준비하며 그리고
나의 아들을 위하여 바치는 그 마음을
내가 아나니, 너희의 그 마음이 어떠
한 것이던가?
17 너희는 믿어야 할 것이니라.
18 너희가 진정 나의 아들이 가는 길이
요, 내가 역사하는 길이 무엇인가를
안다면, 불안한 마음이요, 초조한 마

음이요, 흔들리는 마음을 갖지 말라.
19 내가 오늘 이 비유의 한 구절을 너희
에게 전함이니라.
20 지금 나의 아들을 따르는 제자들이요,
내가 내리는 성령의 말을 듣는 너희
는 내가 똑같이 곡식을 줌이니 똑같이
둘로 나눴음이니라.
21 그러니 그 그릇의 양은 똑같으며 무게
도 같으며 질도 다 같음이니라.
22 한 자루에 있는 것을 똑같이 둘로 나
눠 그것을 그릇에 담으니, 하나는 새
그릇이요, 하나는 낡은 그릇이니라.
23 너희에게 그것을 먼저 가져가라 함이
니, 그중에서 더 많아 보이는 것을 챙
기고자 하는 것이 너희 마음이요, 나
의 피조물 만백성들이니, 그 마음조차
도 그러니 어찌하겠느냐?
24 제 손으로 달아서 제 손으로 똑같이
나눈 것이 지금 헌 그릇에 담겨 있어
적게 보이는 것을 가지고 갈 수 있는
그 마음도 갖지 못하며, 그저 그것도
크게 보이고 더 많아 보이는 것을 챙
기고자 하는 것이 너희 마음이니,
25 오늘 나의 법전을 세상에 내려보내지
아니하면 아니 됨이 여기에 있음이니
라.
26 나의 아들을 따르는 제자들이요, 너희
가 오늘 그 역사하는 것은 그와 같기
에,
27 나의 아들이 지금 세상에 나의 성령을
받아 160권의 대장정의 이 법전을 만
들며 이 역사를 이룸이니 이게 나의
뜻이요,
28 이와 같은 너희 마음이기에 이를 바
로잡고 다스리지 아니하면 아니 되기
에 오늘의 이 길을 간다는 것을 너희
는 알아야 할 것이니라.
29 그리고 법전을 만들기 위해 고생하는
너희는 맡은 직분을 모두 충실히 했을
때 나의 법전이 세상을 비춤이니,
30 바로 나 여호와가 너희에게 말한 그
애절한 뜻을 알겠느냐?
31 그저 먹기 위해 남의 것을 훔치는 것
은 순수한 마음이라 그래도 내가 너희
를 봐 줄 수 있다 하였음이니,
32 똑같은 양을 둘로 나누었을 때, 그 양
이 많게 보이는 것을 챙기려는 것이
그들의 마음이요, 나의 백성의 심성이
니, 거기에서 어찌 원수를 사랑하며
나눔이 있고 사랑이 있으며, 하늘의
뜻을 따라 그들이 올 수 있다고 말할
수 있더냐?
33 그러니 제 손으로 달지 아니한 것, 제
손으로 나누지 않은 것을 본다면 서로
많은 것을 차지하고자 하는 것은 당연
하며, 그를 차지하려고 암투하고 음해
하며 시기하여 거짓된 행위를 하는 것
이 너희이니,
34 그리하여 나 여호와가 오늘의 이 어렵
고 힘든 길을 가는 것이니라.
35 이는 모두 내가 너희를 사랑하기 때
문이니 어찌하겠는가?
36 그 대명을 맡은 너희가 그와 같은 것
을 안다면, 오늘의 어렵고 힘든 길에
서 좌절하지 말며, 모두 직분을 충실
히 수행하는 나의 선택된 백성으로서
모두를 역사하라.
37 너희는 지금 이 세상에 살지만 하늘나
라 울타리 안에 사는 백성이요,
38 그렇지 아니한 백성과 거기에 들어오

지 못한 백성은 보이지 않는 장벽이
요, 넘을 수 없는 장벽 안에서 오늘의
삶을 살아가는 것이며 나의 뜻을 역사
하는 선택된 백성이라 내가 전했으니,
39 이 소중하고 귀한 은혜를 받음을 잊지
말라.

8,115 번째 하나님 말씀

2003년 10월 24일 09시 48분

1 사랑하는 나의 아들아!
2 "네, 아버님! 말씀하옵소서."
3 너희와 같은 소속의 종교 집단이요,
같은 믿음의 길을 가지 않는 그들을
모두 사랑하며 감싸 안는 것이 아니
요,
4 경쟁하는 상대로서 결정짓고, 사생결
단으로 그 종교 집단이 무너지기를 바
라며, 더욱이 너희 주변의 한 지역이
나 한 도시 안에서 같이 살아가는 그
집단에 대한 그 적개심은 이루 말할
수 없음이니,
5 그것이 바로 너희의 욕심이며, 피부에
닿는 육에 대한 그 욕심에서 모두 이
루어지는 것이 아니던가?
6 너희는 멀리 떨어져 있어 너희와 지
역적으로 관계없는 그와 같은 종교 집
단은 적과 같은 경쟁의 대상으로 마음
을 먹지 아니하며, 그들을 경계하며
그들을 비방하는 것이 누그러지지만,
7 한울타리 안이요, 한 도시 안에 존재
하는 종교 집단은 경쟁의 상대로써 그
들을 결단코 무너트리고자 하는 것이
지금 가는 믿음이요,
8 신도부터 지도자까지 하나가 되어 사
생결단으로 그들보다 나은 자가 되어
야 하며 그들이 멸망하기를 바라는 것
이 너희이니라.
9 다른 교회에 대해 멀고 가까운 것으로
써 그와 같이 상대방에 대한 적개심을
갖는 강도가 다르다면, 이것은 너희가
참진리의 길을 가는 자들이요, 잘못된
것을 다스리고자 하는 것이 아니라,
10 육의 이해관계로써 적대감이 강하고
약함이니, 이것은 인간인 너희 생각이
요, 인간의 진리라는 것을 여기서도
증명함을 알아야 할 것이니라.
11 그리하여 너희는 남의 신도들까지 사
생결단으로 모두 합심하여 너희에게
끌어들이고자 하는 것이 지금의 종교
지도자요, 신도라는 자들이 가는 믿음
이요, 신앙생활이 아니던가?
12 그러한 그 자체를 너희가 부정할 수
있겠는가?
13 그와 같은 행위를 너희가 아니라 말
할 수 있는가?
14 다른 모든 종교 집단 자체는 다 부정
하며 오로지 너희 것만 구원을 받는
다고 기대하며 사생결단으로 그들을
끌어들이는 것이니,
15 과연 그와 같은 믿음이요, 그와 같은
생각을 하고 가는 너희가 사랑이 무
엇이며 진정한 사랑의 길이 무엇이며
사랑을 어찌 베푸는 것이며, 원수를
사랑하는 그와 같은 마음을 생각하며
행하고 사는 자들이라 말할 수 있느냐?
16 그러니 모든 기본이 다 흔들어지고 썩
어져 있기에, 내가 오늘 나의 법전을
내려 너희를 단죄하고자 하는 이 고
통의 길을 감을 너희는 알아야 할 것

이니라.
17 너희는 사랑이요, 나 여호와의 뜻을
위해 존재하는 것이 아니요, 교회라는
것을 성장시키며 오늘의 육의 욕심을
충족시키려고 존재하는 자들이며, 그
길을 위해서 가는 것이니라.
18 그러니 너희는 어떠한 자들이더냐?
19 육의 교회를 육성하고자 하니, 나 여
호와가 이루고자 하고 건설하고자 하
는 나의 교회를 절대 짓지 못하고 역
사하지 못하도록 방해하는 자들이 지
도자요, 신도니라.
20 나의 교회는 뭐라 말하였느냐?
21 너희가 마음으로써 전하는 것이 나의
교회며, 너희가 마음으로써 이루고 네
마음속에 짓는 것, 그리고 너희 가정
에 교회를 짓는 것이 나 여호와가 건
설하고자 하는 교회이니라.
22 이 모두를 말살시키고 이들을 다 짓밟
아 버리며 나의 뜻을 거역하는 것이
오늘의 종교 지도자로서 너희가 지금
역사함이니라.
23 그러니 나의 사명을 거역하는 자가 너
희였느니라.
24 그리하여 너희는 나의 교회를 세우기
를 방해하였으며, 육적인 교회를 짓는
것에 모두를 다 바치니,
25 그곳에는 사랑이 없고 경쟁심이 유발
되며, 그 경쟁심에서 너희가 얼마나
어리석은 우를 범하는 것인지 알겠느
냐?
26 타 교회에서 신도들이 너희를 찾아왔
을 때 그들을 달래고 얼러서 다시 돌
려보내는 그와 같은 마음을 갖는 것이
종교 지도자의 기초적인 상식이니라.
27 유치원생들이 내 것이 아니요, 네 것
이요, 서로 제 것을 공평히 나누고자
하는 그와 같은 순수한 마음의 기본적
인 양심도 갖추어지지 못한 자들이 너
희이니라.
28 어린 아이들의 기초적인 마음 자세도
되지 못하는 것이 오늘의 종교 집단
지도자가 가진 마음이요, 생각이니,
얼마나 사악하게 무너졌으며 썩어져
있는가?
29 그러니 내가 너희를 모두 다스리고자
함이 여기 있음을 알라.

8,116 번째 하나님 말씀

2003년 10월 24일 09시 56분

1 사랑하는 나의 아들아!
2 "네, 아버님! 말씀하옵소서."
3 지금 나의 아들 예수가 세상에 그 큰
사랑의 의미를 전하고 간 그 이후, 지
금의 모든 종교 집단 지도자들이 나의
백성을 하늘에 오르는 길이요, 저희만
구원을 받았다 하는 그 지도자요, 백
성이 돌아올 수 있는 문이 없는 지옥
에 가 지금 그 대가를 치르고 있다면
너희는 정녕 이를 믿지 아니할 것이니
라.
4 그러나 너희는 알아야 할 것이니라.
5 지금 2천 년 동안 끌고 온 종교 집단
이요, 지도자 그들이 모두 나의 뜻에
따라 역사한 것이 없음이니라.
6 오로지 나 여호와의 뜻을 거역하는 것
으로 저희가 임했음이니,
7 하늘에서 내가 이루고자 하는 뜻에 따
라 공헌한 것이 아무것도 없으며, 나

의 피조물 만백성을 구하는 데 공헌함
이요, 봉사하고 노력한 것도 아무것도
없으며,
8 그리하여 나의 피조물 만백성들을 구
한 자가 하나도 없음을 너희는 알아
야 할 것이니라.
9 너희가 지금 수천 년 동안 나의 피조
물 만백성을 구한다 하며 울고불고
거래하는 짓이 내 뜻에 따라 내가 역
사하는 것에 공헌한 것이 하나도 없
다 함이니,
10 너희는 크나큰 건축물을 짓기 위해
거기에 돌 하나 갖다 놓은 그 역사밖
에 없는 자들이며, 무거운 짐을 지고
지나가는 자를 돕는 그와 같은 것 하
나도 공헌한 것이 없음이니라.
11 그와 같이 나 여호와가 역사하고자
한 것에 공헌함이 없으며 나의 피조물
을 구원한 것이 아무것도 없는 것이
오늘의 종교 집단이요, 믿음이니라.
12 그리하여 내가 지금 제3의 시대를 열
어 모두 단죄하고 다스려 가지 아니하
면 아니 되기 때문에 나의 법전이 내
려감을 알라.
13 너희는 나의 백성을 인도한 것이 하
나도 없음이니라.
14 그러니 내가 하늘에 온 자가 없다 함
을 너희는 알겠는가?
15 그러니 하늘에 온 백성이 없다면, 너
희를 지금까지 인도한 종교 지도자라
는 자들은 말할 것도 없으며 그를 따
라서 구원을 받았다는 백성 너희는
다 허상이요, 꿈속에서 헤매고 있으며,
16 하나도 현실적으로 이루어지고 네 손
에 잡힌 것이 없다는 그 무서움을 알
라.
17 모든 종교 집단 지도자들이 지금까지
온 그 믿음은 무엇이던가?
18 위로는 나 여호와가 세우고자 하는 사
랑스럽고 소중한 교회를 세우지 못하
도록 파괴했으며 그 모두를 다 무너트
린 것이 너희이니라.
19 그러면서 아래로는 나의 사랑하는 백
성을 지옥으로 이끌어 가는 그 일만
했으며, 선봉장으로서 '나를 따르라!'
목이 터지게 외치며 지옥으로 끌고 간
자들이라는 것을 너희는 알아야 할
것이니라.
20 너희는 그것밖에 한 것이 아무것도 없
으며, 지옥으로 가는 나의 피조물 만
백성들을 위하여 공헌한 것밖에는 없
느니라.
21 그러니 나의 백성을 구원하는 것에
공헌한 것이 없으며, 그들을 구원할
수 있도록 봉사하고 희생하며 공헌한
것이 하나도 없다 함을 알라.
22 지금도 나의 피조물 만백성을 구한다
고 호언장담하는 자, 그리고 강론하며
재물과 금화를 거둬들이는 자는 지금
회개하고 다시 태어나는 그와 같은 삶
을 살지 아니하면 아니 될 것이며,
23 내가 이루고자 하는 개인의 교회요,
그리고 가정의 교회요, 물 흐르듯이
나의 진리가 순리대로 흘러가는 그와
같은 길에 동참하지 아니하며 거기에
앞에 서서 이끌어 가고 노력하는 그와
같은 자로 변신하지 아니하고 변화되
지 아니하였을 때,
24 너희는 절대 나로부터 구원이라는 것
을 생각하지도 말며, 나를 보려 생각

해서도 아니 될 것이니, 너희는 이를
알아야 할 것이니라.
25 내가 다시 한 번 너희에게 이르느니라.
26 지금까지 2천 년 동안 나의 피조물 만
백성을 위해 공헌한다는 자, 남들이
크나큰 집을 짓는 곳에, 모르는 사람
도 지나가다 떨어진 벽돌 하나 주워
얹어 주는 그와 같은 공헌함도 못한
것이 너희라 함을 알아야 할 것이니
라.
27 너희는 인간의 삶이요, 욕심에 의하여
너희 자신을 다스려 나가는 것에만 모
두 다 바치며,
28 허황된 세월이요, 허망한 세월이요,
꿈속에서 허덕이는 그와 같은 믿음으
로 갔는지 알 것이니라.
29 지금 나의 법전을 기록하여 너희가
바로 설 수 있도록 하늘에 오를 수 있
도록 변화될 수 있는 것을 모두 내려
보내며, 특히 나의 법전에 수없이 기
록한 내 교회를 세상에 세우는 데 너
희가 앞장서지 아니하면 아니 된다는
것을 명심하고 또 명심하기를 바라는
것이니라.
30 지금의 모든 종교 집단 지도자들은 제
사명이 무엇이며 제가 하는 것이 무엇
이며 제가 역사하고 있는 것의 죄가
무엇인가를 모르느니라.
31 저희 육의 교회를 짓기 위해 창조주
나 여호와가 역사하는 내 교회를 감
히 무너트리고 흐트러지며 존재하지
못하도록 하며 뿌리를 내리지 못하도
록 하는 것이 그들의 죄이니,
32 그들의 죄가 얼마나 무서운 것인가를
너희가 머지않아 삶을 마치고 왔을 때
만 알 것이니라.
33 이를 너희에게 미리 알려주며 하늘의
뜻을 알려주며 너희에게 변할 그 기
회를 열어 주는 것은 나 여호와의 사
랑만이 할 수 있으며 나만 역사할 수
있음이니라.
34 너희는 돌이켜 보라.
35 내가 얼마나 너희를 위하여 던져 주
었으며 너희를 위해 인내하고 참고 견
뎠는가?
36 나의 아들 예수의 그와 같은 역사함도
마찬가지요, 그리고 너희가 잘못되는
것, 잘못 역사하는 것을 모두 마지막
에 바로잡기 위해 나의 아들을 통하여
160권의 대장정의 책을 엮어 세상에
내려보낸 것도,
37 이 모두가 내가 너희를 얼마나 사랑
하며, 내가 얼마나 고통을 인내하는
지, 나의 뜻을 거역하고 살아가는 너
희를 보지 아니한 것처럼 덮어 두고
가는 나 여호와의 고통스러운 마음을
생각한다면,
38 내가 법전에 기록한 내용을 읽고 한
번 정도는 너희 자신을 들여다보는 그
와 같은 현명함을 얻기를 바라는 것이
나 여호와의 간곡한 뜻이니라.

8,117 번째 하나님 말씀

2003년 10월 24일 10시 03분

1 사랑하는 나의 아들아!
2 "네, 아버님! 말씀하옵소서."
3 너희가 무엇인가를 얻고자 하는 것이
바로 무엇이더냐?
4 나에게 오르고자 하며 구원을 받고자

하는 것이 너희의 가장 큰 소망이요,
가장 큰 역사라 함이니라.
5 그러니 너희가 가장 큰 그 역사를 위
해서는 바로 서야 하며, 모든 것을 바
로 가야 할 것이니라.
6 인간 세상에서 너희가 실패했을 때는
다시 일어설 수 있으며 고쳐 갈 수 있
으며, 잘못 간 길이라면 사람에게 물
어 그 길을 바로 찾아갈 수 있는 것이
육의 삶에 사는 특권이라 그리 말하였
음이니라.
7 그리하여 너희가 구원을 받는 것, 하
늘에 오르는 그것도 잘못되었을 때 깨
우치며 다시 돌아서 시작하는 그와 같
은 역사를 할 수 있는 것이 오늘 너희
의 생명이 존재하는 이 육의 세상에서
만 역사할 수 있는 것이니,
8 그게 얼마나 소중하고 귀한 것인가를
너희는 알아야 할 것이거늘, 그걸 아
는 백성이 과연 얼마나 많이 있던가?
9 그러면서 너희는 육의 세상에서 잘못
된 것을 바로잡으며 잘못 가는 것을
이웃에게 물어 바른길로 가는 그와
같은 현명함을 찾는 것이 아니요,
10 오로지 나의 아들 예수의 이름을 부르
기만 하며 그 보혈로써 구원을 받았다
하여, '주여, 주여, 구세주여!' 하며, 창
조주라 하며 더욱 광분하여 나 여호와
와 나의 아들이 같다는 그와 같은 망
발을 하면서,
11 소리를 듣고 그 소리요, 메아리를 하
늘을 향하여 악을 쓰면서 구원을 받은
자라 하며 그리 지금 가고 있음이니
라.
12 그러나 그들에게 너희가 전하여 주라.
13 내가 성서에 기록하여 일찍이 너희에
게 전하고 깨우친 그 대목을 다시 한
번 너희에게 전함이니,
14 이것이 곧 하늘에 오르는 길이요, 간
단한 구원을 받는 길이거늘, 이것 하
나도 실천하지 아니하며 그저 '주여,
주여! 그저 창조주여!' 하며, 정신 나
간 자들처럼 아버지와 아들이 같으며
삼위일체요, 오위일체라 하며 악을 쓰
는 것이 너희이니라.
15 내가 성서에 기록한 대목을 나의 아들
을 통하여 다시 한 번 너희에게 전함
이니라.
16 '누구든지 자기의 유익을 구하지 말고
남의 유익을 구하는 자는 구원을 받는
다' 하였음이니,
17 이 간단한 이치 하나를 행하면 너희가
얻을 것, 구원할 것을 다 얻을 수 있거
늘 그를 행하지 아니하고 다른 길로
가는 자들이 너희이니라.
18 2천 년 동안 너희가 나의 피조물 만백
성들을 구원의 길로 인도한다는 그 사
업이 무엇이었더냐?
19 너희는 그저 사람을 잔뜩 모아 놓으며
사람을 끌어모아 거기서 재물을 거둬
들이며 금화와 은화를 거둬들이며, 사
람을 너희 손으로 지은 그 교회에 많
이 모아 놓고 강론하고 설교하고 가르
치는 것이 깨닫는 길이요, 나의 뜻이
라 하며 지금까지 그리 알고 오는 것
이 너희가 아니더냐?
20 여기서 너희는 벗어나야 하며 깨어나
야 함을 알라.
21 지금 모든 교회요, 성당이요, 성막을
나의 피조물 만백성의 고혈을 빨아 지

어 놓고, 그곳에 사람을 많이 끌어모
아 놓고 기도하고 설교하는 것이 나의
피조물 만백성들을 구하는 길이요, 하
늘에 역사하는 길이라 그리 가고 있
음이니,
22 그것이 나의 뜻을 정면으로 거역하는
것이요, 죄의 온상이요, 지금 모든 죄
의 근본인 그곳에서 모든 사악한 자들
이 이루어지고 사탄이 득실거리며 마
귀가 득실거린다는 것을 알라.
23 오죽하면 내가 죽은 무덤에서 썩은 내
가 나는 곳이라 그리 말했겠는가?
24 너희는 교회를 짓는 것에 모두를 다
바쳤으며 모든 역사를 함이니라.
25 그러나 너희는 여기서 알아야 할 것
이니라.
26 인간의 교회를 짓는 것이 아니요,
27 사람을 모아 놓고 나의 뜻을 전하는
것이 아니요,
28 사람의 마음속에 교회를 짓도록 역사
하는 것이 복음을 전하는 길이며 나의
뜻에 의해 역사함이라는 것을 너희는
알아야 할 것이니라.
29 사람을 모아 놓고 강론하고 설교해서
깨우치고 그 교회를 짓는 것이 아니
요, 그 화려한 교회를 지으려고 모든
간악한 짓을 하는 것이 아니라,
30 나의 피조물 만백성들의 마음속에 교
회가 있어야 한다는 것, 그리고 거기
에 교회를 짓도록 하는 것이 복음을
전하는 길이요, 만백성을 구하는 길이
라는 것을 너희는 알아야 할 것이니
라.
31 이제 사랑하는 나의 아들을 따르는 제
자들이요, 나의 법전을 읽고 깨우친
만백성, 너희는 거듭날 백성이니 이를
알라.
32 너희가 큰 성전이요, 큰 교회를 지어
사람을 모아 놓고 설교로써 가르치는
것이 아니라,
33 각자의 마음속에 교회가 임하도록 하
는 것이 바로 복음을 전하는 것임을
알라.
34 마음속에 교회를 짓도록 임하는 것이
요, 역사하는 것이 복음의 원리지, 너
희가 교회를 지은 곳에 사람을 끌어
모아 놓고 인간의 생각을 전하는 것이
복음이 아님을 알라.
35 너희의 마음속에 모두 교회가 있어야
하며 있도록 하는 것은 너희가 지금
하는 그 사업을 반대의 길이요, 반대
로써 봐야 하며 반대의 길을 역사하
는 것이 너희이니라.
36 육으로 온갖 고통과 시련이요, 재물을
받아 그 교회를 짓고 그곳에 사람을
끌어모아 강론하고 설교하고 돌아설
때 재물을 거둬들이는 그와 같은 방법
으로써 복음을 전하는 것이 아니요,
37 나의 사랑하는 백성에게 교회가 존재
하도록 하는 것, 그들의 가슴에 교회
를 짓도록 하여 그 교회가 그들의 가
슴속에 있도록 하는 그것이 복음을 전
하는 것이요, 나의 뜻을 전하는 것이
니라.
38 너희는 지금까지 나의 뜻을 거역했으
며 나를 능멸하는 그와 같은 행위를
했음을 알아야 할 것이니라.
39 교회가 사람을 모아 놓는 것이 아니
요, 사람이 교회를 마음속에 거느림이
니라.

40 교회라는 육적인 건축물을 지어 놓는
것이 아니요, 교회가 사람을 찾아가도
록, 교회가 사람의 가슴속에 스스로
역사할 수 있도록 그리고 건축되도록
하는 것이 복음의 역사임을 알아야
할 것이니 그리 알라, 사랑하는 나의
아들딸들아!

8,118 번째 하나님 말씀

2003년 10월 24일 10시 07분

1 사랑하는 나의 아들아!
2 **"네, 아버님! 말씀하옵소서."**
3 내가 너희를 사랑하며 너희에게 간곡
히 바라느니라.
4 너희는 벽이 있고 문이 있는 그와 같
은 교회를 지어서는 아니 되며 그 교
회를 짓는 것이 나 여호와의 뜻이 아
님을 알아야 할 것이니라.
5 벽이 없는 교회를 지어야 할 것이며
들어가는 문이 없으며 나오는 문이 없
는 그와 같은 교회를 지음이니라.
6 내가 나의 피조물 만백성 너희를 위
하여 나의 아들 예수를 통하여 내가
뭐라 말하였느냐?
7 들어가는 문이 있고 나오는 문이 있는
건축물을 짓는 그와 같은 교회를 짓지
말라 내가 너희에게 그리 말하지 아
니하였더냐?
8 너희가 흉물스러운 건축물을 지어 놓
고 나의 피조물 만백성들을 거기에서
깨우치는 것이 아니라,
9 나의 피조물 만백성들의 마음에 교회
를 짓도록 가르치고 그 교회를 짓도록
역사하는 것이 너희가 복음을 전하는
길이요, 나 여호와의 뜻에 의해 역사
하는 길이라는 것을 명심하고 또 명심
하라.
10 너희가 지금 육으로 짓는 교회요, 들
어오는 문이 있고 나가는 문이 있고
형체가 있는 그와 같은 교회는 나와
관계없으며, 거기에서는 어떠한 백성
도 구원할 수 없고 구제할 수 없는 것
이요, 오로지 죄의 온상이요, 죄의 싹
이 튼다 함을 알라.
11 그곳에 모여 있는 자들이 질투요, 암
투요, 남을 시기하는 그와 같은 마음
으로써, 또 인간을 존경하고 인간을
따르는 그와 같은 믿음을 갖다 보니,
12 인간 세상의 한계를 벗어나지 못하여
가장 추하고 더러운 그 모두가 거기서
이루어지기 때문이니라.
13 그러니 들어오는 문이 없고 나가는 문
이 없는 그 교회를 지어야 한다는 것
이 나의 아들을 따르는 너희의 대명
이라는 것을 알겠느냐?
14 들어오는 문이 없으며 형체가 없는 그
교회는 무엇이더냐?
15 교회를 너희 마음속에 짓는 것이며,
교회가 너희를 찾아가는 것이요, 그리
하여 교회가 너희 가슴에 역사하는 것
이지, 너희 손으로 지은 죄의 온상에
사람들을 모아 놓고 가르치는 것이 복
음을 전하는 것이 아니니라.
16 그리하여 들어오는 문이 있고 나가는
문이 있는 교회를 짓지 말며 그를 막
으라는 것이 나 여호와의 뜻이니라.
17 너희 마음속에 있는 그 교회가 곧 나
여호와의 교회라는 것을 너희는 알아
야 할 것이니라.

18 사랑하는 나의 아들딸들아!
19 그러니 들어오는 문이 있고 나가는 문
이 있는 그곳에서 복음을 전하는 자는
거기에 계산이 있으며 너희의 생각이
있으며, 얻어지는 것이 있어야 하며,
이해관계가 따르지 아니하면 그와 같
이 역사할 수 없는 것이니라.
20 냇물이 흘러 바다로 들어가면 그 바다
는 모두를 다 받아 주지 않더냐?
21 그리 받아주는 것처럼 너희도 찡그림
도 없으며 화냄도 없이, 바다가 모두
를 받아들이는 것과 같은 복음의 자세
요, 너희의 마음을 이루어야 하니, 그
와 같은 교회를 지으라 함이니라.
22 그저 수없이 나의 사랑하는 백성의
마음속에 교회를 지어 주면 그것으로
써 복음을 전하는 것이니,
23 그 역사를 이루는 것은 바다가 모두를
감싸고 받아들이듯이, 너희도 그와 같
이 받아들이고 이해하는 마음속의 교
회를 짓도록 하라는 것이 나 여호와의
뜻이니 그리 알라.
24 그리하여 지금의 모든 교회가 죄의 온
상이며 나의 뜻과는 전혀 반대 방향으
로 가고 있다는 것을 만백성에게 전하
라.
25 너희가 짓는 교회요, 너희 손으로 짓
는 그 사악한 죄의 온상 속에서 백성
을 가르치는 것이 아니요, 백성의 가
슴속에 교회가 찾아가 거기에 교회를
짓도록 하는 것이 너희가 복음을 전
하는 길이요, 나 여호와의 뜻을 전하
는 길이요, 만백성을 구하는 것이라는
것을 명확히 가르쳐 주고 전하라.
26 사랑하는 나의 아들딸들아!
27 이것도 모르며 이 이치도 모르고 근본
도 모르는 자들이 지금 나의 피조물
만백성을 구한다 하고 있음이니 이것
이 잘못되었음을 너희는 알라.

8,119 번째 하나님 말씀

2003년 10월 24일 10시 16분

1 사랑하는 나의 아들아!
2 "네, 아버님! 말씀하옵소서."
3 말로써는 한 획도 고치지 말며 한 줄
도 보태고 더해서도 아니 되며, 오로
지 성서만이 나 여호와의 뜻이요, 참
진리요, 구원하는 길이라 말하면서,
그 내용을 실천하고 행하지 않는 그
백성의 가련한 모습이 무엇이더냐?
4 그들이 가련하고 불쌍하여 내가 오늘
이 법전을 내리며 그들을 깨우치고자
함이니, 그들은 불바다 속을 맨몸으로
뛰어가는 그 길부터 통과해야 할 것이
며 그것부터 지나야 한다는 것을 모르
고 있느니라.
5 한 획도 고치지 말아야 하며 한 줄도
넣지 말고 빼지도 말아야 한다는 자들
이 과연 나의 성서에 있는 내용을 얼
마나 지키고 행하고 따르는가?
6 그들은 따르고 행하는 것이 전혀 없음
이니라.
7 오로지 인간의 교리로써 역사하는 자
요, 그 신도요, 그 지도자들이 먼저 지
옥의 관문을 통과할 때 뜨거운 불바다
를 맨몸으로 통과하는 그 역사부터 시
작함을 알아야 할 것이니라.
8 그러나 그들이 불쌍하고 가련하여 또
다시 내가 나의 아들 예수가 원했던

그것을 기록하여 너희에게 전함이니,
그와 같은 것을 면하게 하고자 전함
이니라.
9 나의 아들 예수가 2천 년 전에 세상에
와 교회를 만들라 하였던가?
10 육적으로 교회를 만들라 한 적이 없
음을 알라.
11 나의 아들 예수가 2천 년 전에 와 종
파의 이름을 내걸고 그곳에서 기도하
고 경배하는 그와 같은 형국으로써 너
희에게 가라 말라 했던가?
12 나의 아들 예수가 죽어간 십자가를
만들어 걸어 놓고 달고 붙이고 다니면
서 밤마다 하늘에 빛을 비춰 나 여호
와를 고문하는 그와 같은 형국으로써
십자가를 매달고 붙이라 가르쳐 준 것
이 있는가?
13 나의 아들 예수는 그와 같은 것을 가
르쳐 준 것이 없음이니라.
14 그리고 교회라는 것을 너희 손으로
지을 때, 인간이 명당자리를 찾아 헤
매듯이,
15 사람들이 얼마나 모여들 것이며 앞으
로 사람들을 이곳에 얼마나 끌어들일
것인가, 그리고 이곳에 교회를 지음으
로써 많은 백성으로부터 재물을 거둬
들일 수 있는가,
16 그것을 장사꾼이 주산 알을 튕기는
그 산술적인 것보다도 더 치밀하게
연구하고 두드려 보아 교회를 만들고
짓는 그와 같은 행위를 하라고 나의
아들이 너희에게 명한 사실이 없으며,
17 나의 아들 또한 그와 같이 역사한 것
이 없음이니라.
18 나의 아들은 지금처럼 방대한 죄의 온
상을 만들라고 하지 아니하였으며 그
를 만들려고도 노력하지 아니하였으
며 그와 같은 것을 생각지도 아니하였
으며,
19 그것을 모두 다 무너트리며 모든 문을
닫고자 했던 것이 나의 아들이 아니더
냐?
20 너희 손으로 짓는 그 성전이요, 교회
를 위해 벽돌 두 장도 쌓아 놓아서도
아니 된다는 그 무서운 가르침을, 과
연 성서에 한 자도 고치지 말며 한 획
도 고치지 말라고 가르치며 그대로 가
는 것이 하늘에 오르는 백성이라 너희
가 말할 수 있겠느냐?
21 그를 바라보는 나 여호와의 마음이 얼
마나 아프면 오늘 내가 나의 아들을
통하여 160권의 법전으로 이와 같은
모든 역사를 이룬단 말이더냐?
22 나의 아들은 너희에게 그리 명한 적이
없음을 알라.
23 그렇다면 나의 아들이 명하지 아니하
고 전하지 아니하며 하지 말라는 것을
역사하는 것은 과연 너희가 나의 백
성이요, 내 뜻을 따라가는 백성이 할
수 있는 짓이라 너희가 말하느냐?
24 나의 아들 예수는 너희가 손으로 짓
는 그 육의 건물인 죄의 온상을 짓지
말라 하지 않았던가?
25 그리고 너희가 내건 모든 간판이요,
그 명칭을 그리 천 갈래 만 갈래 찢어
지도록 만들라 하지 아니하였음이니
라.
26 그러면서 나를 대신한 구세주라 부르
니 나의 아들 예수가 명하지도 아니한
것을 거역하고 행하면서, 그 피로써

그 죽음으로써 대속받았으며 구원을
받을 수 있다고 말할 자격이 있는가?
27 십자가를 만들어 걸고 달고 하지도 말
라고 내가 그리 말하지 아니하였던가?
28 그러나 너희는 그와 같은 흉물스러운
것을 높이 만들어 놓고 밤마다 수없이
비추며, 내 아들의 고통스러움을 내려
다보며 비상약을 내리지 못한 나의 아
프고 저린 그 마음을 상기시키느니라.
29 육의 세상에서 부모가 살릴 수 있는
자식을 살리지 않고 죽게 했을 때, 죽
어 와 그 부모와 자식이 만나 그 고통
스러운 마음으로 그 자식을 보게 하는
못된 짓이요, 나에게 욕되는 짓만 골
라서 하는 것이 너희이니라.
30 내가 지금 나의 아들을 통하여 전하기
를 너희가 교회를 짓는 것이요, 많은
백성을 가르친다는 그 장소를 물색하
는 것 자체도 상술적으로 시작하며
계산적으로 따져서 모든 역사를 하는
자들이라 하였음이니, 너희가 얼마나
나와 관계없는 그 길을 가는 자들인가?
31 그러니 나의 분노함이 끝이 없으며,
너희에게 재앙을 내리고자 하는 마음
이 지금 문전에 와 있으며, 너희에게
서 손을 놓고자 하는 마음이 지금 내
손에서 떨어져 가는 그와 같은 형국이
니라.
32 그러나 내가 나의 아들을 통하여 다시
한 번 너희에게 기회를 주며, 마지막
주자들이 역사하는 그 영광을 같이
느낄 수 있도록 지금 마지막 기회를
줌이니,
33 너희는 이 마지막의 기회를 감사한 마
음으로 받아들이지 아니하면 아니 될
것이니라.
34 너희는 '범사에 감사하라'는 말을 전
하니, 종교 집단이요, 지도자 너희가
얼마나 사악한 자들이냐?
35 너희는 기쁨이요, 은혜가 있으며 영광
이 있는 것은 감사를 드리고,
36 너희에게 깨우쳐 주고자 고통과 시련
이요, 너희가 잘못 가는 것을 바로잡
으려고 채찍질하는 이와 같은 것에는
감사할 줄 모르니,
37 범사에 감사하라는 것은 너희가 고통
이요, 시련 속에서 진리를 알며 깨닫
기에 고통과 시련 속에서 역사하는
것, 그리고 남들보다 낮은 자가 되는
것, 남들보다 실패하는 자, 육의 세상
에서 무너지는 자가 그 고통 속에서
느낌이 곧 진리를 얻게 됨이니,
38 그런 것을 매사에 감사하는 것이 범사
에 감사하는 마음이니라.
39 너희가 얻은 것, 명예가 올라간 것, 재
물이 불어나는 그와 같은 것으로써
감사하다는 마음을 갖지 말라.
40 그와 같은 것으로써 감사하는 마음을
갖지 아니한다면, 이 세상에 나의 법
전이요, 모든 백성 너희에게 깨우치고
자 전하는 그 아름다운 말들을 이단이
요, 사탄이요, 사악한 자들의 행위라
감히 그리 말할 수 없는 것이 너희임
을 알라.
41 정녕 범사에 감사한다면 너희에게 가
혹한 것에 감사함을 알라.

8,120 번째 하나님 말씀

2003년 10월 24일 11시 26분

1 사랑하는 나의 아들아!

2 "네, 아버님! 말씀하옵소서."

3 자기를 위하여 기도하지 아니하며 남을 위하여 기도하는 것이 하늘에 오르는 길이요, 나에게 오르는 길이라 내가 성서에 기록하여 너희에게 전하여 가르쳤음이니,

4 지금의 모든 종교 집단이 수천 년 동안 흘러오면서 그와 같은 것을 지키고 사는 것이 하늘에 오르는 길이라 그리 가르쳤다면,

5 천 마디 만 마디 몇십 년 동안 강론을 들으며 설교를 들으며 그 많은 금화와 은화를 바치면서 오늘까지 교육을 받아 온 그것이 다 부질없는 것이거늘,

6 그것 하나만 가르치고 깨우친다면 그것으로써 모두 역사하는 것이라는 것을 어찌하여 너희는 그리 모르는가?

7 성서가 그리 간단하며 너희가 그 모두를 다 깨우칠 수 있도록 그리 가르쳤거늘, 너희는 그를 행하지 아니하며 말로써만 풍성한 잔치를 여는 것이 오늘 너희가 가는 것이 아니더냐?

8 그러기에 너희에게 내가 말하기를, 지금 너희 손으로 지은 죄의 온상인 그곳에 많은 사람을 모아 놓고 강론하고 설교하는 것이 백성을 깨우치는 것이라 그리 가르치지만,

9 그것이 나로부터 도둑질하는 짓이며 나에게 순종하지 아니하는 자며 나의 것을 강도질하는 행위를 자행하고 있다 하였음이니라.

10 나는 너희 손으로 지은 교회에 백성이 모이는 것이 아니요, 나의 백성에게 교회가 찾아가 내 사랑하는 아들딸의 가슴에 교회가 이루어지는 것, 그리고 그 가정에 교회를 이루는 것으로 반대로 흘러가는 것이 바로 나 여호와의 복음을 전하는 것이니라.

11 내가 교회를 짓고자 한다는 것이 무엇이더냐?

12 내 복음을 나의 사랑하는 백성의 가슴에 심어 주는 것이니, 나의 복음이 너희를 찾아가 개인의 가슴에 심어 주는 그 교회로 역사하는 것이 더 진실한 교육이요, 아름다운 교육이요, 너희 가슴에 영원히 남는 교육인가,

13 수천수만 명을 모아 놓고 그저 한 교회요, 죄의 온상에서 떠들고 울고불고 하면서 나의 성령이요, 복음을 전한다는 것이 정녕 복음이 전해지는 길이며 깨우침의 길이더냐?

14 복음이요, 나 여호와의 뜻은 조용한 데서 깨달음의 실마리를 찾으면 그것이 계속 찾게 되어 있는 것이니라.

15 하나의 끝을 찾으면 계속 풀려 나가는 것처럼 모든 얽히고설킨 실타래의 끝을 찾아 풀기 시작하면 그것이 풀리듯이 나의 진리를 알게 됨이니라.

16 너희가 이것저것 지금까지 수십 년 동안 나의 피조물 만백성의 고혈을 빨며 가르치는 것이 복음을 전함이 아니요,

17 남을 위해서 기도할 수 있는 그 마음 하나 가지고 살라는 것 하나만 너희가 가르쳐 주면 그 실타래의 끝을 찾은 백성은 모두를 풀어 갈 수 있는 지혜가 있으며 깨우쳐 가는 나의 백성이니

라.
18 그러나 나로부터 받은 깨우쳐 가고 변
화될 수 있는 그 지혜를 너희가 다 뺏
었으며 그들을 무능하게 만들었으며
생각을 못 하게 한 자들이 너희이니
라.
19 그리하여 내가 전하는 것은 너희가 교
회 안에 백성을 끌어모아 재물을 거둬
들이고 가르치는 것이 아니라, 그 교
회가 곧 나의 복음이라 말할 수 있지
않으냐?
20 교회는 무엇이더냐?
21 나의 복음을 전하며 나의 뜻을 전하는
것이니, 나의 복음이요, 나의 교회는
한 곳에 사람을 모아 놓는 것이 아니
라,
22 교회가 사람을 찾아가 그들의 가슴속
에 교회를 세우는 것이 나의 뜻이요,
역사하는 것이라는 것을 절대 잊어서
는 아니 될 것이니라.
23 그래서 오늘의 너희 그 마음이 흐려
졌으며 사악한 것이라 내가 수없이 나
의 법전에 기록하여 전했음이니라.
24 그러니 지금의 나의 피조물 만백성들
이 땅에 떨어진 금화와 은화를 주우려
고 수영 선수가 다이빙하는 것보다도
더 무섭게 그걸 주워 챙기지만,
25 참진리요, 나의 법전이 땅에 떨어진
것은 발로 짓이기며 쳐다보지 아니하
고 휴지통에 주워 넣는 것이 너희의
오늘의 마음이니라.
26 그 제목이 '하나님! 말씀하옵소서' 하
늘에 오르는 길이요, 하늘에 오르는
길이 여기 있다는 책이 떨어진 것을
발로 밟고 휴지통에 집어던지는 그와
같은 것으로써 너희 마음이 정해져
있고 변해 있는 것이니,
27 너희가 나를 숭배하고 나를 두려워하
며 나의 뜻을 따라 하늘에 오르는 길
이라는 것을 생각하는 백성이 과연
얼마나 있겠는가?
28 이 세상에 그와 같은 백성이 없음이니
이것이 오늘의 실정이요, 오늘의 나의
피조물 만백성 너희 마음이니라.
29 그러니 이를 어찌해야 나의 법전보다
도 떨어진 지전이요, 너희가 말하는
금화와 은화를 줍는 데 출발하는 수영
선수가 다이빙하듯 하는 그와 같은 모
습을 나의 법전을 먼저 줍는 백성의
마음으로 변할 수 있겠는가?
30 그러니 하늘에 오르는 길이요, 참진리
요, 그와 같은 것은 정녕 관심도 없으
며, 오로지 한 끼를 채울 수 있는 금화
와 은화가 더 소중한 것이 나의 피조
물 만백성들의 오늘의 사악한 그 마음
이니라.
31 그러니 믿음의 길을 가는 나의 피조물
만백성의 마음이 거칠어졌다면 그를
거칠게 만든 것은 무엇이냐?
32 그 선생이요, 지도자를 보고 그리되었
음이니 이게 바로 오늘의 현실임을
너희는 알아야 할 것이니라.

8,121 번째 하나님 말씀

2003년 10월 24일 11시 35분

1 사랑하는 나의 아들아!
2 "네, 아버님! 말씀하옵소서."
3 내가 성서에 기록하여 천국은 마치 등
을 들고 신랑을 맞이하러 간 열 처녀

와 같다는 비유를 전하였음이니라.

4 '그중에 다섯은 미련하고 다섯은 슬기 있는지라 미련한 자는 등을 가지되 기름을 가지지 아니하고 슬기 있는 자는 그 그릇에 기름을 담아 등과 함께 가져갔더니' 이와 같은 가르침이 무엇이던가?

5 이것도 너희는 지금 나의 뜻과는 전혀 반대의 뜻으로써 가르치는 자들이 아니더냐?

6 '신랑이 더디 오므로 다 졸며 잘새 밤중에 소리가 나되 보라 신랑이로다 맞으러 나오라 하매 이에 그 처녀들이 다 일어나 등을 준비할새 미련한 자들이 슬기 있는 자들에게 이르되 우리 등불이 꺼져 가니 너희 기름을 좀 나눠 달라 하거늘' 이 대목의 가르침이 바로 무엇이더냐?

7 지금 미련한 자들이 슬기 있는 자들에게 이르되 우리 등불이 꺼져가니 너희 기름을 좀 나눠 달라 하거늘, 그것을 나눠 주지 아니한 처녀들이 있음이니 너희는 여기서 이를 알라.

8 준비하지 않는 자가 미련한 자가 아니요, 나눔을 갖지 못하며 나눠 주지 아니한 그와 같은 사악한 자들이 결국 나의 잔칫상에 참석하지 못하는 자요, 그들은 신랑을 맞이할 자격이 없는 자들이니라.

9 너희는 들으라.

10 창조주 나의 아들이요, 사랑을 베푸는 나의 아들이 그를 맞이하려고 기름을 준비하지 못한 어리석고 미련한 백성에게 기름을 나눠 주지 아니한 그 다섯 처녀가 현명하고 똑똑한 것 같으나, 그들은 사악한 자요, 사랑이 없는 자거늘 나의 아들 예수가 그들의 손을 잡고 그들의 방을 찾겠는가?

11 너희는 여기서 그와 같은 깨달음을 알아야 할 것이니라.

12 오늘의 모든 종교 집단이요, 지도자는 제 것만 알고 저만 앎이니 나눠 줄 줄 모르고 베풀 줄 모르며 그와 같은 자를 찾지 아니함이니라.

13 너희는 나눠 달라 하는 자에게 미련한 자요, 답답한 자요, 그를 준비하지 아니한 백성이라 하여 나눠 주지 않으며,

14 준비하지 못하여 나눠 달라는 백성은 믿음이 없으며 깨달음을 얻지 못하는 불쌍하고 가련한 백성이기에 나의 아들 예수가 찾지 아니한다는 비유로 구원을 받지 못한다고 하지만,

15 너희는 여기서 교훈을 깨달아야 할 것이니라.

16 오늘에 제 것만 알며 자기만 위주로 사는 종교 집단이요, 지도자 너희가 바로 기름을 가진 자요, 제 욕심으로써 나의 아들 예수요, 그 신랑을 맞이하기 위해 남에게 기름을 나눠 주지 아니한 얼마나 사악한 자며 얼마나 간악한 자며 간교한 자며 얼마나 잘못된 백성이더냐?

17 오늘에 제 것만을 부르짖으며 저만 갖고자 하는 오늘의 시대를 비유하여 너희에게 가르친 대목이요, 준비하지 않은 자, 믿음을 가지지 않는 어리석은 백성이 구원을 받지 못한다는 것이 아니니라.

18 여기서 성서의 가르침이요, 참진리의 가르침이요, 사랑을 베풀고 나누는 것

이 무엇이더냐?
19 나눠 주지 않는 자가 사랑을 모르는
자니 그게 사탄이요, 사악한 자임을
너희는 알라.
20 너희는 게을러서 준비하지 못한 자의
죄가 크던가, 그리고 미련하고 깨우치
지 못하여 잠자고 그걸 준비하지 않은
자가 죄가 큰가?
21 사랑을 실천한다는 자들이 나눠 달라
는 자에게 나눠 주지 아니하고 저만
챙기는 자의 죄가 큰가?
22 여기에서 어떤 것이 본보기인가?
23 나눠 주지 않는 욕심쟁이를 본보기로
가르치는 것이 종교 집단이요, 지도자
요, 가르치는 자들의 오늘의 그 가르
침이 아니던가?
24 여기서 성서의 비유의 뜻을 모름이니
그와 같은 어리석은 짓을 하느니라.
25 '미련한 자들이 슬기 있는 자들에게
이르되 우리 등불이 꺼져 가니 너희
기름을 좀 나눠 달라' 할 때, 그걸 거
절하는 것이 아름다운 처사던가?
26 미련한 자가 나눠 주지 아니한 자보다
열배 백배 위대하며, 나 여호와는 그
들을 사랑한다는 것을 알라.
27 오늘의 종교 집단 너희는 그와 같은
길로 가서는 안 되는 것을 가르치고
깨우쳐야 하거늘, 너희는 반대쪽으로
가르치고 반대쪽에서 깨우치는 어리
석은 지도자들이니라.
28 '슬기 있는 자들이 대답하여 가르되
우리와 너희와 쓰기에 다 부족하노니
차라리 파는 자들에게 가서 너희 쓸
것을 사라' 하니,
29 캄캄한 밤중에 시간은 너무 늦었고 그
것을 살 수 없으며 모든 기름 집이 문
을 닫았음이니, 신랑은 지금 문턱에
와 등불 있는 집을 찾는다 하면,
30 한밤중에 기름 집에 가서 기름을 사와
등불을 밝히려 한다면 정녕 그건 너희
말대로 닭 쫓던 개 지붕 쳐다보는 격
이요, 지나간 버스를 보고 손 흔드는
격이니, 얼마나 간사하고 야비하며 추
하고 간악한 자들의 간교한 방법이더
냐?
31 너희는 그 간교하고 사악한 자들을 칭
찬하며 그것이 위대한 것이라 그리 가
르침이니, 오늘의 종교 집단이요, 지
도자의 가르침이 얼마나 잘못된 것인
가를 너희는 알아야 할 것이니라.
32 나눠 주는 자, 제 불이 꺼져도 그 등불
의 기름을 바꿔주는 자, 그것이 나의
아들이요, 나의 백성이요, 나와 더불
어 갈 수 있는 나의 아들딸임을 너희
는 알라.
33 여기서 너희는 바로 무엇을 가르치느
냐?
34 불 켜진 등으로 나의 아들을 맞이하지
못한다 해도 그 등불을 바꿔 너희가
꺼진 등을 들며 불 켠 등을 그 미련하
고 어리석은 자에게 깨우쳐 들려 줄
수 있는 그와 같은 현명한 마음을 가
지고 가는 것이 너희이니라.
35 미련한 자는 지혜가 없으나 미련하지
아니한 너희는 지혜가 있음이니 그 상
을 받을 수 있는 것이 너희거늘, 그러
니 어떠한 것이 지금의 가르침이더냐?
36 그것을 모르고 가는 자들이 지금의 종
교 집단이요, 지도자이니라.
37 나는 나의 아들을 따르는 제자 너희에

게 말하느니라.
38 너희가 과연 불을 밝혀 신랑을 맞이할
수 있는 처녀였더라면 너희는 양보하
고 그 등불을 줄 수 있는 것이 무엇이
더냐?
39 네 목숨을 바쳐 남을 구할 수 있는 그
것이 나 여호와의 뜻이요, 누구도 역
사할 수 없는 하늘에 오르는 길이라
하였음이니라.
40 너희는 등불을 빌려 주지 아니하고
한밤중에 기름 집에 가 기름을 사다
등불을 켜 놓으면 저희가 이미 신랑
을 차지하였으며 그저 헛고생만 하도
록 한 것이 그 사악한 자들이니,
41 그들이 위대한 자들이라 지금 가르치
는 것이 비유의 가르침이니 얼마나 어
리석은 자들인가?
42 '저희가 사러 간 동안에 신랑이 오므
로 예비했던 자들은 함께 혼인 잔치에
들어가고 문은 닫힌지라 그 후에 남
은 처녀들이 와서 가로되 주여 주여
우리에게 열어 주소서' 하는 것을 너
희가 반대로 보라.
43 등불을 주지 아니하고 기름을 주지 아
니한 너희가 울고불고 나의 아들 예
수를 찾으며 나에게 오르고자 나를 부
르고 찾지만, 거기에 오지 못하는 자
들이 너희요,
44 나의 아들은 순수하게 등불을 밝히지
못한 자, 그리고 나눠 주지 못한 자들
과 더불어 잔칫상에 불려 가며,
45 거기에 들어가지 못하는 자는 나눠 주
지 아니한 자요, 밤늦게 기름을 사 준
비하라는 그 사악한 자들이니라.
46 그 후에 남은 처녀들이 와서 가로되
주여 주여 부르는 것은 나눠 주지 아
니한 여인들이 부르짖는 음성이라는
그 비유의 깨달음을 알아야 할 것이
니라.
47 '대답하여 가로되 진실로 너희에게 이
르노니 내가 너희를 알지 못한다' 하
였음이니, 나 여호와가 사랑을 베풀지
아니하며 나눔을 하지 않는 자를 모른
다 하겠는가?
48 내가 누구를 모른다 하겠느냐?
49 미련하고 몰라서 준비하지 못한 자,
모르고 지은 죄를 내가 용서하겠는가,
죄를 알면서도 이해관계를 위해 죄를
짓는 자를 용서하겠는가?
50 나는 아무것도 몰라서 준비하지 못한
자, 그들은 내가 알 수 있으나,
51 너희같이 알면서 죄를 짓는 사악한
자, 나눔을 모르는 자, 내 근본의 사랑
을 모르는 자에게 '나는 너희를 모른
다' 할 것이니 그리 알라.
52 '그런즉 깨어 있으라' 한 것은 너희가
잠을 안 자고 등불을 밝힘으로써 깨
어 있는 것이 아니요, 하늘의 뜻이 무
엇이며 진리가 무엇이며 내가 역사하
는 것이 무엇인가, 성령의 그 뜻을 들
여다보라는 것이니,
53 노력하고 마음을 비우지 아니하면 나
여호와의 뜻을 알 수 없는 것이 너희
라는 걸 오늘 나의 아들을 통하여 이
리 전함이니, 그리 가르쳐 너희가 바
로 서도록 하라, 사랑하는 나의 아들
딸들아!

8,122 번째 하나님 말씀

2003년 10월 24일 11시 42분

1 사랑하는 나의 아들아!
2 "네, 아버님! 말씀하옵소서."
3 나의 피조물 만백성들이 나로부터 세
상에 나가니, 너희가 가지고 나간 그
성령의 마음이 얼마나 아름답고 고운
마음인 줄 알겠는가?
4 티 묻지 않고 오물이 묻지 않는 그 순
수하고 아름다운 마음이요, 고운 마음
을 가지고 너희가 세상에 나갔으나,
5 생각을 하며 말을 하며 남들과 대화를
하며 한 가정을 이끌어 갈 수 있는 성
장된 나의 백성, 그리고 믿음의 길이
요, 하늘에 오르는 길을 인도한다 하
여 이 세상을 다 지배하는 것처럼 하
는 백성,
6 그들을 들여다볼 때 내가 어디서도 그
와 같은 아름답고 고운 마음을 찾아볼
수 없으며, 오로지 너희는 자신의 유
익이나 자신의 실리를 먼저 생각하는
그와 같은 삶을 살아가는 것이 오늘의
모든 나의 백성의 삶이니라.
7 너희가 자신의 유익을 위해 살아가는
것은 삶에 의한 한 방법이라 하나, 너
희가 살아가면서 옳고 그름이요, 진실
성이 있으며 양심을 저버리는 그와 같
은 삶이 있을 때 너희는 옳은 것을 선
택해야 하며 진실한 양심을 저버려서
는 아니 되는 것이 너희가 살아가야
하는 것이니라.
8 그러나 너희는 거꾸로 옳고 진실한
그 양심을 다 버리고 유익에 의하여
모든 마음을 돌리고 파는 것이 오늘의
너희이니, 이를 바라보는 나 여호와의
마음이 얼마나 아프고 저리겠는가 생
각해 봤느냐?
9 오늘의 믿음을 간다는 백성이 2천 년
동안 다스려 온 그 백성이 실리를 찾
아서 이익을 찾아 양심을 팔며 진실을
외면하며 옳고 그름에서 너희가 선을
선택하지 아니하며, 그저 너희 유익만
을 찾아서 모든 것을 선택하는 그와
같은 백성이 더 우선적이라면 나는
과연 어찌해야 하겠는가?
10 그와 같은 것은 너희가 말할 것이니
라.
11 어쨌든 너희가 잘못 가는 것이요, 양
심을 팔고 사는 것은 모두 개인의 삶
이요, 개인에게 우선적인 책임이 있다
고 그리 항변할 것이며 그리 돌릴 것
이니라.
12 그것 또한 맞느니라.
13 스스로 너희 마음속에 성령으로 복음
의 교회를 짓지 못한 것이기 때문이니
그것 또한 맞으나,
14 그보다 큰 잘못된 역사는 오늘의 종교
지도자들 자신들의 그 모습이 중요하
니라.
15 가르친 지도자들의 모습이 그러했으
며 그들의 생활이 그러했으며 그들의
신앙이 그러했기에, 그들이 이끌어 가
는 대로 끌려 온 나의 피조물 만백성
들이 오늘과 같은 그 결과 속에서 허
덕이는 그 백성이 되었음이니라.
16 진실한 마음이요, 선함과 악함을 떠나
자신의 실리를 충족시키기 위하여 네
욕심을 충족시키기 위한 그와 같은 기
준으로 모든 삶을 살아가는 타락된 나

의 백성으로 전락하였음이니라.
17 이를 나 여호와가 가장 가슴 아파하는
오늘의 현실임을 알라.
18 자신의 유익과 만족을 위하여 거짓도
마다치 않는 백성, 그와 같은 나의 백
성으로 전락되었음이니라.
19 그리하여 너희가 진정한 믿음이요, 하
늘에 오르고자 한다면 그러한 마음으
로써는 너희가 아무리 역사하고 기도
하고 울고불고 광란의 짓을 해도 나에
게 오를 수 없다는 것을 명확히 그들
에게 전해야 할 것이니라.
20 나 여호와의 나라요, 내가 있는 이곳
에 그러한 마음 자세를 가지고 올 수
는 없음이니라.
21 너희가 지금 잘못된 믿음이요, 흐트러
진 그 믿음의 길을 가는 것은 나 여호
와의 마음을 절대 비켜 갈 수 없으며
내 눈을 비켜 갈 수 없으며,
22 너희가 심판대에 섰을 때 이를 비켜가
고 숨기고 넘어갈 수 없는 것이 너희
운명이니라.
23 그러니 너희가 잘못된 것이요, 욕심에
의한 삶이요, 이해관계에서 옳고 그름
을 구분하고 유익에 따라 선을 버리고
악을 선택할 수 있는 그 마음은 내 눈
이요, 내 심판을 비켜 갈 수 없기에 모
두 다 치름이니, 그 짐이 얼마나 무겁
고 그 죄가 무거운 줄 알겠느냐?
24 그리하여 너희가 바로 서고 바로 보
고 깨우쳐 그와 같은 심판의 고통에서
벗어나게 하고자 하는 것이 나 여호와
의 뜻이니라.
25 지금 너희 교회의 집단적인 가르침이
요, 설교 방법으로써는 나의 피조물
만백성들을 돌이킬 수가 없으니, 거기
에는 인간의 생각이요, 인간의 교리가
지배적으로 모두를 이끌어 가기 때문
이니라.
26 그러니 사랑하는 나의 백성 너희는
들으라.
27 이제 너희는 모든 기득권이요, 자존심
이요, 그 모두를 다 버리고, 사랑하는
나의 백성에게 교회를 지어 주는 그와
같은 방법으로 바꾸라.
28 그리고 가정에 교회를 세워 주는 그와
같은 역사로 변화되어 내 사랑하는 백
성 앞에 교회를 세우는 것이지,
29 교회에 나의 백성을 모아 놓고 너희
가 이러쿵저러쿵 시시비비하지 말라.
30 거기에서는 간교한 방법이요, 더 높아
지고자 더 신뢰를 받고자 더 무엇인가
기득권을 갖고자 너희가 물고 뜯고
싸우는 그 속에 아름다움이 없음이니,
그 모두를 다 헤치도록 그리하라.
31 그리하여 그 교회요, 복음을 가슴에
전하여 가정으로 돌려보내도록 하여
가슴에 교회를 심어 주고 전해 주는
역사를 하라.
32 그것만이 너희가 거듭나는 길이요,
너희가 나에게 오를 수 있는 위대한
삶의 길이라는 것을 그들에게 전해 주
라, 사랑하는 나의 아들딸들아!
33 그것이 너희가 오늘에 할 역사요, 너
희의 대명임을 잊지 말라.

8,123 번째 하나님 말씀

2003년 10월 24일 11시 51분

1 사랑하는 나의 아들아!

2 "네, 아버님! 말씀하옵소서."
3 지난날 구약 시대의 역사 한 토막을 너희에게 깨우쳐 주고자 함이니 이것을 너희 것으로써 만들어 깨우침을 얻도록 그리해야 할 것이니라.
4 소돔과 고모라 성의 멸망의 그 벌이 무엇이었더냐?
5 그 모든 백성을 내가 유황불의 처참한 벌로써 다스렸음이니, 그 의미요, 재앙이 무엇이었더냐?
6 내가 소돔과 고모라 성의 백성 중에서 의인이 열 명만 있다 해도 그 무서우리만큼 처참한 유황불로 그들을 벌하지 아니한다 그리 말하였음이니,
7 내가 열 명이 아니라 단 한 명이라도 찾았으나 한 명이 없었음이니, 그리하여 내가 그와 같은 벌로써 다스린 그 역사를 너희는 상기해야 할 것이며,
8 오늘의 너희는 그때보다도 더 험악한 백성이요, 험악한 세상이 되어 있음을 깨우쳐야 할 것이며, 너희는 두려움과 무서움을 알아야 할 것이니라.
9 소돔과 고모라 성에 열 명의 의인을 찾았으나 없었음이니, 지금의 이 험악한 세상에 내가 한 명의 의인을 찾고자 하나 그 한 명의 의인이 없으니, 너희가 그보다 더 무서운 벌로써 다스려져야 할 것이며 그 대가를 치르는 것은 당연하니라.
10 지금 다시 나의 아들을 세상에 내려보내 나의 성령을 태워 세상에 글로써 책으로 만들어 전함이니,
11 이를 만드는 너희가 있고 이를 이고 지고 전하는 그 역사를 하기 위해 몸을 단련하며 심신을 단련하는 너희가 있으며, 악과 싸울 수 있는 그 기질의 훈련을 쌓는 사랑하는 나의 아들딸이 있기에 내가 오늘 그와 같이 다스리지 아니한다는 무서움을 알라.
12 소돔과 고모라 성에 의인이 없는 시대보다 너희는 지금이 낫다 생각하나 절대 그러하지 아니함을 알아야 할 것이니라.
13 지금 나의 지상의 나라가 어떠한가?
14 종교 지도자 너희 자신이 지금 무엇을 어찌해야 할 것인지 아는 백성이 없음이니라.
15 그러니 모든 종교 집단이요, 수많은 종교 지도자 중에 의인이 하나도 없으니, 내 뜻을 따라 역사하는 자가 있으면 말해 보라.
16 한 사람도 없음이 오늘의 실정이니라.
17 나의 백성 너희는 얼마나 깨우치며, 과연 의인에 이르는 길이요, 의인이 되고자 하는 그와 같은 신앙생활을 하고 있는가 알아야 할 것이니라.
18 너희가 나의 사랑하는 백성을 너희 손으로 지은 죄의 온상에 수만수억의 인구를 모아 놓고 강론하고 가르친다 해도,
19 지도자가 의인이 아님이니 거기에서 의인이 나올 수 없는 것은 당연하며 그게 다 부질없는 짓이라는 것을 너희는 알아야 할 것이니라.
20 아무리 너희가 그리 말해도 소돔과 고모라 성에 의인이 없듯이, 이 지상에 너희가 수억의 인구를 모아 놓고 가르치고 설교하고 설법한다 해도 지도자가 의인이 없음이니, 정녕 거기에서 의인이 날 수 없으며,

21 다 공염불과 같은 행위를 하며, 오로지 인간의 욕망을 채우려고 나의 사랑하는 백성을 우롱하고 간교한 방법으로 이끌어 가는 길만 반복되고 또 반복되는 오늘의 시점이라는 것을 너희는 알아야 할 것이니라.

22 이제 내가 너희에게 이르느니라.

23 너희가 남을 가르치며 남을 신앙생활이요, 믿음으로 이끌어 가서 의인을 만든다는 것, 의인을 역사하도록 하고 의인을 세운다는 그와 같은 생각을 버리라.

24 너희 자신이 먼저 기도하고 회개하여 이 세상에서 너희 자신이 먼저 의인이 되는 그 길을 돌아다보며 그를 위해 노력하는 자가 되어야 할 것이니라.

25 이제 너희가 이 세상에서 의인을 찾겠다는 기도요, 의인을 만들겠다는 가르침이요, 구원하겠다는 것이 모두 얼마나 허황된 것이며 잘못된 오늘의 깨달음인가?

26 종교 집단의 지도자요, 우두머리 너희 자신부터 먼저 의인이 되어야 함을 알아야 할 것이니라.

27 의인이 되고자 하는 자가 하늘에 오르거늘, 저희 자신도 의인이 되지 못하고 나의 피조물 만백성들을 하늘에 올려 보내 구원의 역사를 이룬다는 것은 나를 욕되게 하며 나를 능멸하는 행위를 너희가 하고 있음을 알아야 할 것이니라.

28 이제는 나 여호와가 인정하는 의인이 되도록 종교 집단 지도자 너희 자신이 변하는 데 목숨을 바쳐 최선을 다하여 깨달음을 얻으라.

29 너희는 감히 나의 피조물 만백성들을 의인으로 만들어 인도한다는 소리를 하지 말라.

30 성령으로 임한 지도자가 아니면 누구도 만들 수가 없으며 그 길을 인도할 수가 없음이니,

31 오로지 나의 아들을 통하여 내리는 나의 법전만이 지금 모두 의인을 만들 수 있는 그 길이 여기 있음이니, 그를 벗어나서는 누구도 역사할 수 없음이니라.

32 너희 종교 지도자 중 의인이 과연 있다 말할 수 있는가?

33 의인이라는 자 있으면 세상에 나와 보라.

34 이 세상의 그 많은 종파요, 그 많은 집단이요, 지도자 중에 의인으로서 의인을 육성하기 위하여 가르치는 자 있으면 한번 나와 보라.

35 너희 자신이 그리되지 아니하면 의인이 될 수 없다는 자들이 감히 어찌하여 가르치는가?

36 너희가 경기라는 것에 임하면서 이길 수 있는 패기와 용기를 가지고 적과 더불어 싸울 때, 의지와 용기로써 상대방과 있는 힘을 다하였을 때 이길 기회가 생기지만,

37 미리 눈으로써 졌으며 승리할 수 없으며 상대방을 너희보다 더 낫다고 인정하는 그 시합은 이미 진 시합과 마찬가지니,

38 의인이 될 수 있다고 몸부림치는 지도자가 있을 때 그 속에서 의인이 나올 수 있거늘, 인간은 의인이 될 수 없다고 가르치며 미리 포기한 지도자 앞

에 의인은 절대 나올 수 없으며 그 근
처에도 갈 수 없는 것이니라.
39 그것이 지금 나의 아들이 가는 길이
요, 나의 아들이 끌고 가는 백성과 차
이점이 여기 있음을 알라.
40 이제 내가 너희에게 경고함이니라.
41 너희부터 의인이 되는 길을 찾아 회개
하고 반성하며 눈물의 기도로써 피보
다도 더 진한 기도로써 지금까지 너희
가 살아옴을 회개하고 반성해서, 너희
자신부터 길을 찾도록 그리하라.
42 절대 남을 가르친다 하여 죄의 온상
인 교회요, 그 성막 같은 곳에서 더 이
상 거짓된 쇼를 하지 말며 거짓된 연
극을 하지 말라.
43 그 죄를 내가 용서하지 아니할 것이니
라.
44 이제 나의 법전이 세상에 나가니, 나
의 법전이요, 새로운 성경만이 의인의
시대를 열고자 하며, 이를 보지 아니
하고는 절대로 역사할 수 없으니 그
리 알라.
45 또한, 나의 아들을 따르는 백성 그 제
자들은 들으라.
46 나의 법전이 의인이 되는 길이요, 그
역사가 여기에 있음이니, 이를 접하고
깨우친 너희가 그 길을 가지 못한다
면 결국 너희는 무엇을 말하는가?
47 내가 이 세상에 다섯 명이요, 한 명의
의인이 있을 때 이 세상을 망하게 아
니 한다 했을 때 정녕 그와 같은 의인
이 세상에 있어야 할 것이니,
48 바로 너희 중에서 나오지 아니하면
이 세상은 어떠한 결과가 되겠는가?
49 나 여호와가 언젠가는 잘못하면 버릴
수 있음을 너희는 명심해야 할 것이
니 그리 알라.
50 열 명의 의인이 있으면 멸망치 않는다
는 그 속에서 그 열 명이 없었음이니,
단 한 명이라도 있으면 멸하지 아니하
였거늘 한 명도 없었음을 알라.

8,124 번째 하나님 말씀

2003년 10월 24일 11시 57분

1 나의 사랑하는 아들아!
2 "네, 아버님! 말씀하옵소서."
3 이 세상에 천국과 평화와 만백성의 안
위를 위한다고 기도하며 울고불고하
는 그와 같은 행위를 이제 중단하라.
4 오늘의 종교 집단이요, 지도자 너희가
이 세상을 천국과 같이 만들고자 울고
불고 기도하며, 평화를 기도하며 만백
성의 안위를 걱정하고 기도하는 그와
같은 것을 너희는 할 자격이 없는 자
들이니라.
5 내가 너희에게 명함이니 지금 그와 같
이 기도하는 백성, 그리고 종교 지도
자라는 백성, 너희는 나 여호와가 원
하는 의인의 길을 너희 스스로 먼저
찾아야 할 것이며,
6 의인의 자세로써 서는 그 길을 가고자
노력하는 것이 급선무임을 알라.
7 너희가 나 여호와가 원하며 찾고자 하
는 의인의 길을 스스로 가고자 어렵고
힘든 그 길을 가며 하루하루 변하는
그와 같은 삶으로써 살아가는 자만 기
도할 자격이 있으며 나의 명을 받아
역사할 수 있는 것이니,
8 자신이 의인의 길을 가지도 못하며 제

가 의인으로서 세상을 다스려야 한다
는 것을 알지 못하며, 의인 한 사람을
이 세상 모든 것과 바꾸지 않는다는
그 소중한 선택된 백성이 되지 못하는
자가,
9 세상에 천국이 어쩌고저쩌고 평화가
어쩌고저쩌고 만병이 어떻고 재물을
거둬들이는 자들이 역사하는 그 삶의
행복이 무엇이고 병이 무엇이고 죽고
사는 것이 무엇이고 하며 그들을 위하
여 말 풍년으로써 어떠한 장사를 하
지 말라.
10 너희 스스로 의인이 되는 그 변화를
찾는 그것이 나 여호와의 뜻임을 너희
는 알아야 할 것이니라.
11 너희가 나의 뜻이요, 내가 너희에게
바라는 그 소망이 바로 너희 스스로
의인이 되고자 노력하는 종교 지도자
를 원함이니라.
12 그리고 신도들을 원하며 나의 백성을
원함이니, 너희가 나의 소망을 저버리
는 그와 같은 믿음의 길로써는 절대
나에게 오를 수 없음이니라.
13 고모라 성보다 너희가 나의 뜻을 더
거역하는 것이 지금의 이 세상이라 나
의 아들을 통하여 전했음이니, 바로
오늘이 그러한 시국이니라.
14 나 여호와가 너희 중에 단 한 명이라
도 의인이 나오기를 언제까지 기다리
며 그 생각을 멈추지 아니하고 있다
생각할 수 있겠는가?
15 내가 무한정 몇천 년 동안 이 세상에
단 한 명의 의인이라도 나와 나의 뜻
을 따라 역사하는 그와 같은 것을 끝
없이 기다리며 인내할 수 있다고 생
각하는가?
16 그리하면 그리할 수 있도록 이 세상은
썩어져 가며 사악한 자들이 이 세상을
덮음이니,
17 내가 오늘의 나의 아들처럼 하나의 거
점을 만들어 하늘에서 이루어진 것같
이 이 땅에서 이루는 그 역사의 뿌리
도 내릴 수 없는 그와 같은 형국이 되
어 가기 때문이니라.
18 그리하여 내가 지금 제3의 시대를 열
어 나의 법전을 내려보내 거둘 자와
버릴 자를 고르는 역사를 하고 있음을
알라.
19 이것이 나의 아들의 제자 너희 몫이니
라.
20 의인이 나오는 것이요, 하늘의 뜻에
따라 천사와 같은 백성이 나오는 것은
너희가 해야 할 길이며 가야 할 길이
라는 것을 절대 잊지 말라.
21 너희는 권력과 부귀영화요, 명예요,
그 무엇도 다 부질없는 것이니, 그와
같은 것에 너희가 관계되어 일어서지
못하며 깨우치지 못하는 백성이 되어
서는 아니 될 것이니라.
22 그 모두를 그저 떨어지는 낙엽을 놓듯
이 모두 다 놓는 그와 같은 용기와 단
호함이 필요함을 너희는 알라.
23 나의 아들을 따르는 제자들이요, 나의
법전을 읽고 깨우치는 백성 너희 중에
서 그 의인이 세상에 나와야 함이니
그리 알라.
24 오로지 내가 그날을 기다리고 있음이
니, 그것이 빨리 오고 늦게 오는 것은
너희에게 달렸음이니라, 사랑하는 나
의 아들딸들아!

25 그리하여 권력 있는 자를 부르지 아
니하였으며, 부를 가진 자를 부르지
아니하였으며, 명예 있는 자요, 능력
있는 자를 부르지 아니하였음이니라.
26 그들은 세상 속에 더 젖어 있기에 그
들은 세상의 그 아름다운 문화요, 향
락의 문화를 버리고 내 뜻에 따라갈
수 없기에,
27 오늘 너희 스스로 나약하며 가진 것
없으며 내놓을 수 없는 그 백성 너희
만이 의인이 될 수 있는 자라 내가 선
택하여 불렀으며, 너희는 자격이 있는
자이니 그리 알라.
28 두려워하지 말며 오늘의 변하는 그 마
음속에 가속도를 붙여 변하는 그와 같
은 삶을 살도록 그리하라, 사랑하는
나의 아들딸들아!
29 떨어진 금화를 다이빙하며 줍던 모든
백성이 하늘에 오르는 길이요, 참진리
요, '하나님! 말씀하옵소서'라는 이 법
전이 있는 것을 보고 목숨을 바쳐 선
착순으로 쟁취하기 위하여 달려드는
그와 같이 변화의 세상을 이루는 것이
너희이니라.
30 내가 너희에게 일찍이 말하였느니라.
31 금화가 떨어진 것은 수영선수가 출발
선에서 다이빙하는 것처럼 그것을 주
우나, 나의 법전이요, 하늘에 오르는
그 법전은 찢어 버리고 태워버린다 했
음이니,
32 그 반대 현상으로 역사하며 반대 선
상으로 이 세상을 만드는 것이 너희
가 해야 할 몫이며 가야 할 길이며,
33 그리 역사해야만 나의 피조물 만백성
중에 의인이 세상에 나오는 그 아름다
운 꽃을 피울 수 있음을 알라, 사랑하
는 나의 아들딸들아!
34 나 여호와가 너희에게 간곡히 부탁하
며 간곡히 바라는 소원이니라.

8,125 번째 하나님 말씀

2003년 10월 24일 12시 03분

1 사랑하는 나의 아들아!
2 "네, 아버님! 말씀하옵소서."
3 참진리의 눈이 뜨지 아니하며 참진리
의 길에 들어서지 아니한 백성 너희
는 나 여호와의 뜻을 알 수 없으며 그
를 알지 못하느니라.
4 그러니 성경에 기록된 나의 뜻을 너희
가 이해하지 못하며 그를 알지 못하는
것이 당연한 것이 아니더냐?
5 인간 세상에서 너희가 살아가면서도
어찌하는가?
6 사람과 사람이 만나 서로 거래하며 무
엇을 역사할 때, 처음부터 거짓을 가
지고 시작한 자는 모두 다 거짓으로써
시작하지 않더냐?
7 그러니 거짓으로 시작한 자는 그 거짓
을 덮기 위하여 거짓된 말로써 그 악
순환을 계속 반복하며, 거짓은 거짓의
꼬리를 물고 또 물어, 흐르는 물이 중
단하지 아니하는 것처럼 거짓된 것이
꼬리를 물고 물어 계속되는 그와 같은
역사를 이루는 것이며,
8 그를 지탱하기 위하여 온갖 수단과 방
법을 가리지 아니함이니, 거짓된 자는
더 큰 거짓으로써 모든 역사를 하는
것이 아니더냐?
9 지금 이와 같은 뜻을 내가 왜 너희에

게 전하는가?
10 오늘의 믿음이요, 종교 집단 그들이
잘못 가고 있기 때문이니라.
11 처음에 출발하며 처음에 시작한 것이
잘못되었기에 그들이 지금 쌓이고 쌓
여 그 악순환에 악순환을 반복하면서
이 세상에 잘못된 종교 집단이요, 지
도자요, 참진리가 아닌 비진리가 세상
을 다 덮고 지배하고 있기 때문이니라.
12 그러니 세월이 흐르고 흐를수록 그 악
순환은 더 커지며 더 방대한 것으로써
이 세상을 지배함이니, 선함은 이 세
상에 존재할 수 없으며, 하늘에서 이
루고자 하는 그 모든 역사는 여기 지
상에서 낙원을 이룰 수 없는 것이 오
늘의 그 실정이니라.
13 그리하여 지금 나의 법전을 내려보내
모두를 다스리며, 이 시점에서 제3의
시대요, 나의 새로운 성경을 내려보내
너희를 바로잡고 다스리고자 역사함
을 알아야 할 것이니라.
14 이제 나의 아들을 따르는 제자들이요,
나의 법전을 읽고 깨우친 만백성 너희
는 알라.
15 거짓으로써 계속 꼬리를 물고 계속 거
짓으로써 악순환을 되풀이하는 그와
같은 것을 단죄하며 그것을 모두 자르
며 모두 거짓이라는 것을 보여 줄 수
있는 것은 너희밖에 없음이니라.
16 인간 세상에 살아가면서 거짓 하는
자의 그 진실을 잡아 증명하기가 얼
마나 어렵더냐?
17 증거를 제시해도 아니라 발버둥치며,
손에 쥐여 주어도 아니라 악을 쓰는
것이 거짓된 자의 근성이니라.
18 처음부터 속이는 사악한 마음이 있는
자니, 그는 죽을 때까지 그 사악한 마
음을 버리지 못하고 오로지 그 길을
지키고자 하는 것이 그들의 마음이니
라.
19 그리하여 오늘의 종교 집단이 악순환
을 계속하면서도 그것이 참진리요, 하
늘에 오르는 길이라 하여 아무리 깨우
쳐 주고 다스려도 받아들이지 아니하
며 이해하지 못하기에,
20 더 험악한 것으로 더 사악한 방법으로
써 나의 피조물 만백성들을 엮어 가며
끌고 가는 것이 그들이니라.
21 너희가 나의 법전을 가지고 '하나님의
말씀이니 이를 읽어 보고 평가하라'
하면,
22 그들은 '지금 마지막 시대에 거짓선지
자요, 만백성을 지옥으로 이끄는 사탄
이 세상에 나왔음이니, 너희는 물들지
말며 더 정신 차리며 새벽 기도 열심
히 나오며 재물을 더 바치며 논문서
땅문서를 갖다 바쳐 하늘에 올라 구원
을 받으라, 길지 않은 이 세상에 살면
서 재물을 가지고 있으면 무엇하느
냐?' 하며,
23 그를 악용하고 역선전하여 나의 피조
물 만백성들을 꽁꽁 묶어 놓는 것이
요, 상자 안에 가두고 숨도 못 쉬게 하
고 끌고 가는 것이 너희이니라.
24 캄캄한 장막을 쳐 놓고 바깥 세상의
아름다움을 보지 못하도록 하는 그 방
법은 더욱 강구될 것이며 더 강하게
역사할 것이니, 이와 같이 반대급부로
역사하는 속에서 그를 바로 깨우치고
바로 역사하는 것이 무엇이더냐?

25 너희가 모두 다 헤쳐 버려야 할 것이
며, 건물 안에 햇빛이 못 들어오도록
막은 것을 깨부수며 찢어 버리고 뭉
개트려, 그 태양의 빛이 비쳐 광명한
세상을 볼 수 있도록 하는 것이 너희
이니, 얼마나 어렵고 힘든 길이 너희
가 가는 길이냐?
26 그러나 너희는 그 길을 마다하지 않
고 가야 하느니라.
27 지금 잘못된 거짓 지도자들이요, 지옥
으로 가는 그들이 그와 같이 속이고
속이는 그 악순환이 계속 꼬리를 물고
또 꼬리를 물어 몸통 전체까지 다 말
살시키고 썩고 병들어져 누에가 뽕잎
을 먹듯이 지금 세상을 덮어 가고 있
으니,
28 이미 다 덮여 머지않아 그 일부분만
남아 있을 것이니, 그것마저도 그들이
삼키려 모든 악을 다 동원하며 사악한
방법으로 역사함이니라.
29 그러니 거기에서 너희가 먹혀서는 아
니 되며 무너져서도 아니 됨이니, 죽
어 가고 썩어 가는 이 지상을 되살려
역사해야 함이니라.
30 고통스럽고 힘들고 어려운 것은 나 여
호와가 아니, 나 여호와가 더불어 하
며 너희와 같이한다는 것을 잊지 말
라.
31 승자는 너희라는 용기를 가지고 주저
하지 아니하고 경쟁에서 승자가 되고
이길 수 있다는 용기 있는 마음으로
경기장에 임하는 용기백배한 선수와
같은 마음으로 살아가라.
32 그것이 너희가 모든 역사를 할 수 있
는 것이니 그리 알라.

8,126 번째 하나님 말씀

2003년 10월 24일 12시 13분

1 사랑하는 나의 아들아!
2 "네, 아버님! 말씀하옵소서."
3 '너희는 랍비라 칭하지 말라' 했으니,
곧 이는 '선생'이라는 칭함을 받지 말
라고 나의 아들이 너희에게 그리 가
르쳐 주었으며,
4 선생은 오로지 한 사람이며, 두 사람
이 없다 너희는 그리 가르치느니라.
5 그러니 선생은 하나요, 깨닫는 것은
다 한 사람이 뜻을 가르쳐서 깨달아야
할 것이며, 너희는 선생과 제자가 아
니요, 한 형제라 그리 가르치고 전하
라는 것이 성서에 기록되어 있음이니
라.
6 그러나 너희는 이와 같은 대목을 어찌
가르치는가?
7 이와 같이 선생을 두지 말라 하니, 세
상에서 너희를 깨우쳐 주고 육의 세상
에서 인도하는 그와 같은 선생도 두지
아니하며, 오로지 나 여호와요, 그리
스도만 선생이라고 깨우쳐 주며,
8 그리하여 인간 세상의 가르치는 스승
은 스승이 아니며 그 모두를 머릿속에
서 지워 버리라는 그와 같은 뜻으로
가르치는 자들이 있음이니, 이게 얼마
나 어리석은 짓인지 알겠느냐?
9 너희가 랍비요, 선생이라 칭함을 받지
말라 함은 무엇이더냐?
10 너희가 선생의 칭함을 받을 수 있는
것은 내가 여기서 너희에게 전하는 나
의 뜻을 전하는 자요, 내 뜻을 가르치
는 자는 천사 같은 자가 되어야 선생

이라 칭호를 받을 수 있기에,

11 너희가 그와 같이 변화되며 아름다운 모습으로 살아가지 아니하면 그를 받을 수 없는 것이니, 너희가 선생이라는 칭호를 받으려면 나 여호와의 뜻이요, 천사같이 변하는 그와 같은 자가 되라 하는 것이 나 여호와의 뜻이니라.

12 그러니 이 세상에 선생은 단 한 분이요, 누구도 선생이란 소리를 들을 수 없다고 말하는 그 가르침은 바로 내가 너희에게 오늘 경종을 울리게 한 뜻임을 알라.

13 오늘의 종교 지도자요, 목자라는 자들이 과연 선생의 대우를 받을 수 있으며 선생이라는 자격을 받아 나의 피조물 만백성을 깨우칠 수 있는 자들이 있느냐?

14 모두 자격미달자이며 기준미달자인 것이 너희이니라.

15 그와 같은 자들이 이 세상을 다스리는 미래의 시대를 걱정하여 내가 그와 같은 것을 너희에게 가르쳤음이니,

16 오늘의 목자요, 종교 지도자요, 단상에 서서 가르치는 너희가 천사와 같은 자가 되지 아니하였으며 자격이 없는 자요, 함량 미달자이니, 너희 스스로 물러나도록 그리하라 함이 여기에 있는 것이지,

17 육의 세상에서 지혜를 가르쳐 주며 삶을 바로잡고자 하는 그 선생이요, 스승까지도 저버리고 오로지 나의 아들 예수요, 나만 찾는 그와 같은 스승이라 함이 아니니라.

18 내가 여기서 너희에게 함부로 스승이라 칭하지 말라는 것은, 내 뜻대로 살아가는 천사와 같은 자가 아니면 선생이 될 수 없다는 것을 가르침이요, 오늘에 만연된 함량 미달이요, 자격이 없는 자들을 다스리고 경종을 울리려고 내가 미리 너희에게 전해 준 것임을 알아야 할 것이니라.

19 나의 성서에 기록하여 너희에게 전하는 대목이 또 있음이니라.

20 '땅에 있는 자를 아비라 하지 말라' 그리 말하였음이니 너희는 아버지는 하나님이라, 곧 하늘에 계신 자요, 그분만이 아버지이니, 너희는 이 땅에 있는 자를 아버지라 부르지 말라 함이니, 이것 또한 무엇이더냐?

21 육에서 낳아 주고 길러 주고 모두를 다하여 손발이 저리도록 너희를 양육해 준 그 부모를 생각하지 말며 그를 받들지 말며 그를 따르지 말라 하는 것이 아니니라.

22 너희는 그와 같은 착각 속에 사니, 너희 부모를 뒷전으로 하고 오로지 나 여호와만 찾으며 나 여호와의 신성한 자식이라는 착각 속에서 헤매는 자들이니,

23 십계명에 '네 부모를 공경하라'는 그 계명이 기록되어 있음을 너희는 상기하라.

24 너희가 그와 같은 부모를 무시하며 그 부모를 저버리라는 것이 아니니라.

25 너희는 육의 세상에 존재하는 인간관계의 부모를 헌신짝처럼 저버리며, 오로지 나의 신성한 아들딸로서 거듭나는 환상 속에 깨우치고 살아가도록 그리 가르치는 종교 집단의 그 가르침이 잘못되었음을 알라.

26 이는 내가 무엇을 말하는가?
27 구원을 받은 자요, 하늘에 오르는 자
만 나를 아버지라 부를 자격이 있다
하지 않았느냐?
28 그것 또한 그러니라.
29 너희는 하늘에 올라와 나를 아버지라
부를 수 있는 그와 같은 삶을 살도록
하라고 내가 너희에게 깨우쳐 주며,
너희가 알아들을 수 있고 행할 수 있
도록 그를 내가 원하고 요구하는 것임
을 알라.
30 하늘에 계시는 아버지만이 아버지요,
지상의 아버지는 아니라는 것은,
31 너희가 죽어 천국에 와서 나를 아버지
라 부를 수 있는 것은 오늘의 삶을 너
희가 바르게 사는 것이니, 그와 같은
아름다운 삶을 살아 너희가 나를 아
버지라 부를 수 있도록 그리하라 함이
지,
32 지상에서 낳아 주고 길러 준 그 부모
마저도 저버리고 나만 찾고 울고불고
광란의 짓을 하라는 것이 아님을 알라.
33 그렇지 못한 백성, 지금 부모를 버리
고 부모를 공경하지 않는 자, 그리고
나만을 찾는 것이 하늘에 오르는 길이
아님을 너희는 알라.
34 이와 같은 나의 뜻을 안다면 너희의
오늘의 삶이 어떠한 것인가를 알아야
할 것이니라.
35 너희가 죄를 짓고 나에게 와 심판을
받을 때 나를 아버지라 부르지 못한다
하지 아니하였던가?
36 창조주 나를 아버지라 부를 수 없는
너희가 그 삶을 바르게 살아 나를 아
버지라 부를 수 있는 그와 같은 기회
의 영광을 얻으라는 것이 내가 너희에
게 전한 뜻이며,
37 나는 너희가 심판을 받은 그 후의 아
버지의 역사함이니라.
38 그러니 내가 바로 그와 같은 뜻을 전
한 것을 너희는 바로 깨우치고 바로
깨달아야 할 것이니라.
39 육의 관계를 모두 다 단절하며 그를
찾지 말아야 하며 그를 버려두고, 하
늘에 있는 창조주 나 여호와를 찾으라
는 것이 아니요,
40 너희가 나에게 와 아버지라 부를 수
있는 그 자격이 함량 미달되지 않도록
살아가야만 나를 아버지라 부를 수 있
다 함이니 그리 알라.

부 록

【하나님께서 가르쳐 주신 운동】

천재지변이 일어날 때, 동물이나 미물들은 미리 알고 대피하지만, 인간은 알지 못하고 큰 화를 당합니다. 하나님께서 인간에게 가장 높은 지혜를 주시고 완벽하게 창조해 주셨기에 동물들보다 더 잘 알 수 있지만, 욕심으로 마음이 혼탁해져서 한 치 앞을 보지 못하는 것입니다.

마찬가지로, 인간은 누구나 스스로 필요한 운동을 해서 건강을 지킬 수 있도록 하나님께서 만들어 주셨습니다. 우리의 머리에서 우리 몸에 필요한 동작을 해 달라고 끊임없이 신호를 보내지만, 인간이 혼탁하게 살아서 그 신호를 알아채지 못합니다. 그러니 자연스럽게 자기 몸이 원하는 그 신호를 따라서 운동하는 것이 하나님께서 가르쳐 주신 운동 방법입니다. 바로, 우리의 영이 육을 이끄는 운동입니다.

▶ 하나님 운동법

1. 눈을 감고, 발을 어깨너비로 벌리고 바르게 선다.
2. 몸에 힘을 풀고, 허리를 숙이면서 손과 머리를 아래로 내린다.
3. 허리를 펴고 싶을 때, 천천히 펴면서 하고 싶은 동작을 하면 운동이 시작된다. (사람마다 다르다.)
4. 멈추지 말고, 어떤 동작이든지 자기 몸의 느낌대로 계속 이어서 한다.

▶ 참고 사항

① 눈을 감은 상태로 아무 생각 하지 않고, 자기 몸의 느낌대로 움직입니다.
② 마음을 비우고, 욕심을 버리고, 지난날의 잘못을 반성하면서 몇 차례 시도하다 보면, 자기도 모르게 하고 싶은 동작이 끊임없이 생깁니다.
③ 운동 장소는 방 안이든 운동장이든 관계없으며, 걷거나 달리고 싶을 때는 눈을 떠도 됩니다.
④ 매일 40분 이상, 주 4회 이상, 3개월 이상 하면 음식 조절에 들어갑니다.
- 음식으로 생긴 병은 음식으로 치료하게 되며, 어떤 음식을 먹어야 하는지 스스로 알게 됩니다.
(자기 몸에 필요한 음식만 먹고 싶어집니다.)
⑤ 사랑하는 사람과 함께 운동하면 서로 치료해 주기도 합니다.
⑥ 운동을 하다가 몸의 어느 한 부분을 계속 손으로 자극한다면 그쪽에 이상이 있는 것이니, 의사에게 상담을 받고 적절한 치료를 받으면 됩니다.
⑦ 다이어트 및 기타 건강관리에 효과적입니다.
⑧ 꾸준히 운동하여 영이 맑아지면, 자신의 과거와 미래를 스스로 보게 됩니다.

누구나 스스로 하실 수 있습니다.

간행사

《새로운 성경》은:

· 새로운 성경은, 하나님께서 선량하고 선한 자를 선택하여 십계명을 암송하도록 하시고, 십계명을 암송한 다음에 음성으로써 들려주시는 말씀을 듣고 그대로 카세트테이프에 녹음해서 받아쓴 책입니다.

· 90분짜리 녹음테이프 700여 개에 달하는 말씀으로, 1999년 8월부터 2004년 7월까지 총 160권(권당 288쪽)을 완성하였으며, 그 이후에도 현재까지 계속 말씀을 내려 주고 계십니다.

· 새로운 성경은 "하늘을 두루마리 삼고 바닷물을 먹물 삼아 쓰고 써도 다 못 쓴다"는, 끝없이 방대한 하나님의 말씀이 두루마리로 직접 내려오는 것입니다. 이러한 새로운 성경은 구약과 신약을 폐하려는 것이 아니라 "인봉된 성서의 비유의 뜻"을 상세히 설명하여 완성하고자 하나님께서 직접 내려 주신 말씀입니다.

《새로운 성경》의 구성:

· 제 목: 2013년, 160권 모음집을 발간하면서, 본 도서의 제목을 "하나님! 말씀하옵소서"에서 《새로운 성경》으로 명해 주셨습니다.

· 단행본: 각 권당 288쪽(신국판) 책이 160권까지 시리즈로 출판됩니다.
(모음집은 단행본을 16권씩 묶어서, 총 10부로 구성됩니다.)

《새로운 성경》의 성경적 근거:

· 신약 성경 [요한복음] 16장 13절에 "진리의 성령이 오시면 그가 너희를 모든 진리 가운데로 인도하시리니 그가 자의로 말하지 않고, 오직 듣는 것만을 말하며" 하신 말씀처럼 하나님의 음성을 들은 것만 기록하였으며,

· "장래 일을 너희에게 알리시리라" 하신 말씀과 같이 개인, 나라, 인류의 "장래"일을 하나님께서 알려 주시는 것만 기록하여 책으로 만들었습니다.

《새로운 성경》의 기록 방법:

· 1999년 8월부터 하나님께서 저에게 들려주시는 음성을 기록하였습니다. 처음에는 제가 들은 말씀을 불러 주면 저의 아내가 기록하여, 2000년 1월 29일에 1권 초판이 세상에 나왔습니다. 2000년 4월부터는 주시는 말씀을 받아 녹음기에 기록하여 시리즈로 출간하기 시작하였습니다.

· 녹음을 시작하면서 하나님의 말씀을 받는 데 가속도가 붙었고, 2001년 5월 3일에 1부(1~16권까지)를 인쇄하여 출판하였으며, 2004년 7월까지 총160권 분량의 말씀을 받아 기록하였습니다.

하나님께서 저에게 주신 것은:

· 첫째, 만백성을 상대로 내려 주시는 "기도", 둘째, 수시로 내려 주시는 "묵상", 셋째, 개인의 과거, 현재, 미래를 알려 주시는 "개인 기도", 넷째, 개인의 건강을 위해서 내려 주시는 "음식 처방", 다섯째, 하나님께서 가르쳐 주신 "운동"등이 있습니다. 이 중에 첫 번째, "기도"를 책으로 편찬하였습니다. 사람의 생사, 개인의 미래에 관한 천기는 수록하지 말라 하셨습니다.

강론 안내:

· 하나님께서는 지금도 매일 저에게 새로운 하늘의 비밀의 말씀을 내려 주고 계십니다. 수시로 내려 주시는 말씀을 정리해서 제자를 육성하라는 말씀에 따라 매주 강론을 하고 있습니다. 누구나 무료로 들으실 수 있습니다. (book160.com)

《새로운 성경》을 읽는 분들에게 드리는 선물:

· 개인 기도: 개인의 과거, 현재, 미래에 관하여 말씀을 내려 주십니다.

· 음식 처방: 사람은 음식을 먹고살다가 건강을 잃으니, 음식과 운동으로 건강을 되찾는 방법을 알려 드립니다. 단, 하나님이 계심을 믿고, 십계명을 지키겠다고 진실로 서약하는 분들께 알려드립니다.

《새로운 성경》의 은혜와 기적:

· 새로운 성경 전160권은 16권씩 묶어서 총 10부의 모음집으로 구성됩니다. 모음집 한 부를 읽고 깨우치는 자에게 하나님께서 다음과 같은 기적이 있다고 하셨습니다.

· "첫째, 그가 죽어 하늘에 갔을 때 그의 죄를 묻지 아니하며, 구원을 받는 위대한 은혜가 있으며, 둘째, 그의 소원과 소망이 이루어지고, 셋째, 죽은 자(부모, 형제, 자식, 사랑하고 은혜 입은 분)의 이름으로 구입한 책을 읽고 누군가 한 사람이 깨우칠 때, 그 죽은 자가 지옥에서 천국으로 구원을 받게 되며, 넷째, 유산, 중절 수술 등으로 태어나지 못한 아이를 위하여 구입한 책을 보고 한 명이 깨우쳤을 때, 그 아이가 사람으로 다시 한 번 태어나는 은혜를 받는다."

· "새로운 성경"을 3회 이상 정성을 다해 정독하는 자, 성서의 비밀을 알게 되고, 세상의 이치를 알게 되며, 세상을 지배하고 통제할 수 있는 지혜를 다 얻게 된다고 하셨습니다. 이 책은 만백성이 정독하고 이웃에게 전하여, 평생 가슴에 묻은 슬픔과 고통의 짐을 벗고 미래를 위한 힘찬 삶을 살아가도록 하는 책입니다.

끝으로

· 하나님께서는 흰 눈이 세상을 덮듯이 새로운 성경을 온 세상에 전하라고 하셨습니다. 《새로운 성경》을 각국어로 번역해서 온 인류에게 구원의 길을 깨우쳐 주고, 그 수익으로 가난하고 어려운 백성을 구제하여, 만백성의 영과 육을 함께 구원하는 선지자의 임무를 수행하라고 저에게 명하셨습니다.

· 하늘에서 내려 주신 말씀의 보화를 만백성에게 나누어 주는 것이 선지자의 임무라고 하셨습니다. 새로운 성경을 통해서 얻는 재물을 사용할 곳도 하나님께서 일일이 명해 주십니다. 모든 재물은 저의 자의로 쓸 수 없고, 하나님께서 명하시는 대로만 쓰여집니다.

· 어떤 명분으로든 십일조나 각종 헌금을 거두어들이지 말라 하셨으며, 국내뿐 아니라 각국에 성전과 단독 서점을 운영하며, 한국의 많은 젊은이들을 전 세계에 지도자로 내보내라고 하셨습니다.

· 우리는 세계적으로 새로운 성경을 보급하며 어려운 이들을 돕는 역사를 해 나갈 것입니다. 지금까지 비록 몇 명 안 되는 제자들과 함께 이러한 일을 역사했지만, 앞으로도 계속 하나님께서 기뻐하시는 일들을 해 나갈 것입니다. 부족한 저희에게 여러분들의 지혜와 성원을 보내 주시기를 바랍니다. 많은 분들의 참여와 도움을 간절히 기다립니다. 감사합니다.

한국어로 내려온 《새로운 성경》 단행본을 출간하며
2016년 4월 10일

발행인 **김 용 철**

한국어로 내려온

새로운 **성 경** · 7부 · 제111권

지은이 하나님 말씀
대역자 김용철

초판인쇄 1쇄 2017년 4월 3일

펴낸 곳 도서출판 하얀마음
등록번호 제 10-2107호 (2001년 2월 14일)
주소 서울시 노원구 덕릉로86길5, 2층
전화번호 02) 313-1114
팩스 02) 393-5554
전자우편 book160@hanmail.net
편집위원 조나영 김미향 이석교
제작지원 김남태 이은미 김보라 조옥순

도서상담 1600-7527
ISBN 978-89-5875-211-0 (04230)
978-89-5875-100-7 (세 트)

값 10,000원
잘못된 책은 구입하신 곳에서 바꾸어 드립니다.

※이 책은 10부로 제작되며, 각 부 16권씩 총160권으로 구성됩니다.※

1부	2부	3부	4부	5부	6부	**7부**	8부	9부	10부
1권	17권	33권	49권	65권	81권	97권	113권	129권	145권
2권	18권	34권	50권	66권	82권	98권	114권	130권	146권
3권	19권	35권	51권	67권	83권	99권	115권	131권	147권
4권	20권	36권	52권	68권	84권	100권	116권	132권	148권
5권	21권	37권	53권	69권	85권	101권	117권	133권	149권
6권	22권	38권	54권	70권	86권	102권	118권	134권	150권
7권	23권	39권	55권	71권	87권	103권	119권	135권	151권
8권	24권	40권	56권	72권	88권	104권	120권	136권	152권
9권	25권	41권	57권	73권	89권	105권	121권	137권	153권
10권	26권	42권	58권	74권	90권	106권	122권	138권	154권
11권	27권	43권	59권	75권	91권	107권	123권	139권	155권
12권	28권	44권	60권	76권	92권	108권	124권	140권	156권
13권	29권	45권	61권	77권	93권	109권	125권	141권	157권
14권	30권	46권	62권	78권	94권	110권	126권	142권	158권
15권	31권	47권	63권	79권	95권	111권	127권	143권	159권
16권	32권	48권	64권	80권	96권	112권	128권	144권	160권